世界发展进程中的中国管理实践

上大-华为管理创新联合实验室专项研究课题组
上海大学经济管理学部（筹）
上海大学管理学院
上海大学经济学院
上海大学悉尼工商学院

The Practice of Chinese Enterprise Management Innovation under the Complex and Changeable Environment

复杂多变环境下中国企业管理创新实践

（第一辑）

系列主编：聂清　覃正　霍伟伟
本辑主编：霍伟伟　毛雁冰　杜娟　单娟　顾浩东　马亮　姚佳岑

中国经济出版社
CHINA ECONOMIC PUBLISHING HOUSE
北京

图书在版编目（CIP）数据

复杂多变环境下中国企业管理创新实践．第一辑/聂清等主编．--北京：中国经济出版社，2021.10

ISBN 978-7-5136-6636-7

Ⅰ.①复… Ⅱ.①聂… Ⅲ.①企业创新-研究-中国 Ⅳ.①F279.23

中国版本图书馆 CIP 数据核字（2021）第 187706 号

策划编辑 姜 静
责任编辑 王西琨
责任印制 马小宾
封面设计 久品轩

出版发行 中国经济出版社
印 刷 者 北京九州迅驰传媒文化有限公司
经 销 者 各地新华书店
开　　本 710mm×1000mm 1/16
印　　张 13.75
字　　数 230 千字
版　　次 2021 年 10 月第 1 版
印　　次 2021 年 10 月第 1 次
定　　价 78.00 元
广告经营许可证 京西工商广字第 8179 号

中国经济出版社 **网址** www.economyph.com **社址** 北京市东城区安定门外大街 58 号 **邮编** 100011
本版图书如存在印装质量问题，请与本社销售中心联系调换（联系电话：010-57512564）

序

伴随经济全球化与我国改革开放的持续深化，越来越多的中国企业走出国门、参与国际竞争，在世界舞台上展现着独特的管理创新智慧。“培育具有全球竞争力的世界一流企业”，已成为新时代中国企业高质量发展的重要目标。

就企业规模而言，2020年按营业收入衡量的全球规模最大的500家企业暨《财富》全球500强榜单中有133家来自中国，已超过美国（121家）。中国企业上榜数量和地位的提升，反映了改革开放以来我国整体经济规模的不断发展壮大。然而，与世界顶尖跨国公司相比，我国企业在国际化经营指数、技术创新能力、跨文化管理等方面仍存在一定差距。

2020年，是全球政治经济局势高度动荡的一年，国际环境的高度不确定性使中国正面临“百年未有之大变局”。诺贝尔经济学奖得主拉尔斯·彼得·汉森指出，“在经济学或是事关人类发展的其他重要领域，当下面临的共同难题是不确定性”。复杂国际形势加剧了商业环境的不确定性，新冠肺炎疫情更冲击着原有的世界经济格局，致使全球产业链呈现较强的脆弱性，迫使跨国企业重构其全球战略布局。

面对复杂多变的VUCA① 环境，已经涌现出一批优秀的中国企业案例。华为公司的创始人任正非指出，“对于外界环境不确定的因素，华为要苦练内功，只有提高自身实力、加大创新，才能在当今科技行业站稳脚跟”。海尔在新冠肺炎疫情期间“变中求胜”，加速打造卡奥斯工业互联网平台，连接用户需求与智能制造体系，服务了4.3万多家不同

① VUCA时代指变幻莫测的时代。VUCA是Volatility（易变性）、Uncertainty（不确定性）、Complexity（复杂性）、Ambiguity（模糊性）的缩写。“易变性”是指事情变化非常快；“不确定性”是指我们不知道下一步的方向在哪儿；“复杂性”意味着每件事会影响到另外一些事情；“模糊性”表示关系不明确。

行业的企业（产值增长 10.8%）。

在可预见的未来，我相信各类“黑天鹅”“灰犀牛”事件仍然会给企业经营管理带来持续的挑战与冲击。当下，企业界和管理学界都期待能够有如同“解剖麻雀”般的、“接地气”的研究出现，回应“什么样的企业能在复杂多变环境中持续发展”“什么样的路径和策略能够应对复杂多变环境”等一系列管理问题。

时代课题是理论创新的驱动力。我很高兴看到，华为公司这样的中国顶尖企业能够与上海大学紧密合作，联合成立“上大-华为管理创新联合实验室”，共同研究与探讨管理创新实践的问题。该实验室将重点围绕新国际形势下的中国企业发展战略开展研究，以挖掘具有世界级重量的“中国管理创新财富”为要义，形成“复杂多变环境下中国企业管理创新实践”系列丛书。

同时，我也很欣慰，上海大学的教师们能够始终秉持“将论文写在祖国大地上”的治学精神，面向重大社会需求寻找研究问题并促使研究成果与案例反哺人才培养工作，不断践行钱伟长老校长“拆除高等教育四堵墙”的教育思想。

本书的研究团队选取了华为、海尔、腾讯、联想、阿里巴巴、小米等中国知名企业作为研究案例，聚焦于国际化战略、技术赶超与创新、蓝军战略、品牌全球化营销与项目管理等重点方向，采用科学的研究范式剖析了案例企业的战略决策方式、实现路径与具体成效。本书内容将为研究者、管理专业的教师与学生提供参考，为企业界相关人士应对当下面临的实践问题提供洞见。

面向未来，我很期待看到越来越多的青年学生能够多读书、读好书，于百年未有之大变局中，不断汲取来自实践与研究领域的精神“食粮”；看到越来越多的研究者能够多实践、勇创新，以奋斗者的姿态投身国家各项建设工作，成己达人。

聂　清

2021 年 8 月

前　言

近年来，全球化进程的加快与局部贸易摩擦、英国脱欧等“逆全球化”现象同时存在，使得国际形势更为复杂多变，加剧了企业所面临商业环境的VUCA特征。与此同时，国际格局开始进入大国战略竞争时代，全球和平与发展面临的不稳定性与不确定性逐步增大。

伴随着科技创新生态的兴起和新一轮科技革命的加速，技术更迭速度之快使得原有发展格局已经不能完全适应大环境。如何形成与科技创新生态系统相适应的新循环，已成为经济高质量发展的关键所在。在此情势下，国家提出了“逐步形成以国内大循环为主体、国内国际双循环相互促进的新发展格局”战略，旨在促进双循环协调发展，保证中国经济在复杂多变环境下的高质量发展。

应对不稳定、不确定以及复杂的外部经济与政治环境，已成为各国企业面临的“新常态”。“常态化的复杂多变”意味着企业需要具备随时应对各种不确定性风险的能力；尤其对于高科技企业而言，应对技术本身的复杂多变性是更为艰巨的挑战。

在微观企业层面，复杂多变的国际形势让世界看待中国企业的目光正在发生变化。回顾过去，中国一批卓越企业如何能够在国际市场上“勇立潮头”，在国际化布局、技术与管理创新等方面彰显中国企业的“管理财富”？透视当下，它们又是采用何种战略以应对新冠肺炎疫情带来的突发危机，从逆境中快速调整与自我恢复？这些卓有成效的中国管理财富都需要企业家与管理学家共同剖析与总结。

面对全球疫情蔓延，上海大学“在危机中育新机、于变局中开新局”，紧密结合国家与上海市创新发展的紧迫需求，与知名企业建立产学研基地，将教授的科研工作室设在企业管理“前线”，积极开展有社会影响力的科研与人才培养工作，旨在“直接对接企业创新发展需求，解决企业实际问题”。

本书作为“复杂多变环境下中国企业管理创新实践”系列丛书的第一辑，着重从企业国际化战略布局、技术赶超与创新、品牌营销、蓝军战略与项目管理等方面，挖掘复杂多变环境下中国知名的管理创新实践。主编团队成员包括聂清、覃正、霍伟伟、毛雁冰、单娟、杜娟、顾浩东、马亮、姚佳岑等。

本书的第一章从国际化战略的内涵、发展模式及存在的问题入手，对华为、海尔等知名企业的国际化战略进行了深入剖析，以期为我国企业的国际化发展提供可借鉴的经验。第二章从复杂多变环境出发，基于产品创新、创新能力和创新路径等视角，对中国实现技术赶超的典型代表企业进行了案例分析，总结其创新驱动和创新能力方面的经验，提炼出了此类企业创新路径规划的特点及策略。第三章分别从组织“脆性”、蓝军战略内涵与组织特征视角，洞察了蓝军战略锻造高韧性组织的实现路径；选择国内实施蓝军战略的知名企业作为典型案例，发掘出其实践蓝军战略的有效措施。第四章围绕实现中国品牌全球化的“破局”问题，分析了海尔、华为等全球化企业的管理实践，总结出打造全球化品牌的不同模式。第五章通过分析组织项目管理的内涵和系统模型，阐述了组织项目管理核心问题及应对策略，介绍了华为、海尔和联想等知名企业的组织项目管理案例。

衷心感谢华为技术有限公司首席科学家、高级副总裁郑宝用先生，以及李大丰、尹绪全、董刚、郝国强对本主编团队研究工作的指导与大力支持。感谢华为技术有限公司马箐箐、孔凡生、齐霁、魏红朝、王少华、魏春轩、梁永全接受主编团队的访谈。

本书参考了诸多国内外文献，这些成果对我们的研究工作起了重要作用，在此一并表示衷心感谢。书中难免有不足之处，敬请广大读者批评指正。

作　者

2021 年 8 月

目　录

第一章　复杂多变环境下中国企业国际化战略布局 …… 1
第一节　企业国际化战略相关理论 …… 1
一、国际化战略的概念内涵 …… 1
二、国际化战略的研究意义 …… 2
三、国际化战略的理论研究 …… 3
四、小结 …… 5
第二节　中国企业国际化战略核心问题及应对策略 …… 6
一、国际化战略核心问题 …… 6
二、应对策略 …… 7
第三节　中国知名企业相关案例 …… 8
一、华为国际化战略历程与布局 …… 8
二、海尔国际化战略历程与布局 …… 37
三、阿里巴巴国际化战略历程与布局 …… 44
参考文献 …… 49

第二章　复杂多变环境下中国企业的技术赶超与创新 …… 56
第一节　相关理论 …… 57
一、后发企业的概念与特征 …… 57
二、后发企业的技术赶超 …… 58
三、后发企业开展技术创新的理论 …… 61
第二节　核心问题及应对策略 …… 62
一、后发企业技术创新阶段 …… 63
二、后发企业创新能力视角 …… 64
三、后发企业创新驱动因素 …… 67
四、后发企业的创新机制 …… 69

第三节　案例分析 …… 72
一、华为创新发展、能力与驱动因素分析 …… 72
二、小米创新发展、能力与驱动因素分析 …… 81
三、腾讯创新发展、能力与驱动因素分析 …… 88
四、海尔创新发展、能力与驱动因素分析 …… 94
第四节　总结 …… 100
参考文献 …… 103

第三章　复杂多变环境下中国知名企业的蓝军战略 …… 111
第一节　相关理论 …… 111
一、组织动态能力的相关研究 …… 111
二、组织韧性的相关研究 …… 113
三、组织韧性与动态能力的关系 …… 114
第二节　蓝军战略锻造组织韧性的路径分析 …… 115
一、组织韧性的重要性 …… 115
二、蓝军战略的内涵 …… 116
三、蓝军战略锻造组织韧性的路径分析 …… 120
第三节　中国知名企业蓝军战略实践 …… 122
一、华为的蓝军实践 …… 122
二、腾讯的蓝军实践 …… 134
三、阿里巴巴的蓝军实践 …… 137
四、联想的蓝军实践 …… 141
参考文献 …… 145

第四章　中国知名企业品牌全球化营销研究 …… 153
第一节　相关理论 …… 153
一、品牌全球化的内涵与路径 …… 153
二、国际品牌架构模型 …… 155
三、基于个体的原产国效应分析 …… 160
四、基于消费者心理的品牌全球化分析 …… 161
第二节　核心问题及应对策略 …… 163
一、品牌全球化发展现状 …… 163

二、品牌全球化存在问题 …… 167
三、品牌全球化应对策略 …… 169
四、总结 …… 173
第三节 中国知名企业案例 …… 173
一、华为品牌全球化历程与措施 …… 173
二、海尔品牌全球化历程与措施 …… 176
三、联想品牌全球化历程与措施 …… 179
四、小米品牌全球化历程与措施 …… 182
五、总结 …… 188
参考文献 …… 188

第五章 中国知名企业组织项目管理研究 …… 193
第一节 相关理论 …… 194
一、组织项目管理的内涵 …… 194
二、组织项目管理的系统模型 …… 194
第二节 组织项目管理核心问题及应对策略 …… 198
一、核心问题 …… 198
二、应对策略 …… 198
第三节 中国知名企业组织项目管理案例 …… 199
一、中国知名企业项目驱动型的组织变革案例 …… 199
二、华为公司组织项目管理案例 …… 201
参考文献 …… 205

第一章　复杂多变环境下中国企业国际化战略布局

当今全球化程度日益加深，企业为了谋求更长远的发展，国际化战备越来越重要。[1]作为国际市场上的后起之秀，一些新兴市场国家的跨国公司，例如中国的联想集团（以下简称“联想”）和华为技术有限公司（以下简称“华为”）、印度的塔塔集团等，也已在不断的激烈的国际竞争中逐渐发展成为世界级企业。[2]国际化战略的趋势早已势不可当，只有迎合当下发展潮流才能让企业有更强的竞争力。本章从国际化战略的概念内涵、研究意义、相关理论、发展战略、成就及存在的问题入手，对国际化战略方面的国内外文献进行梳理，总结和归纳相关的研究成果，希望能够为我国企业的国际化发展形成借鉴。

第一节　企业国际化战略相关理论

一、国际化战略的概念内涵

新兴市场跨国公司的国际扩张是近年来学术界研究的热点议题之一。Johanson 与 Wiedersheim-Paul（1975）以企业国际化发展阶段的角度进行研究分析，认为企业国际化是一个由国内市场逐渐拓展至国际市场的演进，而这一发展进程表现形式为企业不断增加对国外市场承诺的持续性，它是企业为了更好地实现国际地理空间跨域而表现出来企业层次的活动，主要是为了处理企业与其所在的国际环境关系而进行的行为。[3] Piercy（1981）指出，企业和管理者对海外业务投资的资源和类型积累到一定的程度，就能被称为企业国际化。[4]王钦（2004）指出，企业国际化战略，是指在经济全球化日益加深的背景下，企业积极投入到世界分工体系的工作之中，在由国内经营逐渐转向全球经营发展的过程中所做出的战略选择。

从企业的发展历程中来看，基本表现形式为规模上由小到大，经营范围上由国内走向国际市场，价值链网络上由单一走向复杂的一种过程。[5]孙志毅、乔传福（2004）认为，企业国际化战略是指一个国家的某些企业为了谋求更全面的发展，将其市场逐渐拓展到其他国家并一步步实现企业输出从而形成跨国企业、多国籍企业的一种战略活动。这些企业以获取国际经营利益为主，同时也是有意识地以国际市场信息和国际市场需求为主要决策依据的经营行为。[6]彭迪云、甘筱青（2007）认为，企业国际化成长是指在世界范围内扩展和延伸企业边界的过程，也就是说企业以国际市场为导向，以世界范围内的资源为整合对象，参与到国际分工和国际竞争中，不断实现规模扩大和结构转换的动态过程。[7]

二、国际化战略的研究意义

彭迪云、甘筱青（2008）指出，国际化是实现企业持续成长的重要途径与方式，其中包括内向国际化和外向国际化。外向国际化是指国内企业以对外直接投资等方式参与国际分工，从而成长为跨国公司的过程，它是企业一项重大的战略性措施，也是国家“走出去”战略的核心。[8]

改革开放以来，中国经济迅速发展取得了举世瞩目的成就，中国已经成为世界第一大贸易国和第二大经济体。在经济实力提升的同时，中国企业的对外直接投资也得到了飞速发展，中国对外直接投资在 2015 年达 1456. 7 亿美元（折合人民币约 9071. 2 亿元），首次超越外国来华直接投资规模。中国对外直接投资在 2018 年达 1430. 4 亿美元（折合人民币约 9457. 5 亿元），在全球占比达到 12. 5%，位居全球第二。2019 年中国对外直接投资流量 1369. 1 亿美元（折合人民币约 9442. 3 亿元），蝉联全球第二位。

中国企业采用新建和并购等方式，积极在全球布局，传统的制造业和工程承包领域、新兴的通信和互联网服务等领域中，涌现出了一批如华为、联想、青岛海尔股份有限公司（以下简称“海尔”）、阿里巴巴集团控股有限公司（以下简称“阿里巴巴”）等的大型跨国公司。在 2019 年的全球 500 强企业中，有 129 家中国企业入选，在数量上首次超越美国，其中6家企业入选全球100强跨国公司，创造了新的历史纪录。伴随着发达国家对外直接投资政策的转向，全球产业链进行了调整，在此背景下中国跨国公司应从战略、技术、生态、社会责任、人才培养等方面着手提升国际化程度，综合以上来看，对国内企业的国际化战略研究具有非常重要的意义。

三、国际化战略的理论研究

从1978年改革开放以来，我国确立了社会主义市场经济的导向，加大对外经贸活动的投入，我国经济发展在取得前所未有的成绩同时，也逐渐成为世界经济中不可或缺的一部分。随着经济全球化进程不断加快，对外直接投资对全球经济发展的促进作用也越来越，国内的众多中小企业和民营企业也纷纷部署其走向国际化的战略，国内外相关专家也对这方面做了众多的研究。对外直接投资涉及母国和东道国，而且跨国公司所面临的商务环境要比国内复杂很多，因此企业在施行国际化战略时，需要考虑实施过程中所涉及的诸多因素，如对外直接投资进入模式与区位、制度以及资源等。

国外研究中，海默（Stephen Hymer，1960）在其博士论文《国内企业的国际化经营：对外直接投资的研究》一文中，首次提出了垄断优势理论，他认为不完全市场赋予了企业的垄断优势，资金优势、技术优势、规模经济优势等特定优势是企业进行海外经营的基础。[9]弗农（Vernon，1966）在1966年提出了国际产品生命周期理论，他认为，不止企业，每个产品也是有生命周期的，通常要经历萌芽、成长、成熟、衰退这样的一个周期过程。对于不同的企业来说产品生命周期的存在，使得其自身技术水平的差异导致每个企业的周期经历时间也不一样，这些都影响着企业国际化经营的进程。他关注的是传统经济解释对全球生产和贸易结构的不充分性，这种解释在很大程度上是基于比较成本的。[10]此后，巴克利和卡森（Buckley & Casson，1998）提出了内部化经营理论，当企业外部交易成本过高时，企业出于节约成本的目的进行内部化跨越国界，企业也就通过这一方式实现了国际化经营。[11]安德森（Anderson，1993）指出企业国际化经营模式主要有合同进入和投资进入等方式，在选择国际化经营模式时企业会综合考虑要进入目标市场的内外部各种因素，以此来选择一种战略模式以达到最佳状态。[12]随着经济全球进程的加深，美国学者奥维雅特和麦克道格（Oviatt & McDougall，1997）发现有些企业在成立之初就已经实现了国际化，这些企业迅速嵌入已有的国际业务网络中，研究结果显示这些企业的领导者通常都具有深厚的国际化管理经验和知识基础。[13] George 和 Prabhu（2000）提出政策方针会对企业全球化动机与行为产生影响，因而政策环境应是企业全球战略的重要影响因素。[14] Andersson（2004）认为企业内部资源和能力是新兴市场中的重要战略因素，而在成熟市场中企业学习能力则为重要的战略因素。[15]

国内文献集中于对外直接投资模式区位理论、制度理论以及资源理论。在对外直接投资模式区位理论中，王彦军（2003）认为，中国企业跨国经营的投资结构不合理，集中表现在区位结构、产业结构和规模结构上的不合理。其中，在区位结构上，中国企业主要偏重于对中国香港、中国澳门、欧盟、美国、日本等发达国家和地区的投资，而对发展中国家的投资明显偏少。[16]程惠芳等（2004）在《用引力模型分析中国对外直接投资的区位选择》一文中采用廷伯根（Tinbergen）的贸易引力模型分析了中国企业对外直接投资的区位选择特点。他们认为东道国的经济规模总和、人均国民收入水平以及与中国的双边贸易量等与中国向东道国的直接投资流量呈正相关，中国与东道国的距离与中国向东道国的直接投资流量呈负相关。[17]谢申祥等（2009）主要从市场规模前景角度来考虑，分析本土企业海外直接投资区位选择的动因，研究结果显示，市场容量较小的企业偏好于流向市场规模偏大的市场，这种现象可用采用经济学中供求关系理论来进行解释。[18]邓洁（2017）认为，我国可以主动地选择投资国别，灵活使用多种对外投资方式，从地理来看接近研发资源丰裕国家和地区，与东道国企业集群进行技术互动，并通过技术传递和技术吸收获得逆向的技术溢出，以此进行再创新，转化为适合企业与市场需求的新技术和新产品，实现自主创新能力与综合竞争力双重提升的目的，最终实现企业全球价值链层级上的升级。[19]熊瑶（2018）通过对我国电子及通信设备制造国外直接投资（Foreign Direct Investment，FDI）区位选择及华为公司的案例分析，得出应重视对外直接投资的科学区位选择、加大研发力度、完善专利体系等，以保障我国电子及通信设备制造业对外直接投资的顺利展开。[20]在制度环境方面，姜瑶（2016）以中国上市公司为样本进行研究，考察制度环境与企业国际化两者之间的关系，结果显示企业所处的地区环境越好，越有利于企业提高自身国际化深度与广度。[21]刘魏和李元旭（2016）的研究也对企业国际化程度随着企业所在地区制度环境质量的提高而提升这一结论进行了证实。[22]沈心怡（2017）认为制度因素在企业的对外直接投资中起着重要作用。她认为，当中国机电企业缺乏东道国经验时，中国政府的政策支持和东道国完善的正式制度环境对企业的对外直接投资进行有效的促进，减少企业对东道国经验的需求。[23]在资源方面，吴晓波等（2014）以单个企业为研究对象，研究了母国网络位置与本土企业国际化程度之间的关系，研究结果显示网络中心位置对提高企业国际化程度有促进作用，网络中介位置对提高企业国际化程度有消极影响。[24]石梦瑶（2017）研究了企业家能力、人力资源、财务资源和关系网络对中小企业国际化程度产生的影响，结果发现这些资源对企业国际化程度都产生了正向的影响。[25]刘盟（2019）认为，为了更好地通过战略资产追求型 OFDI 方式提升中国 ICT 制造业的全球价值链地位，必须要加大对科研和教育经费等方面的投入，为中国对外直接投资进行人才储备。通过管理人才和技术人才两个方面的共同作用，才能更好地提升中国 ICT 制造业企业的对外直接投资效率，促进我国产业的全球价值链地位的提升。[26]

四、小结

通过对国际化战略国内外的文献梳理发现，国外研究较早且相对成熟，进行了多种理论研究，研究内容也更加深化。而中国的企业“走出去”战略提出的时间较短，因此国内对于中国企业海外发展战略的研究起步也比较晚。2007 年党的十七大正式提出“走出去”战略，中国企业才开始大规模走向海外，国内学界对中国企业“走出去”战略的研究也日益增加。国内的研究相对集中，主要集中在战略化中的对外直接投资区位选择、制度和资源的研究上。这些研究有很强的现实性，对我国企业更好地实现国际化战略有一定借鉴意义。但是，国内文献在其他方向的研究较稀缺，研究也不够深入，并且大多是理论研究，实证研究匮乏。

第二节　中国企业国际化战略核心问题及应对策略

一、国际化战略核心问题

（一）全球经济和政治动荡，系统性风险加大

全球经济和政治动荡频发，全球经济的系统性风险加大，加上贸易摩擦和贸易保护措施使全球经济放缓，新冠肺炎疫情对于全球的强烈冲击，全球经济衰退已成定局，一些欠发达经济体可能蕴藏着更大的危机。在此背景下，中国企业跨国投资和经营面临的经济风险、政治风险空前加大。

（二）发达国家贸易和投资政策趋严

欧美等地区的发达国家贸易和投资政策的趋严，意味着跨国公司基于成本效率的布局模式可能将让步于主权国家安全利益。在这种情况下，我国跨国公司未来的发展也面临极大的挑战。2017 年英国发布《国家安全和基础设施投资审查》；2018 年美国通过《外国投资风险评估现代化法案》，这些都加大对与重点关注国家投资交易的审查力度，2019 年欧盟理事会批准《外商直接投资国家安全审查规则》，将外资对安全及公共秩序的影响作为重点审查对象。虽然上述政策并非完全针对中国公司，但中国和欧美法律差异以及监管政策差异两者的叠加使中国企业的合规压力更大，我国大型国有企业在能源、交通、电信、航空、网络安全等领域内的海外扩张进程很可能遭受上述影响因素的阻碍，而高科技企业在人工智能、机器人、半导体、互联网服务等领域也同样面对着重重障碍。

（三）全球“供应链”可能重塑

政策形势的变化将增大全球产业分工和供应链的摩擦成本，一些全球跨国公司诸如福特公司、开始收缩全球布局，回迁美国，日本一些跨国公司也将部分产业从中国转移到亚太其他国家。供应链“安全可靠”是跨国公司布局进一步提升的关键。在全球产业链逐渐重新布局的过程中，市场和经济因素是其中的强韧力量，中国企业应充分考虑到其中可能存在的风险，逐渐转向市场本地化的“局域链”布局。

（四）国际化人才队伍建设未得到应有的重视

在国际化的过程中，合格的国际化营销队伍尤为重要。随着国际化广度和深度的增加，需要从国外招募自己的国际化人才来构建适应国际化需要的人才队伍。开展国际化经营的国内大型集团在人才队伍建设上大多还只停留在国内人才的挑选和使用上，而不能充分利用国际化经营所带来的机会，从全球的高度去构建自己的国际化人才队伍，实现人才全球化战略。因此在面临文化、宗教、法律、行为方式等因素的差异时，不能够很好地适应当地环境，从而影响国际化战略的顺利实施。

二、应对策略

（一）制定清晰的国际化战略，选择适宜的国际化模式

在国际贸易保护主义抬头的大背景下，中国企业跨国经营更应该充分结合企业自身与所处的行业和市场的特征形成优势，制定清晰的战略方向，选择适宜的国际化模式，稳步推进国际化进程。虽然政府政策对企业海外经营有很大影响，但企业本身的动能才是每个企业提升国际化的根本动力。

（二）加强研发创新能力，提升产品和服务的竞争力

全球科学技术发展迅速，发达国家对技术的审查与限制也越来越多，创新能力就是我国跨国公司提升价值链层次至关重要的因素。我国目前一些关键产业的核心技术仍存在“卡脖子”现象，如汽车产业的发动机总成开发技术、机床产业的数控系统、微电子产业的芯片系统等，这些制约因素都将长期存在。中国公司要想缩小与世界大型跨国公司国际化发展水平的差距，必须加大科研投入，提升创新水平，把握核心技术，推动“中国制造”向“中国创造”转型。

（三）积极探索构建可持续的跨国经营生态系统

中国企业对外直接投资网络体系构建可以从两方面入手：一是充分利用我国强大的生产制造能力和上下游关联，发挥产业协同效应，同时借助中国境外合作区等，建立和培育合作伙伴关系网；二是积极利用当地的资源与当地企业形成战略联盟，如研发、生产、销售联盟和合资经营等方

式，加强与当地企业的互动，实现优势互补，将当地企业融入自身的网络体系，提升经济的关联效应，增强企业在本土化过程中的适应能力和竞争力。

（四）合法合规经营，重视社会责任

跨国公司在当地合法合规经营是企业生存和可持续的前提，也是保障。中国企业应该充分认识到中外在法律法规、文化风俗、管理方式方法等方面存在的不同，遵守法律法规，尊重文化习俗，深入了解当地劳工标准，履行企业的社会责任，构建利益共同体，树立强大的品牌影响力，赢得客户和员工的尊重。

（五）培养高端人才，建立国际化管理团队

跨国公司所要解决的问题是管理的复杂性，问题的核心是人才。中国需要培育懂得国内国际法规、理解商业运行逻辑、清楚国际文化差异的高端管理人才，帮助跨国公司进行国际化经营。[27]

第三节　中国知名企业相关案例

一、华为公司国际化战略历程与布局

（一）华为公司国际化战略历程

作为中国电子及通信设备制造业龙头企业，华为自 1996 年开始进军海外市场，采取渐进模式开启国际化进程。截至目前，华为的海外分支机构主要分布在北美洲、欧洲、亚太地区以及拉丁美洲和中东地区，构建起了遍布全球的研发、生产和销售网络，根据不同地区的区位特征，精准定位机构布局，减少对外直接投资的随意性和盲目性，大大提升了对外投资的效率。

根据传统的 OFDI 理论，华为在全球的布局针对不同地区的资源优势，逐步形成了全球的价值链。①华为在北美洲和欧洲的分支机构最为重要，主要是基于当地的技术水平和技术人力资源建立的，属于技术寻求动机类型；同时，欧美地区电信市场已经成熟，竞争激烈，华为采用战略联盟的

方式利用自身的高科技电信产品打入该区域市场。华为在德国杜塞尔多夫、加拿大渥太华等地成立研发中心，其中渥太华研发中心作为华为信息通信技术研发创新的发展基地，在5G移动通信及光通信技术等领域的研发创新能力已经达到世界级水平；在芬兰赫尔辛基、法国索菲亚科技园等地建立研发中心，专注于移动设备技术的开发、芯片设计和嵌入式技术的研究；基于特殊地理位置，华为在意大利米兰建立微波研发中心，该中心也设有市场部和销售部等，是华为首个全球性研发中心，旨在解决与日俱增的数据流量所带来的带宽需求问题。②华为对亚太地区的FDI区位选择主要是基于市场寻求型动机，因为亚太市场属于新兴市场，具有很大发展潜力。③华为对非洲地区的FDI区位选择是基于资源寻求型动机，非洲地区的网络建设水平滞后于全球发展水平，市场发展空间巨大，非洲廉价的劳动力成本以及丰富的矿产资源为通信基础设施的建设提供了丰富的人力和自然资源。④华为对拉美地区的投资是基于市场寻求型动机，近年来，华为在拉美地区的市场份额上升很快，基于当地广阔的市场前景，华为在巴西坎皮纳斯设立分公司，产品的销售市场空间不断扩大。

新冠肺炎疫情在全球范围内的暴发和蔓延，对全球价值链和生产链造成冲击甚至导致其断裂。近年来中美贸易的摩擦及新冠肺炎疫情带来的冲击，使得华为全球化的布局面临着严峻的挑战，如何保持现有的生产和供应链条的稳定性及完整性，成为今后华为公司国际化战略调整的必然选择。

（二）华为公司国际化战略布局

1. 在英国的研发中心

• 简介与销售业绩

2012年，在伊普斯维奇设立研发办公室，致力于光子设备的研究、设计、开发、生产和检测的研发办公室。2014年，在布里斯托尔成立以光电子、终端设计、软件开发等为主要研究领域的研发中心，研究成果将服务于全球140多个市场的华为客户。

据新华网报道，2012年9月，华为宣布未来5年在英国投资13亿英镑（折合人民币约123亿元①），提供700个新的就业岗位，在英国的员工人数将从2012年的800人增加到2017年的1500人。根据英国牛津经济研究所发布的调研报告，2012—2014年，华为对英国经济的贡献达到9.56亿英镑（折合人民币约90.5亿元），其中包括2.31亿英镑（折合人民币约21.9亿元）的直接经济贡献、4.35亿英镑（折合人民币约41.2亿元）的间接贡献以及2.90亿英镑（折合人民币约27.4亿元）的伴生经济贡献，另外将有4.11亿英镑的英国税收产生。到2014年为止，华为通过三个渠道在英国新增7386个就业岗位。2014年华为员工人均产值为9.98万英镑（折合人民币约94.4万元），大幅高于英国均值的4.38万英镑（折合人民币约41.4万元）。2017年，华为英国市场占有率约为8.9%。[28]

- 建立原因及优势

华为在英国建立研发中心是为了寻求技术。虽然英国本土在CMOS这类常规半导体生产方面已经成了荒漠，但是在化合物半导体生产方面具备很强的实力。例如Ⅱ-Ⅵ公司以及IQE公司在英国本土都有相当先进的VCSEL和其他化合物半导体（如砷化镓、碳化硅、氮化镓、磷化铟等）的研发和生产能力，业界巨头Oclaro的前身其实是英国公司。英国的学术机构在这个领域也有很强实力，牛津和剑桥有不少此领域的初创公司。这些产品可以应用在华为新的高端手机的3D光学感应器上，也可以用在华为核心业务的各种光通信设备上，例如用在100G/400G光传输上，还可以用在华为未来大规模投入的智能驾驶所必需的激光雷达上。目前来看，类似于VCSEL的先进光学半导体器件研发和生产，主要集中在美国、英国、奥地利、德国、中国台湾、以色列等地。考虑到诸多因素，华为在英国设立研发中心开发这些产品很正常，毕竟在其他各处受美国政府的限制较大，在英国则有着相对的自主性。英国的市场在政治文化环境方面存在着一定程度的优越性，一方面是几乎不存在社会文化风险的投资期初，另一方面是较高的教育文化层次，这些都使得华为在规避一定风险的同时又在技术和管理上获得了大量的资源。英国基础设施建设完备，华为物流管理和成本管理有便捷的交通运输优势保驾护航。英国有完备的法律制度，并且我国与英国的法律法规能够做到优势互补，相比同样是高端市场的美国，华

① 按照资料获取时的汇率折算为人民币金额，1英镑=9.4615元人民币，后同。

为能够减少很多法律风险和政治风险。

2. 在俄罗斯的研发中心

• 简介与销售业绩

华为在俄罗斯共设立三个科研中心，位于莫斯科、圣彼得堡以及鞑靼斯坦共和国。2018 年 5 月，鞑靼斯坦的因尼奥波利斯市推出了 5G 实验区，其中就有华为的参与。华为在俄罗斯鞑靼斯坦共和国设立科研中心，用以研发信息通信技术。在双方签署的一系列合作文件中，包括一系列目标与任务，如现代化技术研发、吸引科研人员和初创公司等的经验技术交流。对此，华为方面表示，其将不仅限于在鞑靼斯坦共和国经济领域深入研发和推广信息通信技术，还将非常乐意与当地的科学技术专家一起交流合作。与此同时，鞑靼斯坦共和国信息与通信部部长沙伊胡特季诺夫则表示，在城市安全系统、5G 技术等方面，华为均是行业领军者。双方的合作将极大地推动地区乃至全国范围内数字经济的发展。

据新浪财经报道，2016 年 11 月，华为与旗下子品牌荣耀一跃成为占据俄罗斯智能手机市场的第三名，约占 8.5%的份额，联想以 7.4%的份额紧随其后，在俄手机市场销量中位居第四，中兴以 5.7%的份额排名第五，排名前两位的是占 20%份额的三星和 12.5%份额的苹果，华为公司 2018 年在俄罗斯的销售营收从 2017 年的 617 亿卢布（折合人民币约 66.7 亿元）增加到了 1323 亿卢布（折合人民币约 143 亿元），创历史新高，并且净利润增长了 2.4 倍，达到 33.5 亿卢布（折合人民币约 3.6 亿元）。而促使收入和利润增长的主要还是智能移动设备（主要是智能手机），除此之外，还有电脑、平板、智能穿戴设备以及智能家电设备等。根据 IDC 数据报告，截至 2018 年，俄罗斯智能手机市场的规模达到了创纪录的 7.56 亿美元（折合人民币约 51.1 亿元①），售出 3000 多万台。而在 2017 年，华为（包含荣耀）手机品牌在俄罗斯智能手机市场所占份额从 11%增加到 20%，已经超越了苹果，成为俄罗斯第二，三星仍是第一。不过值得一提的是，在 2018 年第四季度的俄罗斯手机市场，华为曾以 28%的市场份额拿下了第一名的成绩；在俄罗斯 2019 年第一季度手机销量上，荣耀手机又以出货量 27.1%的成绩超过苹果手机和三星手机，这也是荣耀手机第一次在俄罗

---

① 2017 年平均汇率：1 美元＝6.7547 元人民币，后同。

斯市场占据第一的位置。[29]

• 建立原因及优势

FDI的内部化理论对跨国公司对外直接投资的动机和决定因素进行了解释，其核心是市场的不完全性及企业的性质。其中包含两种类型的中间产品市场的不完全：一种是信息形态产品的市场不完全，比如知识、技术和技能；另一种是上下游投入的原材料、零部件等的市场不完全。在大多数情况下，前者的不完全将导致横向一体化，后者的不完全将引发纵向一体化。在知识产品、资本密集行业中的跨国公司中，为了减少半成品、农产品、矿产品等的市场交易成本，而进行了对外直接投资，这是这些公司演化为跨国公司的原因。而华为在俄罗斯设立研发中心主要就是为了消除或减轻知识技术类产品的不完全性给企业带来的利益损失。此外，华为在俄罗斯建立研发机构是为了寻求技术、人才。

俄罗斯是诞生数学家最多的地方之一，华为依靠俄罗斯的数学人才资源，设立了研发中心并进行多项研究以节约成本。2019年10月13日，华为OpenLab成为俄罗斯举办最大科学节（NAUKA）的主要平台之一。在活动中，莫斯科国立罗蒙诺索夫大学数字经济科研中心和华为公司签署了合作协议。此外，华为对获取俄罗斯技术也很感兴趣。

俄罗斯的投资环境友好，包括政治环境与法律环境等。政治环境方面，政府管制宽松，支持通信企业参与国际化竞争；国际总体政局的稳定、中国与俄罗斯国家的友好关系为华为营造了比较友好的国际经济环境。经济环境方面，2008年开始的金融危机，使得西方国家纷纷出现财政困难，减少了对通信设备的投入，这就给产品价格低的华为公司带来了机遇。文化环境方面，俄罗斯表示欢迎华为。2014年6月华为与俄罗斯电信运营商达成6亿美元（折合人民币约39.8亿元①）交易，华为在俄业务负责人万飚表示，该地区是华为集团“最有前途的市场之一”。可见华为在俄罗斯并不太受当地文化的限制，能够以适应当地文化的营销组合去开拓市场。技术环境方面，俄罗斯客观上是需要华为来改善国内通信环境的。俄罗斯是富裕的石油国家，人均GDP超万美元，但通信设备供应领域完全依赖进口，且运营技术水平比较低，网络规划水平落后。

① 2016年平均汇率：1美元=6.6401元人民币，后同。

3. 在法国的研发中心

• 简介与销售业绩

华为在法国一直致力于为客户和合作伙伴提供最好的技术支持，帮助他们增强国际竞争力，并将持续对法国的创新领域进行投资。目前，华为已在法国设立了芯片、数学、家庭终端、美学、无线标准五个研发中心，其研究成果在全球范围内得以应用。

2014 年 9 月，华为公司法国芯片研发中心在位于南部滨海阿尔卑斯省的索菲亚科技园正式落成，拟主攻芯片组设计和内嵌技术。这个研发机构将负责改善智能手机摄像头的质量，提高华为在微电子设备和软件方面的知识储备，以及改善“图像信号处理”技术。2016 年 6 月 14 日，华为宣布在法国设立数学研究所。它是华为在全球的第二个数学研究中心，其研究员均为博士及以上学历。华为法国数学研发中心旨在挖掘法国基础数学资源，致力于通信物理层、网络层、分布式并行计算、数据压缩存储等基础算法研究，长期聚焦 5G 等战略项目和短期产品，完成分布式算法全局架构设计等。2017 年 3 月，华为在巴黎开设了全球第一家美学研究中心，并从奢侈品、汽车、3D 设计等不同领域挖来了 10 名来自法国和中国的设计师。这一研究中心将会把研究成果应用在华为未来的智能手机和其他智能终端。华为作出这一决定主要是想改变技术的呈现方式。华为法国公司总经理施伟亮 2018 年 11 月 27 日在公司年度合作伙伴及供应商大会上宣布了在法国东南部城市格勒诺布尔设立华为在法国的第五家研发中心，主要负责传感器和软件的研发，这是华为在法国直接投资的重要组成部分。华为每年将营业额的 10%~15%投资于研发，2017 年，华为在创新项目和研究上投入了 138 亿美元（折合人民币约 932. 1 亿元）。据不完全统计，目前整个欧洲的华为研发中心达 17 所。2020 年 3 月 1 日梁华宣布华为在法国投资 15. 4 亿元建立首个国外 5G 工厂，半数 5G 合同来自欧洲。2020 年是 5G 网络全面爆发的一年，全球主要国家将在 2020 年敲定 5G 建设方案，所以 5G 网络设备商的竞争也到了白热化的阶段。目前拥有 5G 设备制造能力的只有华为、爱立信、诺基亚、三星和中兴五家公司。其中华为、爱立信、诺基亚处于第一阵营，在 5G 技术上，华为不管是 5G 专利还是核心技术都要领先于爱立信和诺基亚。但是华为除了商业竞争以外，还受到其他层面的制约，导致华为一直没有拉开与爱立信和诺基亚的差距。2020 年 2

月 27 日，华为宣布在法国设立无线产品制造工厂，聚焦 4G/5G 无线通信设备生产，未来产品以供应欧洲市场为主。法国是世界高端制造中心之一，工业基础设施成熟、地理位置优越、劳动力素质高。华为希望能将这种优势整合到华为在欧洲的整体价值链中，提高交付的及时性、可靠性。华为表明无线设备主要是为欧洲区域而生产的，实现研发、销售、采购、生产、物流、服务、人才培养等端到端产业链的整体覆盖，这一举措会推动当地上下游产业链的发展。

2018 年，华为在法国市场的营收达到 10 亿欧元（折合人民币约 78 亿元①）左右，智能手机和网络相关业务营收五五开。2018 年华为全球手机销量为 2 亿部，其中在法国售出了 400 万部，市场排名仅次于三星和苹果。以上销售数据表明该品牌并没有因为美国的制裁而一蹶不振，相反，华为在法国消费者群体中的知名度还大大提高了。综合法媒 Phonandroid、L'UsineNouvelle 报道，尽管失去了安卓许可证，并且受到美国政府的桎梏，华为依旧在耕耘法国市场的路上不断前进。[30] 在法国，华为品牌抗住了非议，仍旧被大多数民众所喜爱。调查数据显示，91%的法国受访者知道华为，35%的人考虑购买华为手机，16%的法国人甚至表示对华为的智能手机喜爱度更高。法国的数据证实了华为的财务状况确实总体良好。尽管自 2019 年 5 月起美国总统特朗普对华为进行了打压，但华为依旧稳稳地站着，其智能手机在全球的销量仍增长了 29%。[31] 法国线上手机市场销量排名中，华为 P20 Lite 第二。第一手机界研究院公布了 2019 年 6 月法国线上手机市场销量排行榜，在这份排行榜中，上榜的机型来自华为、小米、三星这三大智能手机厂商，至于苹果、诺基亚等智能手机厂商，则没有机型进入到 TOP15 的范围内。

• 建立原因及优势

华为在法国设立无线产品制造工厂，主要生产 4G/5G 无线通信设备，以供应欧洲市场为主。该工厂借助欧洲本地领先合作伙伴的先进生产设备/工具完成整体建设。华为在法国建立研发中心一方面是为了寻求技术与产品创新、科研人才以及提高自身竞争力。法国是国际上数学领先国家，历史上数学巨匠辈出，拥有悠久的学科历史传承，华为战略与市场总裁徐文伟

① 2018 年平均汇率：1 欧元 = 7.8024 元人民币，后同。

曾高度评价法国的数学力量。知识、技术和技能等信息形态产品市场的不完全性会增大企业内部的交易成本，人才的投资可以用 FDI 的内部化理论来解释，华为在法国设立研发中心就是为了降低这种交易成本。另一方面是为了更进一步提高设备在法国的透明度，将所有的东西都放在法国客户眼皮底下，从而能够让客户放心地使用华为的产品。华为希望更紧密地融入欧洲，进一步提升在国际舞台上的影响力。索菲亚科技园是法国最大的科技园区，汇聚了 1400 多家高新技术企业，被称为法国的“硅谷”。华为在此设立芯片研发中心的主要目的是充分利用和开发当地成熟的信息技术生态系统，以及高水平的工程师力量。企业（所有权）优势、内部化优势和区位优势是 FDI 的国际生产折衷理论的核心概念。企业优势是跨国企业或公司优于别国企业或公司得到的资产、规模和市场等一切有形、无形的综合优势。它包括两类：其一是通过转让或直接投资能给企业或公司带来收入的所有权优势；其二是只有通过对外直接投资才能实现的所有权优势，这也说明华为在法国设立研发中心是为了利用当地成熟的信息技术生态系统，获取所有权优势。在华为的业务构成中，运营商和企业客户占了绝大多数比重。因为从前销售的产品主要为商用电信设备服务，华为并没有把太多的精力投放在外观设计上。但随着华为新成立了消费者事业部，外观的问题开始凸显——在这个事业部发展的初期，华为为运营商定制的低端手机在消费者事业部占了 80%，华为品牌也逐渐被贴上了低端、丑陋的标签。真正能让华为改变品牌形象的还是产品的设计本身。[32] 2015 年，华为轮值首席执行官胡厚崑称，巴黎是全球艺术与时尚中心，拥有丰富的创新和设计资源，巴黎美学研究中心未来会在华为全球范围创新发展中扮演重要角色。[33]华为在法国建立研发中心给当地人提供了就业机会，推动了当地经济的发展，也极大地提高了华为的国际形象和影响力，巩固了欧洲市场，为以后深耕欧洲市场打下了基础。在海外人才培养方面，2011 年，华为与巴黎高科进行合作，首次在法国启动了“未来种子”项目。2013 年，华为拓展了项目合作，合作对象增加了 6 所高校。2014 年，来自 9 所法国高校的 15 名学生参加了“未来种子”项目。2015 年，在法国教育部部长的支持下，5 名来自 Web@ademie 的贫困学生参加了“未来种子”项目，产生了一定的社会影响。华为轮值 CEO 胡厚崑在 2016 年夏季酒会上正式宣布了华为与 Web@ademie 的合作伙伴关系。“未来种子”项目的参与者名单最终是由专门的学生选拔委员会决定的。项目的最新资讯也可通过查询网站获得。该项目已成为学生们了解中国和ICT行业的一个窗口。2016年，学生们的中国之旅活动更加丰富，他们与当地生态系统（在深圳运营的法国技术公司）和在中国成立的法国ICT初创公司创始人进行了会谈。

4. 在意大利的研发中心

• 简介与销售业绩

2007年华为将移动创新中心建在都灵，与意大利电信合作开发移动网络应用技术，并提供技术测试、路线图开发和产品优化等服务。2011年华为在米兰成立全球性微波研发中心，研究数据流量增长所带来的带宽需求问题，兼带营销和销售支持功能。

据外媒报道，2018年第二季度意大利线上市场手机品牌销量前十位中，华为稳居冠军地位。其中华为共5款机型上榜。在2019年6月的意大利线上智能手机市场，红米Note 7拿下了第一名的成绩，华为P smart排名第二，售价约为169.99欧元（折合人民币约1326.3元）。[34]

• 建立原因及优势

华为在意大利开设研发中心主要是为了借助意大利当地市场与特殊地理位置。设计研发中心重点关注设计和时尚领域，利用“意大利制造”的卓越优势，对自身品牌和产品进行提升。米兰是全球知名的微波之乡，诸多知名公司如西门子、阿朗、爱立信在米兰都设有微波研发和销售机构。还有米兰理工大学等大学专业投入微波人才培养，人才资源丰富，微波产学研生态系统完整。2011年，华为微波产品线副总裁雷纳托·隆巴迪（Renato Lombardi）表示，“米兰位于意大利伦巴第大区，是国际上知名的微波技术研发地。该地区拥有来自大学和科研机构等的大量资金投入，因而是华为公司择址微波技术研发中心的最佳选择。”“快速增长的移动宽带连接对现今的网络负载和密度提出了更高的要求，我们的研发中心就是为了解决这个问题。[35]”

5. 在德国的研发中心

• 简介与销售业绩

2006年，华为在波恩成立网络研发中心，为德国电信客户提供定制化创新产品及解决方案。2008 年，在达姆施塔特成立了创新和演示中心。同年，在慕尼黑成立华为欧洲研究所，定位基础研究和核心技术。2009 年，在杜塞多尔夫设立研发机构，接洽沃达丰，并与周边的大学合作开展科研合作。2017 年，华为在德国杜塞尔多夫的终端开放实验室正式落成。华为终端一直以打造极致用户体验为己任，随着终端海外业务的发展，如何贴近实际的海外环境，保证海外用户的使用体验，是华为终端团队一直深入思考的，德国终端开放实验室也就是在这样的背景下孕育而生。2019 年，华为联合德国电信与某供应商开展供应链可持续发展项目（SDP），共同分析和识别业务领域存在的风险和机遇，在合规遵从的基础上识别节能减排机会，降低运营成本，提升竞争优势。协助供应商通过注塑机改造、LED 灯替换日光灯以及太阳能发电等节能项目，年度节电约 14 万度，减少碳排放约 115 吨；与客户和供应商合作回收边角料及包装材料，减少废弃物约 84 吨。2020 年 1 月 13 日，德国电信授予该供应商可持续发展项目银奖。除了深圳、上海之外，华为在德国慕尼黑也设有面向市场的产品开发基地和尖端技术研究基地“Xlabo”。

- 建立原因及优势

华为在德国建立研发中心主要是为了寻求技术与及时掌握市场需求。华为在德国的欧洲研究所定位基础研究和核心技术。欧盟是最大的研究体系，各国研究所、高校一起投入，基础研究能力很强，基础研究的优势在欧洲。同时离德国电信、法国电信、沃达丰、英国电信等运营商近，便于联合创新，充分利用全球创新技术，获得全球竞争力。该研究中心最早设在杜塞尔多夫，与区域总部在一起，但杜塞尔多夫并不是人才聚集地，于是搬到波恩，但城市太小，最终搬到慕尼黑。慕尼黑是国际化城市，大企业多，还是欧盟知识产权总部。同时这里是德国最适宜创业和生活的地方，招揽人才比较容易。华为德国终端开放实验室坐落在德国莱茵河畔的杜塞尔多夫，该地区是德国人口最密集的北莱茵—威斯特法伦州的州府，也是欧洲通信工业的重要中心之一。

6. 在比利时的研发中心

- 简介与销售业绩

2008 年华为进入比利时电信市场后，先后与当地的各主要电信运营商展开了合作。经过近两年的筹备，华为公司的比利时研发中心于 2009 年

12月23日在新鲁汶科技园区正式启用。比利时研发中心成为继柏林、米兰、阿姆斯特丹和慕尼黑后的第五个西欧研发中心，致力于软件及应用领域的研发，其成果将提供给华为软件公司使用。2014年12月，华为与比利时研究中心IMEC签订战略合作伙伴协议，双方将专注于光学数据连接技术，共同开展高速、低功耗、低成本的数据传输技术研究。2015年1月，华为和比利时电信运营商Proximus签署了联合创新项目协议，以共同应对比利时企业和用户日益增长的数据流量和语音流量需求。高速敏捷和性能卓越的网络将给比利时用户带来更加优质的通信服务体验。2015年，在布鲁塞尔举办的欧洲商业峰会（European Business Summit，EBS）上，华为宣布在比利时鲁汶成立欧洲研究院，在协调华为工作的同时还能促成数字议程目标的达成，实现双赢。华为的投资促进了比利时社会的数字化转型，2016年还被法兰德斯大区外国投资和贸易促进局提名为“年度投资者”。

2007年华为进驻比利时，其产品受到当地民众的喜爱，市场份额也在逐年提高。2013年到2015年，华为在比利时地区各项业务增长迅速。其中，智能手机业务表现尤为突出。凭借出色的产品和良好的品牌形象，2015年订单总额达到6600万美元（折合人民币约41099.5万元①），同比增长50%，实现收入5000万美元（折合人民币约31136万元），同比增长约39.7%。截止到2016年5月，在比利时智能手机市场中，华为所占市场份额达15%，位居第三，仅次于三星和苹果。[36]

• 建立原因及优势

华为选择新鲁汶科技园作为研发中心，是因为其具有毗邻布鲁塞尔、交通方便的地理优势，且具有良好的高科技研发环境，符合华为比利时研发中心寻求技术的目标。此园区属于国际科技园联合会，有包括新鲁汶大学在内的150余家企事业单位，华为与其具有很大的合作潜力和空间。

根据新浪科技报道，2015年华为轮值CEO郭平表示：“欧洲拥有优越的产业环境，是华为的全球能力中心。华为欧研院将协调各项研究与创新工作，加强华为与各届人士的合作。华为与合作伙伴将共同推动欧洲过渡到

① 2015年平均汇率：1美元=6.2272元人民币，后同。

‘欧洲 4.0’时代，共建万事万物互联的数字化欧盟，实现欧洲的智慧增长，构建更加美好的全联结欧洲。”[37]

近年来，华为与比利时市场伙伴建立了牢固的合作关系。在制定战略时，主动匹配比利时的国家数字议程目标，助力比利时发展数字经济，促进增长和就业，为比利时人民创造福利。华为与比利时主流电信运营商合作，共同打造面向未来的网络基础设施，促进社会数字化转型。华为已经携手比利时电信 Proximus 完成了业界首个现网 1Tbps 传送测试。在比利时建立了强大的渠道伙伴网络，助力 BKM、DataUnit、ProdataSystems 和 Tobiana 等企业应对数字化挑战。华为积极支持当地数字社会建设，包括智慧城市解决方案、提升公共交通移动覆盖和物联网应用等。为比利时消费者提供先进、高性价比的移动终端，让比利时消费者畅享移动通信的便利。华为携手比利时非营利组织 Close the Gap、东非联合国教科文组织、全球移动通信系统协会（Global System for Mobile Communication Association，GSMA）、肯尼亚 CFSK（Computers for Schools Kenya）、肯尼亚运营商 Safaricom、肯尼亚 ICT 部委等多个合作伙伴建立 DigiTruck-移动数字课堂，帮助偏远农村地区的人们提升数字意识和数字技能。

在当地人才培养方面，华为很有信心，也致力于为当地人才发展做出贡献。例如，携手 Proximus 在布鲁塞尔大学校园开展 5G 试点项目，学生有机会体验最新的技术发展成果。华为的“未来种子”项目也体现了对比利时国王菲利普发起的教育项目“欧洲青年公约”的支持，来自比利时 5 所大学的优秀学生通过华为的“未来种子”项目，获得了前往华为深圳总部实习的机会。在比利时发展的多年时间里，华为已经取得了不俗的成绩。未来，华为将继续加强与比利时政府、企业伙伴、客户和消费者的合作，共建更美好的全联结比利时。

7. 在芬兰的研发中心

• 简介与销售业绩

为拓展欧洲市场并提升手机研发能力，华为在 2012 年底宣布在芬兰建立智能手机研发中心。华为芬兰研究所下设两个研究中心：赫尔辛基可靠性能力实验室（RCC）和坦佩雷华为音频实验室。它们的主要目标是提高华为产品的可靠性、可用性等性能。RCC 于 2014 年成立，致力于光学、显示、触摸感知、音频、主架构、摄影、失效分析等多领域的能力测试，保障创新技术稳定导入量产，持续降低产品故障率以及持续提升用户体验推荐值。同时，RCC 还积极与欧洲周边资源开展合作，充分利用欧洲丰富的创新资源和北欧崇尚质量、简约化设计的潮流，为终端未来产品的开发建立符合欧洲用户习惯的产品创新能力。位于芬兰第三大城市的坦佩雷华为音频实验室是目前世界上顶尖音频实验室之一，起初由诺基亚设计建立，后经华为升级重新投入使用，设有专业扬声器测试装置，以及消音室、视听室、听音实验室等，承担着测试华为声学组件、产品及其附件的音频性能和音频增强算法技术开发的任务，为华为产品的音频体验提供了持续提升的动力。

2016 年 5 月，华为消费产品芬兰市场主管米卡·恩格布洛姆说，华为手机在 2016 年第一季度销量首次超越苹果，同比增长约十倍，仅次于三星，市场占有率升至 23%。华为芬兰子公司首席执行官曹克乾说，华为终端产品在芬兰取得良好销售业绩，得益于华为深入的市场推广，华为正获得更多消费者的喜爱。[38]

• 建立原因及优势

华为在芬兰设立机构主要是为了寻求市场、先进的技术以及人力资源。其在芬兰赫尔辛基设立的智能手机软件研发中心是华为在欧洲的第二家侧重于消费电子产品而不是网络基础设施的研发中心，目的是使公司在欧洲的研发业务扩大一倍。华为在芬兰的研发中心离诺基亚公司很近，二者相距不到 20 公里。另外，在坦佩雷设立的研发中心吸纳了此前大量诺基亚影像团队的工程师。

8. *在匈牙利的研发中心*

• 简介与销售业绩

2004 年，华为进入匈牙利通信市场，与匈牙利电信、沃达丰等当地主流运营商都建立了战略合作伙伴关系。2012 年 5 月 1 日，华为公司副总裁鲁勇与匈牙利经济部部长毛托尔奇·捷尔吉在布达佩斯签署战略合作谅解备忘录，斥资 15 亿美元（折合人民币约 94.7 亿元①）建立欧洲物流中心，目的是带动当地物流行业的投资及配套发展。2012 年华为欧洲物流中心的仓库面积将达 25000 平方米，物流吞吐量达到 50 万立方米，为欧盟境内全

① 2012 年平均汇率：1 美元 = 6.3124 元人民币，后同。

部国家提供服务。2015 年扩建其在布达佩斯的研发中心，为沃达丰提供 4G 网络技术支持并为匈牙利电讯公司提供 IP 电视技术支持。[39] 匈牙利是华为在欧洲综合业务拓展的重点国家之一，2016 年 4 月华为匈牙利代表处总经理郑伟峰告诉北京晨报记者，2015 年华为智能手机在匈牙利的销量将近 24 万部，整体匈牙利代表处收入是 2 亿~3 亿美元（折合人民币 12.5 亿~18.7 亿元）。“我们现在跟匈牙利前十的运营商都有合作，终端品牌占有率 2015 年 2 月上升到了 12%，仅次于苹果和三星。”作为来自中国的第二大投资者，华为的整个产品线覆盖了 70%以上的匈牙利人口。[40]

• 建立原因及优势

对布达佩斯来说，华为的欧洲供应中心发挥着在泛欧市场的中枢作用。无线、微波、光网等主流产品从布达佩斯发出，抵达欧洲、中亚、俄罗斯、北非等 47 个国家和地区，在这些地区范围内的物流周期不超过 2 周。华为在匈牙利投资建设欧洲供应中心、欧洲物流中心，在匈牙利建设华为公司第二大的全球性供应链网络，同时致力于带动当地就业和其他配套产业的发展。

9. *在爱尔兰的研发中心*

• 简介与销售业绩

自 2004 年 5 月进入爱尔兰市场以来，华为和爱尔兰各大主流电信运营商都建立了合作关系，产品与服务覆盖爱尔兰约 200 万人口。2011 年，华为在阿斯隆建立了在爱尔兰的首个研发中心，并于 2012 年在科克建立了客户体验中心。2015 年 7 月，华为收购 Amartus 公司旗下电子通信网络管理业务，进一步扩大其在爱尔兰的研发投资。华为在阿斯隆、科克及都柏林共设立了四个研发中心，并研发出“Smart-care”，能够为爱尔兰和全球电信运营商提供专有服务。华为 2015 年 11 月 18 日在都柏林数字港口区国际金融服务中心的新研发办公室举行揭幕仪式。据华为官网报道，2015 年华为在爱尔兰的研发投资有望达到 3500 万欧元（折合人民币约 24228.1 万元①），将大力促进爱尔兰的科技生态环境建设。[41]

• 建立原因及优势

华为官网 2015 年 11 月报道，华为欧洲研究院院长周红博士称：“华为

---

① 2015 年平均汇率：1 欧元=6.9223 元人民币，后同。

每年至少将其全球总收入的10%投入研发。华为在都柏林成立新的研发办公室，表明我们长期致力于投资爱尔兰、在科技领域创造更多机会的决心和承诺。该研发中心将深耕云技术领域，为爱尔兰培养未来人才，并为高技能专业人才创造更多机会。”“华为选择在爱尔兰扩大研发布局也是对爱尔兰高技能、高素质科技人才的肯定。”新研发办公室研究的重点在于业务创新、网络服务、云和客户体验以及面向服务供应商的ICT运营转型等领域，同时，协调华为在都柏林、科克和阿斯隆三个研发办公室的研发活动。

10. 在瑞典的研发中心

• 简介与销售业绩

2001年，华为在瑞典斯德哥尔摩北郊的Kista科学园设立研发中心，主要从事GSM、3G和LTE（Long Term Evolution）或称超3G系统研发，目前是华为在欧洲最大的研发机构。该园区别号“移动谷”（MobileValley），是地位仅次于美国硅谷的全球第二大科技园，全球通信设备商领头羊爱立信的总部也在这里。2009年，华为公司在哥德堡开设了一家新的研发中心，主要专注于微波、基站和基于IP的网络研发。

华为最初进入欧洲市场时经历了一段很艰难的时期，企业知名度低，不被市场认可，采取了很多策略才打开局面。如在各国陆续开展了一系列宣传造势和公众活动，如英国的“华为王子基金会圣诞慈善音乐会”“华为在德国十年”“法国2012中国新年音乐会”“西班牙华为十年音乐会”“荷兰华为电影之夜”“米兰微波所成立庆典”，强化了欧洲社会对华为的正面认知。体育赞助也是一大切入点，因为欧洲人对体育的狂热众所周知，足球、自行车、F1赛车、高尔夫……每个国家都有自己最热衷的体育运动，风靡全球的五大联赛更是代表了世界足球的最高水平。从2013年下半年开始，华为各国代表处连续赞助了西甲联赛以及英超阿森纳、法甲巴黎圣日耳曼等诸多传统欧洲强队，不仅辐射了海外的球迷观众，也可以辐射到国内的观众，获得欧洲客户尤其是消费者的品牌认同感。2016年，华为公司在瑞典手机市场的占有率翻番，成为瑞典第三大智能手机供应商，在丹麦和挪威华为也占据了类似的市场份额；在芬兰，华为市场占有率高达30%，占据榜首。2018年11月5日华为瑞典公司总裁福利迪克森表示，“虽然美国出于政治需要将华为列入供应商黑名单，但这并不妨碍华为公司在全球市场的快速发展，尤其在瑞典。瑞典人最善于区分商业和政治，因此华为在瑞典市场发展迅速，下一步，华为将向瑞典市场提供包括云服务、数据存储等在内的全套商业解决方案。2018 年，华为在瑞典市场的商业服务占营业总额的 10%~15%，预计未来五年将保持至少 50%的年均增速。”[42]

• 建立原因及优势

瑞典乃至北欧是华为重要的战略市场，拥有世界级的电信专家和工程师，在这里，华为公司可以吸收大量的高端人才，华为北欧公司总经理陈浩表示，研发是华为公司的首要领域，哥德堡研发中心的设立保证了新技术与客户商业计划间的适配性，极大增强了华为公司为客户提供解决方案的能力。

华为在瑞典的发展，好处和挑战是并存的。瑞典是著名通信企业爱立信的故乡，华为和爱立信是通信行业的两大巨头，在瑞典，华为能接触到最前沿的专业动态，和最优秀的对手竞争。瑞典一直鼓励创新和竞争，有华为在这里有助于提高整个瑞典 ICT 产业的竞争力，实现更好全链接。

11. 在罗马尼亚的研发中心

• 简介与销售业绩

华为罗马尼亚子公司建立于 2003 年，此后华为一直活跃在罗马尼亚市场，在当地开设了办事处、欧洲财务共享中心和全球服务中心。布加勒斯特是罗马尼亚的首都及最大城市，2015 年，华为在布加勒斯特设立支持中心，拥有大量雇员，服务范围极广。2017 年 5 月 16 日，华为罗马尼亚子公司在布加勒斯特举办首届罗马尼亚“智慧城市”论坛，与来自罗马尼亚政府、主流电信运营商、企业和媒体的嘉宾共同探讨罗马尼亚未来智慧城市的发展方向。

2009 年，华为罗马尼亚子公司，在当地所有中资企业中位列第一，成为旗帜性公司，在所有罗马尼亚企业中各列前茅。2014 年，华为在罗马尼亚的业绩为 2. 4 亿美元（折合人民币约 14. 7 亿元），相对于 2013 年增幅达 10%。2015 年销售收入 2. 2 亿美元（折合人民币约 13. 7 亿元①）。截至 2016 年 11 月，华为在罗马尼亚拥有员工超过 1500 名，本地化率超过 75%。在华为的帮助下，罗马尼亚大中型城市实现了网络和宽带的基本覆

① 2014 年平均汇率：1 美元=6. 1424 元人民币，后同。

盖，且覆盖地区仍在进一步扩大，华为还与该国主流运营商建立了广泛的合作关系，为当地经济发展做出重要贡献。根据当地媒体 profit. ro 的数据，华为罗马尼亚公司 2018 年的销售收入为 4. 5 亿美元（折合人民币约 29. 8 亿元），过去五年累计收入超过 12 亿美元（折合人民币约 79. 3 亿元）。截至 2018 年底，华为当地子公司有 2053 名员工，其中 81%是罗马尼亚人。该公司与超过 25 家主要公司建立了合作伙伴关系，估计直接创造了 1500 多个工作岗位，间接创造了 3500 个工作岗位。全球范围内，华为公司 2018 年的收入首次超过千亿美元大关，达到 1071. 3 亿美元（折合人民币约 7083. 2 亿元），同比增长了 19. 5%。[43]

● 建立原因及优势

布加勒斯特是罗马尼亚的首都及最大城市，位于东部瓦拉几亚平原中部，多瑙河支流登博维察河畔。面积 605 平方公里，人口 228 万。罗马尼亚电信市场发展迅速，且具有很多跨国公司颇为看重的优势，如成本较低、劳动力素质高、语言能力强等。罗马尼亚子公司逐渐成为华为在中东欧地区的业务中心，负责协调在该地区国家的后勤和行政等事务。2016 年 11 月，华为与罗马尼亚政府在各国领导人的见证下，签订了合作意向书。华为高级副总裁唐晓明、罗马尼亚通信部副部长拉杜 · 道齐尔曼（Radu Dorcioman）以及罗马尼亚外交部副部长丹尼尔 · 吉特曼（Daniela Gîtman）作为三方签字人出席仪式。根据该意向书，华为将在未来 5 年（2017—2021 年）持续帮助罗马尼亚建设通信实验室，为罗马尼亚培养 ICT 人才。在罗马尼亚落地华为旗舰 CSR 活动“未来种子”计划；相应地，罗方将全方面支持华为在当地的发展，支持正在运营的华为全球技术服务中心和欧洲财务共享中心，鼓励华为同当地的大学扩大和加强在通信实验室、校园网建设等方面的合作。

12. *在美国的研发中心*

● 简介与销售业绩

为进军美国市场，华为尝试了一系列活动。从 1993 年起，华为就在为进入美国市场做准备，当年，它在美国达拉斯建立研究基地，1999 年又在达拉斯建立研究所。2001 年，华为以 7. 5 亿美元（折合人民币约 62. 1 亿元①）的价格将非核心子公司 Avansys 卖给爱默生，并借此在美国设立四个研发中心，加入国际电信联盟。华为于 2011 年 4 月在加州的圣克拉拉市设立研究所，而且在新泽西州的布里奇沃特小镇也设有研究所。

2012 年公司持续推进全球本地化经营，增加了在欧美等国家的投资，在美国成立研发中心。2011 年，华为硅谷研发中心开始投入建设，投资近 36 亿美元（折合人民币约 232.6 亿元②）。华为美国研发中心的研究方向以公司技术发展为导向，并定位于最前沿的技术预言和探索。除此之外，硅谷研发中心还可以了解同行最新的研发动态和研究方向。2016 年 2 月 26 日，华为宣布在美国西雅图贝尔维尤设立研发机构。

2016 年年初，华为宣布将在 5 年内超越三星电子和苹果，成为世界第一的手机制造商，实现 2018 年超过苹果、2020 年超越三星的目标。在 2020 年第一季度，三星电子的智能手机销量为 5533 万部，市场占有率为 18.5%，超过华为（占比 14.2%）4249.9 万部。不过，这样的局面在接下来的一个月得以反转。国外的一项调查结果显示，华为在 2020 年 4 月首次超过三星电子，市场的份额为 21.4%，三星电子占比则为 19.1%；在此期间，全球智能手机总销量为 4193 万部，比上年下降了 41%。华为在全球智能手机市场上名列前茅，同时也是多年以来，华为首次占据全球最大的智能手机份额。[44]

- 建立原因及优势

华为在美国投资是为了科研人才和技术，这一点可以用 FDI 的内部化理论来解释，知识、技术和技能等信息形态产品市场的不完全性会增加企业内部的交易成本。为了降低这种交易成本、提高自身竞争力，华为在美国设立研发中心。硅谷被公认为世界最前沿技术的诞生地，也是新兴技术发展的指向标。在硅谷成立研发中心，获取最前沿的技术发展信息，或者笼络此地高端人才为我所用，是众多企业实现弯道超车的理想手段。华为公司的研发机构选址在美国西雅图的贝尔维尤，脸书等科技公司都在这里设立了大型的研发机构。据了解，贝尔维尤目前已经成为很多科技公司的热门选择。

---

① 2001 年平均汇率：1 美元 = 8.2770 元人民币，后同。

② 2011 年平均汇率：1 美元 = 6.4614 元人民币，后同。

华为在美国发展的好处和其他国家相差无几，体现在技术人才和市场方面，但与此同时面临的挑战也是巨大的。伴随着 5G 时代的来临，华为的发展，如在芯片上与高通的竞争，手机业务上与苹果、三星的竞争，网络设备上与爱立信、思科的竞争让科技一直处在领先地位的美国感受到了来自东方的威胁。美国担心华为的发展速度太快，将会主导 5G 时代的发展，抢夺自己的“蛋糕”，不仅自身直接以国家安全的名义对华为进行了制裁，甚至还拉拢同盟国家一起对华为进行打压，使得华为在美国乃至国际上的发展都受到了极大的限制。2018 年，美国向加拿大当局施加压力，要求加拿大拘留当时在加拿大的华为负责人孟晚舟女士，希望以此来逼迫华为服软。美国的商务部门公布了“旨在保护美国国家安全计划”，该计划本质上就是限制华为使用美国技术和软件在海外设计和制造半导体的能力。只要使用美国芯片制造设备的供应商，想要给华为提供芯片，都得先经过美国的同意。该计划对于华为的打击是巨大的。徐烨（2019）认为，贸易保护主义势力抬头，贸易战的范围很可能进一步扩大、态势也将进一步升级，全球市场上的不确定性在加大。[45]

13. 在加拿大的研发中心

• 简介与销售业绩

2008 年，华为首次在北美大规模商用 UMTS/HSPA 网络，为加拿大主要运营商建设下一代无线网络。2010 年，在渥太华成立研发中心，掌握了 5G 移动通信及光通信技术等领域的世界级核心研发能力。2015 年，在滑铁卢成立研发办公室，力图解决手机安全问题。2019 年 6 月，任正非在《环球邮报》一期访谈中提道：“加拿大投资环境好，加拿大教育是非常优秀的，人工智能之父来自加拿大”，计划将华为北美甚至全球的科研理念中心放在加拿大，准备在加拿大几个著名城市建立研发中心以缓解外界对美国所谓“安全问题”的担忧。对于上述消息，华为公关部门总监克里斯·佩雷拉（Chris Pereira）对观察者网表示，加拿大目前面临着巨大的机遇。加拿大通过延续其长期以来开放和包容的传统，将继续吸引世界各地的优秀人才、投资和就业机会，特别是在人工智能等科技领域。雷兴长、徐烨（2019）认为，欧洲拥有着开放、公平的市场竞争环境，除涉嫌垄断或者威胁国家安全。政府对于任何企业的投资都持开放态度，所有的手机制造商可以在此享受相同的政策待遇。[46]2019 年 4 月 22 日路透社报道，全球最大的电讯设备生产商华为本周一首次发布季度业绩，第一季度销售收入跳涨39%至1797亿元人民币（268.1亿美元）。据华为公司收据，第一季度净利润率约为8%，同比略有增长。[47]截至2020年10月，华为在加拿大有7个研发中心和1100名工程师，其中90%以上是本地员工。2019年，华为在加拿大的研发投资超过2.6亿加拿大元（约合1.984亿美元），聘请了约200名高端研发技术人员。[48]

• 建立原因及优势

加拿大在先进制造业领域拥有世界一流的研发技术和人才。加拿大政府非常重视对科技企业的扶持发展，自2016年以来，科技企业得到2500万加拿大元（折合人民币约12531.8万元①）以上成长期融资，占加拿大风险投资交易量的40%，而同期美国的科技企业风险投资占到60%。加拿大科技企业日益增长，蓄势待发。除了上面提到的政府对人工智能的投资外，一大批世界领先的人工智能专家最早都在加拿大工作，如全球三个“人工智能之父”。任正非在解释选择加拿大的原因时提到，加拿大具有优秀的教育资源。人工智能在很大程度上发端于加拿大的大学课堂，现在已经成为全球范围内的潮流。加拿大拥有大量优质且“廉价”的科技从业人员，多伦多和滑铁卢是北美仅次于硅谷地区的高新技术人员集中区，据不完全统计，这两地拥有26万科技从业人员，其中80%拥有大学以上教育水平，同时，科技人员的工资成本比美国加州、纽约和麻省平均低30%左右。大量的科研人员在相关科研领域持续工作十年以上，他们可以带领我国高新技术企业进行技术研发。而且加拿大靠近美国，法律、制度生活环境和美国相近，大量外溢人才留在加拿大。华为要把这些人才收拢起来，打造“加拿大的硅谷”。韩良（2016）指出，中加企业在技术、人才和产业周期等方面存在大量的互补性差异。中国企业投资或并购加拿大科技企业，面临着前所未有的结构性机遇。[49]

14. 在土耳其的研发中心

• 简介与销售业绩

2010年2月，据国外媒体报道，华为在土耳其中心城市伊斯坦布尔开设研发中心，致力于全IP融合等技术的研发，以及产品优化等相关流程的

① 2016年平均汇率：1加拿大元=5.0127元人民币，后同。

分析和研究。今后准备进一步扩大规模，并聘用更多的工程师。此外，华为公司在土耳其的合作企业已经超过 100 家。

2012 年 9 月 10 日，时任商务部电子商务司副司长张佩东一行 6 人考察华为土耳其研发中心并与公司代表座谈，驻伊斯坦布尔总领馆经商室商务领事李江、领事随员马连斐陪同。张佩东副司长认真听取了华为土耳其公司代表的汇报，鼓励华为开拓土耳其市场，详细询问了华为在土耳其经营遇到的困难和问题，并向华为土耳其公司员工表达了良好的祝愿。[50]

华为在土耳其拥有超过 800 名员工，其中 80%为本地员工，同时与土耳其本地供应商紧密合作，华为公司累计为当地提供了超过 3500 个工作机会。2011 年华为土耳其分公司被土耳其政府评为土耳其百佳纳税企业。

• 建立原因及优势

华为在土耳其建立研发中心，主要寻求技术、市场以及人力资源，致力于全 IP 融合等技术的研发，以及产品优化等相关流程的分析和研究。伊斯坦布尔是土耳其第一大城市和港口，是土耳其经济、文化、金融、新闻、贸易、交通中心，拥有大概 1507 万人口，占全国总人口的 1/5，也是欧洲人口最多的城市，还是世界著名的旅游胜地和全球最繁荣的国际大都市之一。华为自 2009 年以来充分利用当地市场、人力资源和地理位置优势，将土耳其研发中心作为中东和高加索地区总部，向 11 个国家、地区提供服务。

15. 在非洲的研发中心

• 简介与销售业绩

华为于 1998 年在非洲开设首家办公室，之后陆续在尼日利亚、肯尼亚、埃及、突尼斯、安哥拉和几内亚等非洲国家建立地区性培训中心。2016 年，华为信息与通信技术（ICT）创新体验中心在南非约翰内斯堡成立。2017 年 9 月，据新浪科技报道，华为肯尼亚市场经理德里克 · 杜（Derek Du）14 日表示，华为已经调整了肯尼亚市场的业务策略，转而销售 100~200 美元（折合人民币 675. 5~1350. 9 元）的低端智能手机，希望进一步拓展市场份额。华为开始专注于低端市场是因为肯尼亚消费者对价格十分敏感。[51]

• 建立原因及优势

首先，南非本地通信市场基础薄弱，对通信设备的需求高度依赖外部。华为依靠自身的技术优势和完备的服务体系，可以迅速抢占大部分电信市场份额。且南非属于不发达地区，其基础设施落后，人才与教育资源匮乏，但同时，拥有丰富的自然资源以及低价的劳动力资源，在这里设立研发机构可以有效地降低研发成本。对南非而言，华为的资本和技术入驻可以与南非充分互补，一系列的优惠政策更便于华为公司在南非开展活动。

16. 在巴西的研发中心

• 简介与销售业绩

华为从 1996 年起开拓巴西市场，1999 年正式注册公司，经过多年发展，已成为巴西第一大综合网络设备供应商。

2011 年，华为在圣保罗州坎皮纳斯市设立研发和培训中心，该中心占地 2000 多平方米，开发适用于巴西当地的电信类软件、云计算业务和产品，并为当地培训信息、通信和技术人才。华为还与巴西当地的大学和研究院建立联合实验室，开展研发合作、开发产品与业务。目前，华为正在和巴西云计算领域领先的院校 UFCG 洽谈合作事宜，希望联合开发适用于巴西当地的云计算业务和产品。

2014 年，华为在巴西推出智能手机，但因供需不匹配，未得到预期业绩，该项目中止。如今，华为更换策略，转而和当地零售商合作只占新设备销售的 1/10，华为目前与巴西主要零售商合作，Luiza、ViaVarejo、B2W 等企业参与了华为手机的销售，这些企业销售的手机占比超过 2/3。目前，巴西是全球第四大智能手机市场。华为美洲营销副总裁凯特丽娜·杜纳根在一份声明中说："巴西对华为来说是一个有着巨大机遇的市场，我们的产品组合具有竞争力，可以满足消费者的期望。"[52]

• 建立原因及优势

巴西作为拉美面积最大的国家，拥有超过两亿的人口，是全球最大的智能手机市场之一。近年来华为在拉美地区业绩不错，却一直没能进入巴西市场。如果此次华为能够顺利进入巴西，拿下拉美最大的智能手机市场，对于成为世界第一将会有很大的帮助。

2019 年，圣保罗州政府称，华为在该州的产能将面向巴西国内和国外市场。2019 年 4 月，路透社报道称，华为在巴西推出了两款高端智能手机，并且在本地雇用员工来管理业务，尝试第二次打入巴西智能手机市场。而据新华社报道，华为 2019 年 4 月在巴西发布智能手机 P30 Pro 和 P30 Lite，P30 Pro 定价为 5499 雷亚尔（折合人民币约 9850 元），P30 Lite 定价为 2499 雷亚尔（折合人民币约 4480 元）。[53]

17. 在日本的研发中心

• 简介与销售业绩

2001 年，华为初次与日本企业洽谈开始探索日本市场。2002 年，华为与日本 NEC、松下共同成立上海宇梦通信科技有限公司，以此为基地从事 3G 终端的研发，向全球客户提供 3G 技术。经过数年的技术发展与市场渗透，2005 年，华为技术日本株式会社在日本挂牌成立。2007 年，华为终端产品在日本首次实现商用。2010 年，华为在东京设立终端研究所，2013 年将研究所整合搬迁至横滨。2011 年，华为加入日本经济团体联合会。2011 年 9 月，日本研究所，开放通信网络领域的研发投入越来越多。2013 年，华为将建设的研发中心合并为一个集研发和采购为一体的地方，目的是为提升华为技术提升提供保障物资。2015 年，华为开始与 DOCOMO 开展 5G 合作。

在日本市场，华为手机在快速崛起。与其他国产手机相比，华为手机主要靠技术实力胜出，赢得了日本消费者的欢心。第一手机界研究院联合汇百洲发布的数据显示，2018 年 3 月第二周，日本线上市场畅销手机，华为垄断前四，分别为华为 P10 Lite 午夜黑、宝石蓝、铂金以及珍珠白。在日本线上市场畅销手机 TOP20，华为系有 5 款上榜，华硕有 6 款上榜，苹果与摩托罗拉各有 3 款上榜。

• 建立原因及优势

第一，先进技术的趋动。日本在电信网络设备、移动终端及数据中心上的投资规模巨大，目前在全球排名领先。在 2015 年对日投资论坛上，华为相关负责人表示，已经意识到在自身国际化战略布局中，日本市场是不可或缺的一部分。日本的第三代移动通信（3G）及第四代移动通信（4G）网络技术更早地在国内普及运用，这充分表明中国应积极学习日本先进技术的应用经验，提升中国网络通信技术的深度及速度。日本科技产品的质量过硬，华为想要将其产品打入日本市场就要有过硬的产品质量及证书，可以为将来拓展市场提供品质保障，减少贸易壁垒。

第二，技术人力资源。华为之所以选址日本首都圈，是因为该地区具有丰富的研发资源、优质的大学及研究所，日本拥有早稻田大学、东京大学、东京工业大学和庆应大学等系列顶尖高校，这为华为提升研发实力提供了大量的人才储备，有利于华为开拓更广阔的市场。

第三，日本当地市场。在日本，如果不具有创新性和高质量乃至优质的售后服务，将无法在市场上生存。对于华为企业业务来说，日本是战略性的市场，定位是应当长期投资的市场。2014 年，在华为的销售版图中，包括日本在内的亚太地区是华为倒数第二小的市场，2013 年销售额仅占华为总销售额的 16%。[54]2015 年 6 月 10 日，华为开始在日本销售智能手机"荣耀 6Plus"与"乐天移动"SIM 卡的配套产品。相比在欧洲和北美市场的"熠熠生辉"，华为在日本的发展似乎才刚刚开始。实际上，华为已经进驻日本市场有 10 年的时间，仍有很大发展空间。

第四，当地供应商。华为在日本的研究所在为当地的客户提供基础支持的同时，也不断加强与日本当地供应商的合作。2019 年 11 月，华为技术公司董事长梁华在接受日本媒体采访时表示，2019 年，公司从日本公司采购的零部件总金额将达到 1. 1 万亿日元（折合美元约 100 亿美元，折合人民币约 689. 7 亿元），较之 2018 年的 7200 亿日元（折合人民币约 431 亿元①）暴增了 50%以上。如果以华为 2018 年全年 7 万亿日元（折合人民币约 4190 亿元）的半导体和光学零部件采购额来算，华为来自日本的采购占比高达 15. 7%。仅仅是 2019 年前 9 个月，华为从日本采购的零件总额就超过了 2018 年。[55]

18. *在印度尼西亚的研发中心*

• 简介与销售业绩

华为印度尼西亚公司成立于 2000 年，从一个市场新进入者到全面打开印度尼西亚市场仅仅用了 12 年时间，发展速度非常快。华为现在为印度尼西亚 10 家领先运营商中的 9 家提供服务，在印度尼西亚通信市场上占有重

① 2018 年平均汇率：100 日元＝5. 9862 元人民币，后同。

要地位。华为印度尼西亚总裁办主任张睿介绍说，华为进入印度尼西亚市场 12 年，成为印度尼西亚最大的外商投资企业之一。每年新增采购中，仅电信设备一项，华为就占印度尼西亚市场 40%以上。2011 年以前，华为在印度尼西亚共有 1 个研发中心和 2 个培训中心。研发中心在雅加达，同时也是培训中心，于 2008 年 12 月 10 日建成。该研发中心是 PT 华为技术投资公司的全资下属部门，位于印度尼西亚，专门开发客户化应用软件，这使其具备了开发新服务，特别是内容及增值服务的能力。培训中心拥有很多下一代网络设备，包括 NGN 软交换、CDMA1x 和 EVDO、核心网络和接入系统。第三个培训中心于 2011 年 4 月 11 日揭牌，在印度尼西亚万隆。自 2009 年与万隆理工学院合作以来，华为为该校学生提供多项支持，如奖学金、实习岗位和赞助。此次揭牌的培训中心由华为投资 100 万美元（折合人民币约 646.1 亿元）建成，并全面使用华为的产品，如数据通信技术及路由器、防火墙和交换机等。

华为 Nova 系列在印度尼西亚这一全亚太规模最大的智能机市场受到了消费者前所未有的青睐。2018 年是华为的全球崛起之年，华为在印度尼西亚似乎已经走过了最初挣扎的阶段，其聚焦电商的策略如同一把利刃劈开市场，不断地通过其优秀的产品实现经济增长，持续完善线下布局和加强本地市场沟通，补全了这一块长期缺失的版图。IDC、Gartner 和 Canalys 等多家公司 2018 年第二季度报告中均称，华为手机出货量已经超过苹果，登上全球第二的宝座。[56]

• 建立原因及优势

因为印度尼西亚人民平均可支配收入低，所以价格亲民、质量过关的华为手机成为不二之选。随着印度尼西亚经济不断发展，手机市场上升空间还很大，印度尼西亚是华为应该深耕的市场。

华为在印度尼西亚的发展是跨国企业本土化发展成功的经典案例。FDI 的内部化理论是建立在交易成本学说基础上的。交易成本学说认为企业是一个多功能的复合体，除了生产还必须从事研究开发、采购、招募启用、人员培训、营销和售后服务等活动。这些活动离不开市场，然而，利用市场是有代价的，交易对象的选择、讨价还价、拟订合同并付诸实施以及监督执行等都是有成本的，即交易成本。如果将交易纳入企业内部，则可以通过以统一的行政管辖取代市场的方式来节省交易成本。华为本土化策略正是交易成本学说的具体应用，与当地经济融为一体以节省交易成本。

华为在印度尼西亚成功的一个主要因素就是贴近客户，公司的服务质量、响应速度、工程的交付能力在行业中领先。公司还非常注重履行企业社会责任，不仅在当地设立了研发中心，还和当地大学合作，直接从中招收优秀学生，这些措施助力华为打响了在当地的知名度，实现了本土化经营。华为印度尼西亚公司的本土化经营策略让它成功融入当地，得到了当地的广泛认同，成为当地行业领跑者，走出了自己独特的国际化之路。

华为手机在印度尼西亚市场上也面临着挑战，有许多其他的手机品牌与华为竞争，很多消费者更愿意买其他品牌的产品，如苹果手机、三星手机、小米手机等其他手机品牌在印度尼西亚市场中的发展历史较长，这会使华为手机的销售额减少。对华为来说，在印度尼西亚市场中占相对较高的地位比较困难。

19. 在印度的研发中心

• 简介与销售业绩

1999 年，华为选定被誉为“印度硅谷”的班加罗尔设立研究机构，着手研发相关软件，为母公司各产品线开发各类优质的软件平台和零部件。2001 年，华为在印度的研发中心正式运作，千名华为工作者在该研发中心中工作。2005 年初，为在班加罗尔建立生产中心，华为追加 10000 万美元（折合人民币约 81013 万元①）的投资，其中 60%用于成立生产中心，剩余 40%继续投入到研发中。然而印度方面以“安全威胁”为由阻止了此次投资。2005 年 12 月 21 日，印度放弃“安全威胁”说，开放基础设施建设，华为得以进入印度通信设施领域，2006 年 9 月，华为决定撤销关于在印度本地建厂生产基于码分多址的终端设备的申请。2010 年底，华为在印度南部城市钦奈建立生产中心，制造生产网络设备。2012 年，华为决定利用印度较好的软件开发基础，在印度建立一个新的全球产品研发中心，耗资约 20 亿美元（折合人民币约 126. 2 亿元）。2013 年 6 月，基于华为前期研发和生产建设的投入，华为开始在业务发展，如品牌推广、扩大销售网络等方面加大投资。2015 年，华为在班加罗尔成立尖端研发中心，利用印度当

① 2005 年平均汇率：1 美元 = 8. 1013 元人民币，后同。

地服务优势，打造全球服务交付中心，主要负责开发通信软件和尖端通信网络服务方案。

比特网（ChinaByte）2009 年 2 月 2 日消息称，据外电报道，华为 2008 年在印度市场全年实现销售收入 13 亿美元。[57] 2011 年，华为以其 24%的市场比重成为印度第一大 STB 供应商，2012 年到 2013 年的 50000 万美元（折合人民币约 315620 万元）销售额是 2011 年到 2012 年的 40000 万美元（折合人民币约 252496 万元）销售额的 1.25 倍。① 但 2017 年以后，华为印度公司的收入连年下跌，主要原因在于，印度电信公司财务紧张，导致市场需求下降。据悉，华为目前已经将 2020 年的印度公司收入目标区间定在 3.5 亿~5 亿美元（折合人民币 24.1 亿~34.5 亿元），低于先前的 7 亿~8 亿美元（折合人民币 48.3 亿~55.2 亿元②）。[58]

- 建立原因及优势

华为在印度建立研发机构是为了寻求市场以及利用充足廉价劳动力资源。FDI 理论中，低廉的劳动力是跨国投资的一个重要原因。印度正好满足了华为劳动力低廉这一需求。印度总人口位居世界第二，中层阶级占主要地位，人口的结构年轻化，这对印度自身的消费能力在未来有良好的提升，存在巨大发展空间。且印度政治相对稳定，经济增长前景良好，地理条件得天独厚，可以辐射到中东、东非、南亚、东南亚市场。印度政府大力发展“国家投资和制造园区”，提供更为简便的市场准入，间接下调物流成本，重视创新发展，适当引进外国先进的技术，逐步提升企业自身的竞争力。这些为华为打入印度市场提供了良好的机遇。

印度员工遵守规范，做事严谨，在具体构建和开发上，严格遵守流程和技术质量标准。印度有良好的知识产权保护体系，任何一名员工在进入公司前都要签署一份协议，以保证今后即使到其他公司上班也不会发生知识产权问题。员工违纪最轻的处分是劝退；严重一些的，公司会拒绝为其开服务介绍信，这会影响其行业声誉；最严重的就是上企业黑名单，上了黑名单的员工将在这个行业永不被录用。印度员工的这些特点以及这方面的政策规定都有助于华为的发展。

---

① 这两个数值均以 2012 年平均汇率为准计算。2012 年平均汇率：1 美元=6.3124 元人民币，后同。

② 2020 年平均汇率：1 美元=6.8996 元人民币，后同。

华为在印度的发展面临诸多机遇。20 世纪 90 年代的印度实行经济改革，为国外投资者制定了相应税务优惠政策，以引进国外资本，激活国内市场。印度人口密集，通信设备需求量大。印度手机用户量的增长率居全球第一。

李成龙（2016）对华为在印度的投资运用多因素和关键因素关联评估法进行分析，评价结果显示印度投资环境为优良，与华为公司的投资需求匹配度较高，适合华为选择其为 OFDI 的东道国。[59]

（三）小结

针对华为公司研发国际化布局情况，总结如下：

亚太地区属于新兴市场，但发展不平衡。日本、韩国、新加坡等国家电子及通信设备制造业发展较快，市场已经成熟，能够进一步扩张的空间有限。但老挝、缅甸、斯里兰卡等国的通信设备制造业整体水平落后，地理上邻近我国，具有很大的发展潜力，华为公司海外投资重点关注与发展的地区。

欧洲和北美地区的电子及通信设备市场已经成熟，电信业务的收入增长减缓，由于国际电信巨头已经占据了绝大部分市场，市场竞争激烈，因此发展空间有限。华为利用自身的高科技电信产品打入该区域市场。

中东和非洲地区经济相对落后，电子及通信设备行业的发展水平落后于世界平均水平，但发展迅速，需求强劲，是华为主要关注的区域。其中，马拉维、科摩罗、南苏丹等国家的通信基础设施非常落后，具备巨大发展潜力。

拉美地区以发展中国家为主，许多国家已经实现电信私有化，市场仍有发展潜力。但是，地理位置、语言和文化差异相对较大，这使得进入该地市场更加困难。运营商需要采取审慎的方式，侧重于审慎和低价市场，通过兼并和收购进入市场。

从研发投资分布上看，发达国家占多数，发展中国家较少。据不完全统计，华为公司在全球共有 16 个研发中心，其中 13 个分布在发达国家和地区，其中欧洲有 10 个、美国有 2 个、日本有 1 个，仅有 3 个设在发展中国家，分别在印度、俄罗斯和罗马尼亚。而华为公司的联合研发实验室绝大多数也分布在发达国家和地区。因为发达国家拥有优质的研发资源和领先的技术水平，所以华为将研发投资重心放在发达国家。

从变化趋势上看，有从发达国家向发展中国家转移的趋势。基于地理位置的优势，华为公司的海外研发起步于俄罗斯和印度，度过准备阶段后，华为公司便将目标瞄准了欧洲地区，目的是获取先进技术，缩小我国与发达国家间的研发能力差距。在掌握了足够的研发经验后，华为才将目标指向美国。华为在美国布局研发机构的主要目的是跟踪全球最先进的通信技术。随着华为公司的产品销往世界，其在发展中国家的市场份额也逐渐增大，为了更有效地开拓发展中国家市场，华为的研发活动也开始在印度、泰国、南非等新兴经济体展开。

从布局方式上看，由粗放式向精细化布局过渡。在早期开展研发活动时，华为公司主要考虑单一影响因素，且存在一定的盲从性。经过数十年的探索，华为的研发国际化布局已经变得精细化，综合考虑多个影响因素，充分发挥各区位的优势。除了在各个地区设立研发机构外，华为公司还为其国际化战略在全球各地布局了不同的功能中心。比如在美国、欧洲等地的商业中心成立了本地董事会和资讯委员会，其意在布局华为全球行政中心；而在中国香港、新加坡等金融业发达的地区，全球财务中心的目的在于拓宽融资渠道，降低金融风险；在波兰、巴西、匈牙利等地，建立了相关全球供应链中心。

刘哲明（2019）认为，华为取得成功的主要原因在于以下三个方面：第一，聚焦主营业务，避免过度多元化。自成立以来，华为年年把握 ICT 业务，并通过营造优秀的企业价值观对其进行深化。第二，始终将提高研发能力置于重要地位。对于华为这种技术密集型企业来说，学习能力和创新能力是企业生存与发展的核心要素。第三，构建有效的公司文化。公司文化虽然不会带来直接经济利润，但有助于公司的可持续发展，华为在创立初期便形成了独具特色的企业文化，这在其创业过程中发挥了重要作用。[60]李济航（2018）指出，华为在其研发国际化过程中针对不同的发展阶段采用了多种进入方式，如由绿地投资向跨国并购逐步转变、根据区位特点采取有针对性的进入方式、注重专利申请及知识权保护、积极参与国际标准制定、注重吸收和培养国际研发人才。[61]

二、海尔集团国际化战略历程与布局

（一）海尔集团国际化战略历程

海尔集团（以下简称“海尔”）成立于1984年，于1993年11月19日在上交所成功上市。20世纪90年代初，我国传统家电行业发展遇到严重的瓶颈，同时受西方多元化经营理念的影响，海尔于1992年正式迈出企业多元化战略发展步伐，收购十多家亏损家电企业，从只制造销售冰箱，逐步延伸到空调、洗衣机、电视机等多个领域，经过30多年的努力，从单一冰箱制造商逐步发展为全球白色家电龙头企业。张天成（2020）深入剖析了海尔多元化发展战略，他认为海尔不能仅仅局限于产品和产业的多样化，应当调整现有的商业生态形式，衍生出多元化的商业模式和产业产品结构，以此为企业创造更多的价值增长点。[62] 2020年3月，海尔发布的2019年年报中披露，2019年公司实现总收入758.8亿元人民币，归母净利润73.5亿元人民币，同比提升91.2%。2020年，公司将继续秉持物联网生态发展战略，全面布局智慧家庭解决方案，同时积极承担企业社会责任，为实现股东利益最大化、员工价值最大化和用户体验最佳化而不懈努力。

（二）海尔集团国际化战略布局

1. 在日本的研发中心

- 简介与销售业绩

2015年3月19日，海尔亚洲研发中心在日本埼玉县熊谷市正式揭牌启用。该研发中心共投资70亿日元（折合人民币约4.2亿元），占地近12426平方米，科研人员达200多名。熊谷的“海尔亚洲R&D”研发中心是当时海尔在全球规模最大的研发中心，以冰箱为主进行白电产品的研究、开发、企划和设计，以产学研协同的方式灵活开展各种开放性创新。同时海尔正式推出新品牌AQUA系列产品。AQUA的亮相，开启了海尔在日本市场的“双品牌”战略。根据海尔并购家电企业三洋时签署的协议，在日本市场海尔可以同时运营AQUA和海尔两个品牌。AQUA不仅仅面向日本消费者，而且定位于亚洲高端品牌。2017年6月，诞生于日本亚洲研发中心的智能恒温技术获得了被公认为世界上最严格标准的德国VDE的唯一一张保鲜认证。

销售业绩方面，华为在日本设立研发中心的第二年即2016年，根据市场调查机构GFK最新数据，2016年上半年，海尔洗衣机以超过36%的份额位列日本全能自动波轮洗衣机行业第一。此外，在日本洗衣机市场排名前十的畅销型号中，海尔洗衣机有2款入围。2016年上半年海尔洗衣机整体在日本市场的销量同比增长20%，增幅高出行业1倍。

- 建立原因及优势

第一，寻求先进技术及科研人才。日本是一个成熟的、饱和的家电市场，竞争异常激烈。日本的本土家电市场堪称世界顶级的家电市场，具有高品质、高技术含量的特点。日本十分重视对人才的培养，拥有强劲的人才储备，进入21世纪后，日本科学家频频摘得诺贝尔奖桂冠，得奖频次仅次于美国。日本的科研实力强劲，每年新增的专利数量超过许多西方发达国家。海尔想要利用日本优秀的技术和人才，首先要想方设法进入日本市场。

第二，日本市场需求旺盛，有利于降低运输等开发成本。海尔集团基于“创造市场”的理念，对日本市场进行了深入的调查。研究发现，在日本，大部分的单身用户拥有的洗衣机容量在4~6千克，存在因容量过大而无法充分利用的情况。海尔用了半年时间于2002年11月将2.3千克容量洗衣机——“个人洗衣间”推向市场。该产品外形尺寸大幅度缩小、重量减轻并且用水量和耗电量均更小，按日本消费者的消费偏好，采用白、粉和蓝三种颜色。“个人洗衣间”不仅深受日本单身消费者的青睐，还成为日本医院和家庭购买洗衣机的首选。在“个人洗衣间”迅速风靡日本的同时，海尔又推出了专为日本消费者设计的全自动洗衣机、专为中老年消费者设计的洗衣机，个性化设计受到了日本消费者的青睐，海尔洗衣机在日本市场上遍地开花。其中专为日本中老年设计的洗衣机，在上市后仅1个月，销量就跃居全日本同类产品排行榜第一。2004年3月5日，GFK市场调查公司调查结果显示，海尔HSW 50S2波轮洗衣机凭借着连续五个月高居日本国外洗衣机品牌销量第一名，成为日本家电市场销量上升速度最快的国外洗衣机。[63]

2. *在韩国的研发中心*

- 简介与销售业绩

2007年11月15日，国家发改委批准海尔集团在韩国首尔投资设立研发中心，这个研发中心将主要承担海尔 U-home 数字家庭系统的研发工作。海尔 U-home 是海尔集团在信息化时代推出的全新理念，它是以海尔 U-home 智能家电系统为载体，通过无线网络实现智能家居、3C 产品系统的互联管理和信息共享的系统。该系统可以通过发短信、打电话、上网等方式对家庭内部的电器设备进行访问及控制。

2010—2014 年，海尔在韩国市场取得了连续四年销售额平均复合增长 62%的成绩，主要得益于为用户提供零距离的生活解决方案，差异化满足个性化需求。如针对单身、小居室用户的开放式厨房推出上冷藏下冷冻的 BM 双门冰箱，相比韩国市面上普遍的上冷冻下冷藏式双门产品，大幅减少了消费者弯腰次数。再如，韩国市场洗衣机主要容量为 10~15 千克，而夏季衣物较少，通常需积攒后一次性清洗。为此，海尔提出即时洗理念，整合中韩日研发团队，推出 IWASH 3.8KG 迷你小洗衣机。这两款产品在韩国市场取得了 3 倍的销售增长。另外，针对中老年用户，海尔在韩国市场推出倾斜式“孝道洗衣机”。它倾斜的前控制盘，大大降低中老年人弯腰拿取衣物的难度，同时，倾斜式的洗涤内桶能产生更强烈的漩涡水流，洗涤效率提升 10%以上。

在中韩 FTA 背景下，海尔通过日日顺平台，探索为三星、LG 等韩国特色产品提供销售平台服务。同时，与韩国企业和科研机构加强技术层面合作，如携手大韩投资振兴公社，搭建韩国企业和海尔之间技术交流合作平台，2013 年起在首尔和青岛举办了四期技术交流会，实现了中韩家电技术合作。另外，海尔积极参与韩国技术创新，已设立韩国创新办公室，与韩国主要的技术研发机构及孵化器、加速器建立合作关系。[64]

- 建立原因及优势

韩国经济的低迷、消费者消费倾向的变化，以及中韩之间 FTA，都给海尔进军韩国带来了新机遇。海尔进军韩国的时机是韩国经济低迷的时期，这一阶段经济虽然萎靡，韩国中小企业品牌的销量却是上升的。主要是因为韩国本土品牌三星、LG 等的产品价格过高，超过消费者预期，所以中小企业商品能以价格及质量优势取胜。这些中小企业商品的质量与三星等大牌相差无几，而价格却仅为三星、LG 产品的 70%~80%。中国品牌一直以价格优势来拓宽市场，经过多年的性能及服务上的提升，中国产品在韩国消费者心中成为购买的不二之选。海尔抓准了这个时机抢占市场，并且海尔电器在韩国承诺保修期为10年，周到的售后服务与相对低廉的价格，是产品的两大竞争优势。

3. 在以色列的研发中心

• 简介与销售业绩

2017年10月26日，海尔以色列创新中心在以色列特拉维夫正式揭牌。创新中心建成后整合当地优势创新资源，获取以色列乃至全球的最新创新进展和信息，尤其是传感器、芯片、智能家居、能源创新等方面的解决方案。

• 建立原因及优势

海尔在以色列建设研发中心，主要是想要共享以色列的人才资源以及创新研发能力。就像中国“科教兴国”一样，以色列提倡“科技立国”，培育出多批高质量技术人才。同时其研发投入及人均专利数量在世界排名靠前，英特尔、摩托罗拉、微软、IBM、谷歌和惠普等巨头都在以色列建有研发中心或分支办事处。由于当地市场有限，以色列的大多数公司扮演的都是“卖方的卖方”的角色，在全球经济一体化的进程中，它们牢牢占据研发环节。对海尔来说，以色列这种开放的创新环境和氛围，能够高效为用户需求的转化提供前沿且优质的资讯和商业模式，同时广纳各地技术商业人才资源，在头脑风暴中心提供可行的技术方案。

4. 在美国的研发中心

• 简介与销售业绩

2013年8月16日，海尔美国（Haier America）与其股东达成协议，收购其手中持有的股份，使海尔美国成为海尔集团的全资子公司。此次收购是为了进一步调整公司的全球资源，促进海尔品牌在北美和南美市场推广。为此海尔美国在卡姆登成立了研发中心。该研发中心是海尔美国自2000年3月开始使用的工业园的重要组成部分，此工业园占地100英亩，拥有价值4000万美元（折合人民币约33113.6万元①）的设施。

2015年7月14日，海尔宣布在北美埃文斯维尔建立首座技术中心。海尔埃文斯维尔科技中心初始投资300万美元（折合人民币约1868.2万

① 2000年平均汇率：1美元=8.2784元人民币，后同。

元），预计每年将创造 1000 万美元（折合人民币约 6227.2 万元）经济效益。海尔此次建立研发中心的计划也得到了美国印第安纳州州长潘斯的支持。海尔雇用的大部分员工都是之前惠而浦的老员工，几十年来，惠而浦是这个区域最大的制造商，巅峰期曾雇用 1 万多名员工。虽然 2010 年这个工厂倒闭了，但是它的生产机械被最大限度地保留了下来，海尔充分利用了这些资源。

此外，海尔在美国还有路易斯维尔研发中心。2016 年 1 月 14 日，青岛海尔股份有限公司收购通用家电。通用电气家电总部仍将留在美国肯塔基州路易斯维尔，由现有高级管理团队引领，独立运营。公司董事会由通用家电和海尔高管团队以及两位独立董事组成，指导公司的整体战略方向和业务运营。路易斯维尔研发中心的代表性贡献是智能声控技术，整合了亚马逊 Echo 功能，开发了首套智能声控厨房，从冰箱、洗碗机，到壁式烤炉、微波炉等，如用户只需要说一声“把烤箱预热到 350 度”，烤箱就会自动准备。

许海博（2019）就市场、技术、战略、并购经验和规模效应等方面，研究分析了海尔跨国并购通用家电的动因和绩效，运用财务指标和非财务指标及事件研究法进行绩效分析。研究结果表明，首先，海尔基本实现并购目的。其中并购的目的有：免进入壁垒，开拓市场；补全技术不足；推动全球化战略布局；规模化运营获取资源红利，增强企业竞争力；等等。其次，大批量资产涌入提升了企业成长能力。海尔公司跨国并购实现了规模化经营，提升了公司的议价能力，同时市场规模的扩张，提升了企业的经营收入、利润和总资产体量，由此也吸引了大量的市场投资者，帮助企业成长。最后，全球化战略实现，协同效应显著。海尔并购 GEA 后，形成了多品牌、多层次的产品结构，和全球化经营战略，而且，海尔通过统筹全局式地资源配置，实现采购协同、研发协同、市场与供应链协同，发挥出 1+1>2 的整合效应。[65]

- 建立原因及优势

海尔在美国设立研发中心最主要的目的是打开美国市场。海尔充分考虑了当地用户的生活习惯，就集中洗衣的特点，特别研发了大容量的洗衣机产品。美国本土员工占所有员工的比例达到 80%以上，这种雇用方式不同于其他中国在美公司的做法。很多在美中国公司喜欢雇用中国公民，而一线销售岗位会雇用当地美国公民。海尔这样做的好处主要有两个方面：一方面，能使公司以符合美国当地企业行为规范的标准来进行各项生产经营活动，便于快速打开美国市场；另一方面，能使美国政府和公民减少对海尔集团的防范抵触情绪，增强美国用户对海尔的认同感。同时，海尔集团赋予本土经理人高度自主权，允许他们在应对市场突发状况时不需要向总部请示就可以快速反应，这样能大大提升政策的执行效率和避免市场恶化所带来的损失。作为海尔集团子公司的美国生产中心的大部分管理人员和普通员工都是美国人。管理人员本土化可以帮助跨国企业深入了解东道国当地市场的消费需求、文化差异和消费者的生活习惯，也能积累市场方面的相关经验。除此之外，本地管理人员可以拉近跨国企业与当地用户间的距离。基于以上原因，海尔才能在国际经营管理上更胜一筹。

5. *在新西兰的研发中心*

• 简介与销售业绩

海尔自 2012 年 12 月完成对新西兰当地市场最大家电品牌斐雪派克的收购后，斐雪派克新西兰研发中心便成为海尔在全球布局的五大研发中心之一。作为全球顶级的创新家电品牌，斐雪派克新西兰研发中心定位于成为当地一流研发资源和用户资源的接口平台，其以突破性创新和延续性创新支撑着海尔白电全球引领战略的落地。海尔和斐雪派克联合开发的配置了直驱变频电机的洗衣机。新西兰研发中心承担着海尔及斐雪派克众多家电品类的研发工作。其中，奥克兰研发中心主要负责冰箱、洗衣机等产品的研发。该研发中心占地 5000 平方米，不仅包含研发工作区域，也包含社交厨房体验区和实验室、模型制造车间，在加强了产品研发和测试能力的同时，在用户体验的关联性上也获得了大幅度提升。达尼丁研发中心则负责厨电及洗碗机产品的研发。随着斐雪派克和海尔协同效应的提升，研发项目快速增多，整个研发中心也持续发生着迭代升级。

据新华网 2017 年报道，自 2012 年海尔全盘收购了新西兰家电巨头斐雪派克（Fisher & Paykel），双方优势融合收效显著。在 2016 年新西兰用户评选的“最受人尊敬的家电品牌”中，Fisher & Paykel 位列第一，海尔品牌在新西兰白电市场份额为 15.4%；从市场份额看，目前海尔和 Fisher & Paykel 两大品牌在新西兰家电市场占比合计达 42%，稳居当地市场份额第一。亮眼的市场业绩是对海尔“人单合一”模式国际化实践的极大肯定。海尔冰箱成为当地最大杂志评选出的“最值得推荐的冰箱”。[66]

• 建立原因及优势

如今的新西兰研发中心已经成为海尔在全球范围内的重要科研阵地。团队具有领先研发能力，该研发技术优势推动品牌实现差异化布局。且双品牌战略进一步激发了市场活力，推动海尔全球化运营，实现双品牌的互利共赢。

6. 在意大利的研发中心

• 简介与销售业绩

2018 年 9 月 28 日，青岛海尔发布收购意大利公司 Candy100%的股份的公告。合并将会有力提高双方的市场竞争力，更有效地提供多层次、个性化的产品，以满足市场多元化的需求。此外，此次收购也是海尔品牌全球化战略布局的重要一步。交易完成后，包括 Candy 在内的海尔七大品牌将协同发展，助力海尔在家电市场实现创新和升级。

第三方调研机构 GFK 数据显示，海尔纤见洗衣机自 2019 年 9 月上市以来，凭借其时尚的外观设计、领先科技和功能，迅速获得当地市场认可，占据 1000 欧元以上洗衣机市场超 10%的份额，居第二。海尔成为第一个在该价位段超越欧洲本土品牌和日韩品牌、占据市场份额第二的中国品牌。在意大利冰箱市场，面对当地产品同质化严重的现象，海尔基于当地市场洞察，通过场景解决方案满足当地用户的差异化需求。例如，当地主流的大容积对开门冰箱一般都是一半冷藏一半冷冻，有效容积小，存放不了大体积食材。而海尔冰箱针对这个问题，在意大利主推 T 门和法式冰箱，优化内部空间，提升容积率。GFK 数据显示，2019 年，海尔冰箱在意大利市场营业额增长翻番，2020 年第一季度持续保持增长势头，同比增长 31%，跑赢行业。2018 年至 2019 年期间，海尔冰箱在意大利的价格指数从 91 涨至 129，更在 2020 年第一季度达到 145，创历史新高。此外，海尔多门冰箱在意大利市场销量增幅达到 400%，占据当地多门冰箱市场份额第一。[67]

• 建立原因及优势

海尔进军意大利主要看中了这里广阔的市场，这一市场来源于用户没有被满足的需求。意大利市场上的消费主力军是年青一代，他们年龄大多在 25~35 岁，与年纪较长的消费者不同，他们受过更加良好的教育，容易接受新事物，而且更加注重产品的绿色、环保以及创新设计。这一群体是市场上的重要买家，也为海尔进入意大利提供了可能性。海尔没有让这群年轻人失望，用高端、健康、绿色产品和差异化的服务黏住客户和用户，在意大利市场上颇受欢迎。

（三）小结

从海尔的国际化战略的实施历程看，“先难后易”是海尔集团为其国际化战略阶段制定的战略策略之一。[68]海尔公司瞄准欧美等经济发达的国家，希望从这些高难度市场获得市场相关经验和领先技术，提高自身竞争力，使其在向其他国家的消费市场进发时拥有竞争优势。海尔公司成功开拓海外市场的原因在于推行本土化发展战略，逐渐实现“海尔国际化”。[69]

三、阿里巴巴集团国际化战略历程与布局

（一）阿里巴巴集团国际化战略历程

阿里巴巴集团（以下简称“阿里巴巴”）于 1999 年成立，在全球化加快的大环境下，逐渐进入国际市场。2010 年 8 月，阿里巴巴收购电子商务方案供应商 Vendio 及 Auctiva。2014 年 2 月，推出天猫国际平台，畅通国际品牌销售渠道。2015 年，与德国零售贸易集团麦德龙进行战略合作；2016 年，阿里巴巴成为全球最大零售交易平台，其业务主要包括跨境电子商务、电子商务服务及电子商务，业绩突飞猛进，创下过多个第一。在发展的过程中，阿里巴巴集团的业务逐渐呈现多元化特征，业务和关联公司的业务包括 1688、菜鸟网络、淘宝网、阿里云、聚划算、蚂蚁金服等。[70]阿里巴巴国际市场不断拓展，交易规模不断扩大，发展前景广阔。

（二）阿里巴巴集团国际化战略布局

2010 年后，阿里巴巴进行了多起投资，目标市场呈现多元化。其中战略重点为美国市场，占比近 1/3。第二大投资地为印度，印度互联网和科技的发展，或许是印度被选择的一大原因。而阿里巴巴选择以色列的原因与之相似。东南亚地区是近年来阿里巴巴的又一投资重点，原因在于该地区在地缘因素上比美国有优势，且属于新兴市场，此时进入能够获得先入者优势，互惠互利，共同发展。此外，投资覆盖英、法、德等欧洲国家，

但投资数量锐减，主要原因仍是市场对品牌的不信任以及绿色壁垒保护等。赖家文（2019）认为，阿里巴巴作为中国最大的电商企业，其将在国内具有优势的 B2C 和 C2C 模式向海外拓展是一个必然趋势。[71]

1. *在新加坡的投资*

● 简介与销售业绩

新加坡是东南亚经济、科技等方面条件都排名第一的国家，在东南亚具有绝对优势，除了本身能为已有企业的发展提供良好的外部环境之外，还吸引了很多初创企业前来。新加坡依托自身的地理位置优越性，逐渐发展成为一个物流强国，而新加坡邮政超过 130 年的历史让其在机遇和竞争中成长为一个大型物流企业，拥有遍布东南亚的网点和高时效的配送能力。2014 年 5 月 28 日，阿里巴巴集团正式宣布战略投资 2.49 亿美元（折合人民币约 15.3 亿元）入股新加坡邮政，至此，阿里巴巴持有的股份将达到 10.35%。2015 年 7 月 8 日，新加坡邮政和阿里巴巴共同宣布，阿里巴巴集团将投资增持新加坡邮政 5%的股权。阿里巴巴集团的股权将增加至 14.51%。并且，双方将进一步合作建立“国际电商物流平台”，这是阿里巴巴国际化、电商生态系统向全球蔓延的重要基础。Lazada 是一家总部设在新加坡、成立于 2012 年的跨境电子商务公司，它的母公司 Rocket Internet 在创立 Lazada 之前已经成功创立并经营了多个互联网公司，创立 Lazada 也是基于对东南亚电商发展前景的看好。2016 年 4 月 12 日，阿里巴巴投资 10 亿美元（折合人民币约 6.6 亿元①）控股 Lazada，并于 2017 年 6 月向 Lazada 追投，所持股份增至 83%，取得绝对控股权。增加投资将深化双方生态系统的协同，优化资源配置，创新消费者服务，赋能东南亚商家，加速生态体系融合。

● 建立原因及优势

首先，新加坡邮政在东南亚的知名度以及业务范围、配送能力非常契合阿里巴巴的要求。在经济增长及科技发展的大环境下，电子商务甚至跨境电子商务必定会迎来热潮，但东南亚多岛屿的地理条件限制了物流的时效性。因此，新加坡邮政的优势正是阿里巴巴选择入股的原因。

其次，Lazada 短时间内在粉丝数量、日活量、营业额等指标上均超

① 2016 年平均汇率：1 美元=6.6401 元人民币。

越同地区绝大多数竞争对手。阿里巴巴并购 Lazada 有利于迅速进入东南亚市场，加速国际化进程。而在其他几个东南亚国家进行的相关产业投资也是以完善电商生态圈为主要目的。由此可以看出，阿里巴巴在东南亚的一系列投资活动都是以发展跨境电子商务为目标进行的，并且所涉及的都是目前东南亚市场极具发展潜力且彼此能在条件发展成熟时快速进行协同的产业，这表明阿里巴巴想要在东南亚复制其在中国的成功经验。

2. *在马来西亚的投资*

- 简介与销售业绩

2016 年马云着力推进 eWTP 项目，其目的在于帮助中小企业通过电子商务的形式参与到商业国际化进程中来。当时的马来西亚政府积极响应，最终双方达成战略合作，于 2017 年 3 月建立了阿里巴巴在中国以外的第一个 eWTP “试验区”——数字自由贸易区。2018 年 6 月 18 日，阿里巴巴集团在马来西亚设立国家办公室，开启在马来西亚的战略合作。该办公室位于吉隆坡市中心 Vertical Bangsar South，标志着阿里巴巴将继续推动马来西亚的技术发展，支持马来西亚中小企业和年轻创业者，为他们提供平台以促进对新加坡市场出口，并将继续提供数字经济培训，帮助中小企业和年轻人进行数字创新，捕捉贸易机会。

- 建立原因及优势

“我想祝贺阿里巴巴在马来西亚开设国家办事处。我们认为这是中马友谊的一个辉煌典范，基于互相尊重和互利，这对两国政府、企业和人民的合作都有好处。我们期待着这种伙伴关系给马来西亚中小企业带来的机会，我相信 eWTP 将与数字自由贸易区（DFTZ）一起增进更多马来西亚中小企业参与电子商务并增加对亚洲乃至全球其他国家和地区的出口贸易。”马来西亚财政部部长林冠英说。[72] 从地理上来说，马来西亚紧邻新加坡，基本也处于东南亚的中心；从经济上来说，马来西亚是仅次于新加坡的东南亚第二大经济体，商业与科技环境都比较好。数字自由贸易区的建立是阿里巴巴和马来西亚互相选择的结果：阿里巴巴具备推动中小企业和个人利用电子商务进行商业国际化的能力；马来西亚具备建设数字自由贸易区的经济和政策条件，并且具有极好的地理位置，园区内的跨境物流可以利用平台优势最大程度地发挥配送和协调作用。

3. 在泰国的投资

• 简介与销售业绩

2016 年 11 月，阿里巴巴旗下蚂蚁金服与正大集团旗下 AscendMoney 合作。AscendMoney 将参照蚂蚁金服的业务模式，开拓线下支付等应用服务场景，让泰国民众使用手机购物、进行餐饮消费、打车以及公共缴费；此外，AscendMoney 也会接入支付宝“全球收全球付”网络。通过投资 AscendMoney，阿里巴巴的支付体系进一步得到完善，遍布东南亚的电子支付网络已经初现雏形。2018 年 4 月 19 日，泰国政府与阿里巴巴集团签署了战略合作协议，在“泰国 4.0”政策下共同推动泰国数字经济及东部经济走廊（Eastern Economic Corridor，EEC）发展。基于这一协议，泰国的政府机构及阿里巴巴的业务部门将在多个领域展开合作，包括电子商务、数字化物流、旅游及培训。

• 建立原因及优势

近年来，泰国的互联网行业发展迅速，电子支付领域尤其突出。成立于 2003 年的 AscendMoney 是正大集团旗下的专业金融服务公司，拥有 TrueMoney 和 AscendNano，分别提供电子钱包服务和小额个人贷款服务。而得益于成立时间较早，AscendMoney 是唯一拥有东南亚主要国家（除了马来西亚）电子货币许可证的金融科技公司。而 EEC 战略合作，标志着继 2016 年签署合作意向书后，阿里巴巴集团与泰国政府有了进一步的深入合作。意向书的签署为双方的一系列合作拉开了序幕，包括支持泰国创业者拓展新的市场，并充分借力数字创新的力量。阿里巴巴集团董事局主席马云表示：“泰国在人才和文化方面拥有独特的优势，在‘泰国 4.0’政策的支持下，我们对于泰国的未来和增长潜力充满信心，我们也承诺将成为泰国的长期合作伙伴，协助该国的数字化转型。”[72]

4. 在印度尼西亚的投资

• 简介与销售业绩

印度尼西亚拥有东南亚最多的人口，33%的青年人口（20~40 岁）比例以及 GDP 总量在东南亚排名前三的经济条件为互联网及电子商务的发展提供了良好的内部环境。2017 年 4 月，阿里巴巴旗下蚂蚁金服与印度尼西亚第二大媒体公司 Emtek 成立合资公司，进入印度尼西亚金融服务市场，合资公司推出的支付平台将通过登陆黑莓 BBM 聊天应用来获取用户资源和进行推广。[73]2017 年 8 月，由阿里巴巴领投的 11 亿美元（折合人民币约 74.3 亿元）注入印度尼西亚电商平台 Tokopedia。[74]

• 建立原因及优势

这一轮针对印度尼西亚的投资展示了阿里巴巴在东南亚的最新战略布局：首先，与 Emtek 成立的合资公司进入金融市场，意味着支付宝将开始在印度尼西亚布局支付体系。与早期投资不同的是，进入印度尼西亚是通过成立合资公司而不是投资，新公司从牌照的申请、取得到客户的开拓和积累都面临全新的挑战；并且所推出的支付产品是通过 BBM 这一社交平台进行推广，是否对业务具有实质性的帮助还有待验证。成立合资公司可以看作阿里巴巴对绿地投资的尝试，为日后支付宝的全面进入积累现实经验。其次，Tokopedia 是印度尼西亚乃至东南亚实力排名靠前的电商，但是目前它的市场只在本国，并没有在其他东南亚国家开展业务。投资 Tokopedia 是阿里巴巴在印度尼西亚电商整体发展速度较快的背景下的最优选择，而 Tokopedia 会随着跨境电商的发展将市场扩张到东南亚其他主要国家中去，让阿里巴巴获得更多关于东南亚的信息，消除信息不对称的影响并实现电商生态圈的闭环。

5. *在菲律宾的投资*

• 简介与销售业绩

2017 年 2 月，蚂蚁金服收购了菲律宾金融科技公司 Mynt 45%的股权，进入当地移动支付市场。蚂蚁金服表示将帮助 Mynt 公司提升 GCash 服务（菲律宾最大的电子钱包）的技术水平，同时提供资金，帮助其扩大金融产品的服务范围，以此吸引潜在客户和没有银行账户的客户。据称，GCash 目前的用户数量为 300 万。未来，蚂蚁金服将输出普惠金融的经验和技术给 Mynt，以便为当地的消费者和小微企业提供普惠金融服务。

• 建立原因及优势

Mynt 与泰国的 AscendMoney 相似的一点是，它也有电子钱包和在线借贷平台两个业务，分别通过 GCash 和 FuseLending 来完成。但阿里巴巴对 Mynt 的投资显然不是因为所开展业务的相似性。对 Mynt 所处环境进行分析，可以总结出以下两点原因：首先，Mynt 的母公司 GlobeTelecom 是电信运营商，Mynt 账号即为手机号，用户之间可以不通过 APP 进行转账和付款，并且可以利用线下18000多家门店进行充值，满足当地消费者对支付方式的需求。其次，菲律宾央行的数据显示，2017年无现金交易额只增长0.8%至90.4亿美元（折合人民币约610.6亿元），在总交易中的占比为1%，并且作为一个拥有1亿人口的国家，Mynt的用户只有800万人。结合东南亚电商经济整体发展情况以及菲律宾移动支付规模不难看出，菲律宾的非现金支付具有相当大的发展空间。

（三）小结

在国际化动因理论将企业的国际化分为内部因素推动和外部因素推动两方面。韩洁（2018）认为，我国跨境电商行业国际化的推动因素主要包括全球电子商务的兴起、消费市场巨大、国内的电商平台日渐成熟、国内的竞争压力大、政府的政策扶持。[75]阿里巴巴作为目前最大的电子商务平台，其国际化战略是一个企业对外拓展的目标战略，阿里巴巴国际化战略创新的内容首先是成本领先战略，其次是差异化战略，其中差异化战略包括专业做好平台服务者以及不断努力构建阿里巴巴生态圈。[76]阿里巴巴的价值链为CBBS市场体系，包括消费者、渠道商、制造商和电子商务服务提供商。链条开始于消费者和渠道商在平台上的交易网贷，企业贸易平台供货，渠道商将需求反馈给制造商，并引导制造商按需、柔性化生产，阿里云则提供所有技术支持。[77]

参考文献

[1] 刘懿．华为公司的国际化战略与绩效研究［J］．广西质量监督导报，2019（1）：103.

[2] 吴小节，谭晓霞，汪秀琼，邓平．新兴市场跨国公司国际扩张：知识框架与研究综述［J］．南开管理评论，2019，22（6）：99-113+199.

[3] JOHANSON J，WIEDERSHEIM-PAUL F. The internationalization of the firm—Four Swedish cases［J］. Journal of Management Studies，1975，12（3）：305-323.

[4] PIERCY N. Export strategy：Concentration on key markets vs. market spreading［J］. Journal of International Marketing，1981，1（1）：56-67.

[5] 王钦．中国企业国际化战略选择——目标市场、进入方式与竞争

战略［J］. 甘肃社会科学，2004（5）：222-224+255.

［6］孙志毅，乔传福. 我国制造业企业国际化战略模式选择探析［J］. 中国软科学，2004（8）：102-108.

［7］彭迪云，甘筱青. 论企业国际化成长的维度和战略：一个关于跨国公司成长的分析框架［J］. 南昌大学学报（人文社会科学版），2007（2）：92-93.

［8］彭迪云，甘筱青. 我国企业外向国际化成长的体制障碍与对策思考［J］. 求实，2008（4）：50-52.

［9］HYMER S. International business of domestic enterprises：Research on foreign direct investment［D］. Cambridge：Massachusetts Institute of Technology，1960：85-165.

［10］VERNON R. International investment and international trade in the product cycle［J］. Quarterly Journal of Economics，1966，80（2）：190-207.

［11］BUCKLEY P J，CASSON M. Models of the multinational enterprise［J］. Journals of International Business Studies，1998，29（1）：21-24.

［12］ANDERSEN O. On the internationalization process of firms：A critical analysis［J］. Journals of International Business Studies，1993，24（2）：203-209.

［13］OVIATT B M，MCDOUGALL P P. Challenges for internationalization process theory：The case of international new ventures［J］. Management International Review，1997（37）：85-99.

［14］GEORGE G G，PRABHU G N. Development financial institution as catalysts of entrepreneurship in emerging economies［J］. Academy of Management Review，2000，25（3）：620-630.

［15］ANDERSSON S. Internationalization in different industrial contexts［J］. Journal of Business Venturing，2004，19（7）：851-875.

［16］王彦军. 中国企业跨国经营存在的问题及对策［J］. 山东行政学院山东省经济管理干部学院学报，2003（5）：20-21.

［17］程惠芳，阮翔. 用引力模型分析中国对外直接投资的区位选择［J］. 世界经济，2004（11）：23-30.

［18］谢申祥，王孝松，张宇. 对外直接投资、人力资本与我国技术水平的提升［J］. 世界经济研究，2009（11）：69-74+89.

[19] 邓洁. 我国企业通过OFDI实现全球价值链升级的分析[D]. 华中科技大学，2017.

[20] 熊瑶. 我国电子及通讯设备制造业FDI区位选择及华为公司的案例分析[D]. 湖南大学，2018.

[21] 姜瑶. 制度环境、政治关联与中国企业的国际化——中国上市公司的经验证据[D]. 南京师范大学，2016.

[22] 刘緦，李元旭. 制度环境与中小企业国际化战略研究[J]. 现代管理科学，2016（6）：18-20.

[23] 沈心怡. 制度视角下的中国机电企业对外直接投资研究[D]. 东华大学，2017.

[24] 吴晓波，程晓鑫，卢静. 母国网络位置、市场环境动态性与本土企业国际化程度[J]. 西安电子科技大学学报（社会科学版），2014，24（6）：10-19.

[25] 石梦瑶. 企业资源对我国中小企业国际化程度的影响研究[D]. 江苏大学，2017.

[26] 刘盟. 战略资产追求型OFDI对中国ICT制造业全球价值链地位的影响研究[D]. 浙江大学，2019.

[27] 万志宏，王晨. 中国对外直接投资与跨国公司国际化[J]. 南开学报（哲学社会科学版），2020（3）：67-77.

[28] 走创新之路，向“中国智造”转型[EB/OL]. 新华网，http：//www.xinhuanet.com/world/2016-05/10/c_128972196.htm，2016-05-10.

[29] 华为手机在俄市场销量位居第三[EB/OL]. 新浪财经，http：//finance.sina.com.cn/stock/usstock/c/2016-12-23/doc-ifxyxury8269937.shtml，2016-12-23.

[30] 2018年华为法国市场营收达10亿欧元 手机出货400万部[EB/OL]. 搜狐网，https：//www.sohu.com/a/295922403_100191015，2019-02-20.

[31] 突破！华为首次公布在法销售数据[EB/OL]. 中国国际贸易促进委员会驻法国代表处网站，http：//www.ccpit.org/Contents/Channel_4111/2019/1023/1213577/content_1213577.htm，2019-10-23.

[32] 林腾. 产品外观越来越重要 华为在巴黎开了个美学研究中心

[EB/OL]. 界面，https：//www. jiemian. com/article/245879. html，2015-03-13.

[33] 华为全球“美学研究中心”在巴黎落成 [EB/OL]. 环球网，https：//tech. huanqiu. com/article/9CaKrnJIOCc，2015-03-15.

[34] https：//www. sohu. com/a/326742642-378776.

[35] 华为在意大利开设微波技术研发中心 [EB/OL]. 与非网，https：//www. eefocus. com/rf-microwave/287961，2011-11-17.

[36] 华为在比利时前景亮丽，欲打造 Android 手机 No. 1 [EB/OL]. 网易科技，https：//www. 163. com/tech/article/BQ0C3BDP00097U88. html，2016-06-20.

[37] 华为成立欧洲研究院　开展 5G 研究项目 [EB/OL]. 新浪科技，http：//tech. sina. com. cn/t/2015 - 05 - 08/doc - icczmvup1331184. shtml，2015-05-08.

[38] 李骥志，张璇. 华为手机在芬兰销量超过苹果 [EB/OL]. 新华社，http：//news. cheaa. com/2016/0523/478793. shtml，2016-05-23.

[39] 华为 15 亿美元在匈牙利建欧洲物流中心 [EB/OL]. 中国产业经济信息网，http：//www. cinic. org. cn/zgzz/xw/331755. html，2012-05-03.

[40] 华为“第二本土市场”掘金记 [EB/OL]. 网易新闻，https：//www. 163. com/news/article/BL7FO96K00014AED. html，2016-04-22.

[41] 华为在爱尔兰新设研发办公室 [EB/OL]. 华为官网，https：//www. huawei. com/cn/news/2015/11/huawei% 20zai% 20aierlan% 20sheli% 20yanjiushi，2015-11-18.

[42] 华为在瑞典保持快速增长势头 [EB/OL]. 新浪财经，https：//finance. sina. cn/2018-11-07/detail-ihmutuea8001212. d. html，2018-11-07.

[43] 华为罗马尼亚公司 2018 年销售收入达 4. 5 亿美元 [EB/OL]. 锦程物流网，http：//info. jctrans. com/newspd/industry_ economy/2019442452924. shtml，2019-04-04.

[44] 小马出动科技. 华为争气了！手机销量超三星，美国制裁失败！[EB/OL]. 百度百科，https：//cpu. baidu. com/pc/1022/275122716/detail/42043836171621897/news? chk=1.

[45] 徐烨. 华为手机在欧洲市场的营销战略研究 [D]. 兰州财经大学，2019.

[46] 雷兴长，徐烨．华为手机在欧洲市场的营销战略研究［J］．长沙大学学报，2019，33（1）：42-44.

[47] BWC 中文网．德国制造不再是榜样？加拿大企业：离不开华为，美国人：离不开中国货［EB/OL］．百度百科，https：//mbd. baidu. com/newspage/data/landingsuper？context =% 7B% 22nid% 22% 3A% 22news _ 9832574059144360981%22%7D&n_ type=-1&p_ from=-1.

[48] 不计前嫌！华为对加拿大研发投入增长 30%，计划雇佣更多员工［EB/OL］．快资讯，https：//www. 360kuai. com/pc/922341db6cda793a1？cota = 3&kuai_ so=1&sign=360_ 57c3bbd1&refer_ scene=so_ 1，2020-10-15.

[49] 韩良．拥抱加拿大科创企业投资机遇［J］．中国外汇，2016（21）：63-64.

[50] 商务部电子商务司副司长张佩东考察华为土耳其研发中心［EB/OL］．中华人民共和国商务部网站，http：//istanbul. mofcom. gov. cn/article/e/201209/20120908344029. shtml，2012-09-17.

[51] 华为在非洲市场调整业务策略 用低价手机抢市场［EB/OL］．新浪科技，http：//tech. sina. com. cn/t/2017-09-14/doc-ifykywuc3511201. shtml，2017-09-14.

[52] 华为重启巴西手机业务［EB/OL］．新浪新闻，https：//news. sina. cn/gn/2019-05-20/detail-ihvhiews3056190. d. html？oid=3812822935132966&pos=3，2019-05-20.

[53] 华为将投资 8 亿美元 未来三年将在巴西新建智能手机工厂［EB/OL］．经济导报网，http：//www. ceeh. com. cn/finance/2019-08-12/28766. html，2019-08-12.

[54] 华为日本销售额拟增 14 倍［EB/OL］．企业网 D1Net，http：//www. d1net. com/data/vendor/267174. html，2014-06-07.

[55] 采购额已达 7800 亿日元，日本或将成为华为最大的零件供应国［EB/OL］．中国科技新闻网，https：//www. sohu. com/a/355376786 _ 100165512，2019-11-22.

[56] 华为 Nova 系列引爆印尼电商市场，Nova 2 lite 登顶电商榜单［EB/OL］．数码科学院，https：//www. sohu. com/a/254573827_ 100155376，2018-09-18.

［57］华为08年印度实现销售收入13亿美元［EB/OL］. 搜狐IT频道，https：//it. sohu. com/20090202/n262007448. shtml，2009-02-02.

［58］华为下调2020年印度市场收入目标50%　裁员60%~70%［EB/OL］. 新浪科技，https：//tech. sina. com. cn/it/2020-07-27/doc-iivhvpwx7673110. shtml，2020-07-27.

［59］李成龙. 对外直接投资东道国环境因素研究［D］. 辽宁大学，2016.

［60］刘哲明. 中国华为公司海外战略研究［D］. 贵州财经大学，2019.

［61］李济航. 华为公司研发国际化的区位选择研究［D］. 天津商业大学，2018.

［62］张天成. 海尔集团多元化发展战略研究［D］. 吉林大学，2020.

［63］海尔波轮洗衣机"家电王国"创销量新纪录［EB/OL］. 网易新闻中心，http：//news. 163. com/2004w03/12481/2004w03_1078391340831. html，2004-03-04.

［64］海尔的韩国实践［EB/OL］. 青岛全搜索，http：//wb. qdqss. cn/html/qdrb/20141113/qdrb9379. html，2014-11-13.

［65］许海博. 海尔跨国并购通用家电动因及绩效研究［D］. 东华理工大学，2019.

［66］新西兰海尔复制"人单合一"模式：份额42%居第一［EB/OL］. 新华网，http：//www. xinhuanet. com/tech/2017-03/30/c_1120721977. htm，2017-03-30.

［67］海尔意大利高端化成效显著：冰箱第一，洗衣机第二［EB/OL］. 凤凰网科技，https：//tech. ifeng. com/c/7vU3d3IzgYz，2020-04-08.

［68］管益忻. 从海尔说"先难后易"战略［J］. 河南税务，2001（11）：47.

［69］刘智方. 海尔国际化战略研究［D］. 辽宁大学，2013.

［70］夏蓉. 国际化语境下的电商企业身份构建对比研究［D］. 对外经济贸易大学，2017.

［71］赖家文. 中国电商企业在东南亚的战略布局［D］. 西南财经大学，2019.

[72] 阿里巴巴在马来西亚开设办公室［EB/OL］. 阿里巴巴集团官网，https：//www. alibabagroup. com/cn/news/article? news=p180618，2018-06-18.

[73] 蚂蚁金服进入哈佛案例库　中国金融科技领军全球［EB/OL］. 中国电子银行网，https：//www. cebnet. com. cn/20170419/102384480. html，2017-04-19.

[74] 为什么说阿里巴巴接下来一年要赚大钱？［EB/OL］. 中关村在线，https：//news. zol. com. cn/652/6521414. html，2017-08-18.

[75] 韩洁．我国跨境电商国际化发展研究［D］. 首都经济贸易大学，2018.

[76] 仇凯霖．阿里巴巴国际化中的创新及其对中国电商企业的启示［D］. 东南大学，2015.

[77] 陈蒙蒙．电商企业国际化战略分析——以阿里巴巴集团为例［J］. 农村经济与科技，2017，28（12）：74+76.

第二章 复杂多变环境下中国企业的技术赶超与创新[①]

我国国民经济迅速发展催生了大量新兴企业，然而相比西方国家的市场领先企业，我国企业尚处于发展初级阶段，技术和市场资源等方面存在短板与劣势，处于后发企业位置。相比在位企业（在现有市场上具有较强的竞争优势、处于领先地位、稳定持续盈利的企业），后发企业进行破坏性创新的动机更大，核心刚性的约束更小，且拥有较强的新技术感知和响应能力，拥有更大的市场发展潜力，积极推动了我国经济改革和国民经济迅速发展，成为推动我国参与国际市场竞争的核心力量。然而由于经济全球化、数字技术颠覆、逆全球化趋势等叠加因素影响，国内外市场供需失衡、宏观调控偏移、通货膨胀持续，企业战略环境日益严峻，后发企业的生存和发展空间受到在位企业的不断挤压。尤其是新冠肺炎疫情等不可控事件对产业链、供应链及商业生态产生了重大影响，后发企业需要不断地通过技术创新保持其可持续发展，因此在复杂多变的环境中如何实现技术赶超与创新成为当前中国后发企业面临的关键问题。

从20世纪80年代起，中国后发企业代表如华为、小米科技有限公司（以下简称“小米”）、腾讯科技（深圳）有限公司（以下简称“腾讯”）和海尔等不断提升创新能力并实现技术赶超，积累了大量的成功实践经验与方法。虽然不同的后发企业面对的战略环境和发展状况并不相同，但每个后发企业都存在一些共同的发展状况和特征。鉴于此，本章从复杂多变的环境出发，面向产品创新、创新能力和创新路径，研究后发企业的创新

---

① 本章内容由杜娟带领团队完成，主要成员包括李秀芳、钱慧敏、王文鑫、马心怡、罗鑫。该研究受国家自然科学基金（71701121）、教育部人文社科项目（17YJC630021）资助。

驱动因素及创新能力构建方法，并提出后发企业创新路径规划，为后发企业开展技术创新战略规划提供参考与借鉴。

本章共分四节。第一节是相关理论，主要是对后发企业的技术赶超模式、技术创新内涵与路径的文献综述；第二节主要是对后发企业技术赶超的发展阶段，后发企业在技术、产品、价值等视角下的创新能力，后发企业的创新驱动因素以及创新机制等进行阐述；第三节选取实现技术赶超的中国后发企业的典型案例进行分析，如华为、小米、腾讯和海尔，阐述其技术赶超及 IT 创新的实践，为中国企业提供具有参考价值的管理经验；第四节是总结。

第一节 相关理论

一、后发企业的概念与特征

后发企业是与在位企业相对应而言的企业类型。既有研究指出，在位企业一般指当前目标市场中处于领先地位的、具有强竞争力的企业，它们能够在激烈的市场环境中保持稳定和持续盈利能力，[1]因此它们往往在发展过程中逐渐积累了各自的核心技术竞争力和广泛的客户资源，在市场主流技术上占据了主动性优势，往往是现有市场技术标准的建立、垄断或者强化者，从而间接促成了行业进入高壁垒的形成。

Hobday[2]最先提出后发企业的概念并对其进行定义，即后发企业（latecomer firms）是新兴经济体在发展过程中面临技术和市场资源双重劣势的制造企业。发展中国家的后发企业通常远离发达国家的技术和研发源头，与世界科技和创新中心距离遥远，在科学、工程、技术和研发方面处于落后的地位。另外，发展中国家的后发企业还远离它们希望供应的主流国际市场，通常面对的是发展不足的小规模当地市场和简单用户。

Mathews 等[3]认为后发企业有以下特征：

第一，相比主流在位企业，后发企业进入行业的时间要迟；

第二，在人力资源、技术、资金储备等物力资源上都相对缺乏；

第三，会显示出成本低、灵活性高等自身优势，其发展目标是追赶在此行业已达到领先地位的企业。

后发企业的定义和特征表明，后发企业在人才资源、资金和技术能力等方面与在位企业之间存在差距，但是在创新方面却存在一些特有优势：[4]

第一，创新动机明确。后发企业一般规模较小，对开拓市场的需求较急切。相对于不断向高端市场转移而主动放弃低端市场的在位企业，低端市场中利润较低的产品的开发更适合后发企业的市场拓展战略，因而后发企业往往比在位企业具有更加明确的创新动机。第二，核心刚性约束较小。在位企业核心能力的长期积累易产生难以适应变化的惰性，[5]从而导致难以超越现有的成功模式，这种“核心刚性”并不利于企业长久创新能力的突破和可持续性发展。而后发企业往往处于刚起步阶段，核心刚性的约束尚不明显，因此进行破坏性创新的阻力也小于在位企业。第三，技术能力较强。后发企业由于发展的需要，往往会具有较强的新技术感知和响应能力。因为后发企业往往会关注并识别现有客户对产品或者服务的改进需求，以及新客户的需求，并通过创新的方式不断改进自身产品和服务。而在位企业由于存在管理思维惯性或者较大的业务规模等，创新需求感知和组织响应能力可能受限。

二、后发企业的技术赶超

（一）后发企业开展技术赶超的动机

从宏观层面来说，技术水平相对落后的后发国家想要通过发展技术逐渐缩小甚至消除与技术水平先进的发达国家的技术差距；从微观层面来说，技术水平相对落后的企业也想通过技术创新实现对在位企业的技术追赶和超越。[6]

技术赶超通常发生在知识存储较多、发展环境复杂多变的技术依赖性行业，一般可以分为两大类：模仿式技术赶超和自主创新技术赶超。前者是指引进或购买先进技术并进一步开发，[7]风险较低，十分普遍；后者通过自主技术创新进行赶超式发展，成本高昂且具有高风险性。后发企业主要通过两种途径实现技术赶超：加强原始创新和模仿跟随在位领先企业的先进技术。一般来说，后发企业通常会选择先模仿跟随，积累一定的资源和技术能力后，再通过加强原始创新能力实现赶超，降低不确定性。

在对后发追赶的研究中，Kim[8]首先提出了引进、消化与提高的经典模型，Lee 等[9]对模型进行了发展和修正并提出路径跟随、跳跃和创造模型，而 Gao[10]则指出后发企业在一定条件下应当在技术赶超初期就加强自主技术研发。另外，跨国并购作为常见的技术赶超杠杆，也一直备受关注。[11]进入 21 世纪后，针对中国的研究特别关注了制度、技术体制、市场空间以及全球网络方面的特殊情境对于中国后发企业进行技术赶超的驱动和影响作用。[12]后发企业在接近前沿时都会面临继续采用追赶模式还是转换为领先者身份参与全球竞争的两难抉择，但成为创新者仍是实现成功追赶的关键。[13]基于此，关于后发企业开展技术赶超的动机研究焦点逐渐从“后发追赶”转为后发企业的“创新追赶”。[15]

（二）后发企业开展技术赶超的路径

技术赶超通常发生在流动性较低和产业技术的未来发展轨迹具有高度的可预测性的产业。[9]经过学术界学者的研究总结，后发追赶路径可以被归类为渐进性和非线性两种路径。[14]基于两种路径衍生出三种不同的后发企业技术赶超模式：“路径追随型”“路径跳跃型”“路径创造型”。后两种模式属于技术跨越式赶超，也可称为“蛙跳”型赶超模式。在路径追随型赶超中，后发企业将跟随领先的在位企业的成功模式或者技术路径实现发展与赶超；在路径跳跃型赶超中，后发企业将依据自身发展情况和外部市场条件变化战略性地模仿领先在位企业的成功路径和发展阶段；在路径创造型赶超中，后发企业将自主摸索自身追赶路径。

在不同的发展时期，企业应当使用不同的技术赶超模式。在技术赶超的前期，后发企业可以采用“路径追随型”模式，即首先通过消化吸收国外先进技术缩小技术差距，再通过后期创新进行技术赶超。随着自身技术能力的提高，如果要保证持续的市场竞争力，需要充分利用技术转化期，实现“路径跳跃型”或“路径创造型”的绝对技术超越，从而实现追赶甚至超越。

通过塑造创新能力及合理规划创新路径，在一定程度上将有助于后发企业追赶或超越在位企业，实现可持续性技术赶超。因此对中国后发企业在复杂多变环境下进行技术赶超的研究有着相当重要的借鉴意义，通过回溯它们的发展过程，可以挖掘出有价值的实践经验。

（三）后发企业开展技术赶超的相关理论

由于技术知识贫乏，后发企业进入高端市场面临一些劣势和其他的竞争缺陷，但是也有一些潜在的优势。领先企业相比其他企业面对变革会有更多的阻力，产业领先者通常会患上所谓的“成功滋生失败综合征”，由于强烈的惯性作用，这些成功的企业不愿意改变现有产品和技术；而后发企业在快速进入新的资源空间方面具有速度和弹性优势。本节将运用Wong[16]提出的反向价值链战略、反向产品生命周期战略以及产品技术领先战略来对后发企业技术追赶的基本路径进行分析。

1. 反向价值链战略

在反向价值链战略中，后发企业将首先作为设备制造商（Original Equipment Manufacturer，OEM）按照定制者提供的设计文件为跨国公司加工简单的配件。然后后发企业将转向自主设计制造（Own Design Manufacturing，ODM），在这一阶段中后发企业已经获得设计能力，定制者仅提供基本的设计，而详细设计将由后发企业自己完成。部分企业完成从OEM到ODM的战略转变后就停止不前，也有很多企业选择自主设计产品并发展自身品牌。在此战略的实施过程中，企业往往更倾向于由强调工艺创新转向强调产品创新。

2. 反向产品生命周期战略

在市场中，相对于在位企业来说，部分成熟产品的技术的先进程度并不足以引起竞争警惕性，因此有利于后发企业的技术获取和模仿。另外，后发企业在劳动力成本和对部分产品市场的了解等方面具有一定的竞争优势，能占领低端产品市场。所以后发企业在发展初期可能控制一个成熟产品从开发到市场营销的整个价值链过程。在此战略的实施过程中，后发企业一般利用模仿研究与试验活动（Research and Development，R&D）和反求工程不断进行产品和工艺创新。

3. 产品技术领先战略

产品技术领先战略是后发企业最难执行的战略，其核心思想在于企业通过创新性活动获得优于市场的产品和技术以占领市场。长期的学识和实践研究表明，大量的的研发投入、优秀人才培养、产学研融合有助于企业培养创新所需要的技术能力。

三、后发企业开展技术创新的理论

本部分主要针对技术创新的主要类型、技术创新的能力与模式以及技术创新驱动因素等方面进行阐述。

自熊彼特[17]提出创新理论以来，学者们根据不同的标准和维度对技术创新进行了分类，也对技术创新的策略进行了针对性的研究，促进了技术创新研究的深化。依据企业创新强度的差异，技术创新分为渐进性创新与颠覆性创新，[18]在不同的视角下这两种创新有不同的定义。从技术和产品视角看待颠覆性创新，学者 Schumpeter[19]认为它是企业以完全不同于以往的技术、产品、生产方式等对市场和产业进行大规模改造的创新模式。而在产业与市场的视角下，颠覆性创新是发端于非主流市场并对现有主流市场企业的竞争力产生破坏的创新。学术界一般认为，渐进性创新与颠覆性创新并不能在一家企业同时开展。基于此，在资源和能力有限的条件下，后发企业为了实现技术赶超往往会倾向于使用颠覆性创新模式。

企业技术能力的演化路径，将会影响企业技术创新的有效性。因此，企业技术能力演化的路径选择对于企业进行技术追赶、实现技术进步乃至提高产业技术水平具有重要影响。处于不同技术发展阶段的企业，都或多或少需要具备三种基本技术能力：一是仿制能力，即在现有技术和设计的基础上，进行操作、调整和改进的技术能力；[20]二是创造性模仿能力，即为了适应新的市场需要，基于现有的技术平台和技术架构，对原有设计进行创造性模仿改进的能力；三是自主创新能力，也就是在建立新的技术平台或改变核心技术的基础上推出新产品的能力。[21]

发展中国家或后发企业的技术能力演化，一般都需要经历仿制、创造性模仿和自主创新三个阶段。[22]按照企业获取技术资源和技术能力的来源不同，企业技术创新可以划分为自主创新、合作创新和模仿创新三种基本模式。[23]企业为了自身技术核心的能力的培养和可持续发展，致力于培养出自身自主创新能力。为此不同的企业可采取不同的路径：[24]基于技术引进的技术能力提高过程模式、基于完全自主创新的技术能力提高过程模式和基于技术合作的技术能力提高过程模式。图 2-1 揭示了企业技术能力演化与技术创新模式之间的匹配关系。[25]

创新的驱动因素理论将驱动因素划分为内部驱动因素和外部驱动因

素，两者共同促进企业进行各种创新活动。其中，内部驱动因素包括企业对于技术的吸收能力、企业文化、企业家精神、组织建设等，这些内部因素对企业的创新能力具有决定性作用。外部驱动因素包括历史压力和随机事件、市场需求与竞争、政府政策与法规等，它们对企业创新有引领和影响作用。[26-29]

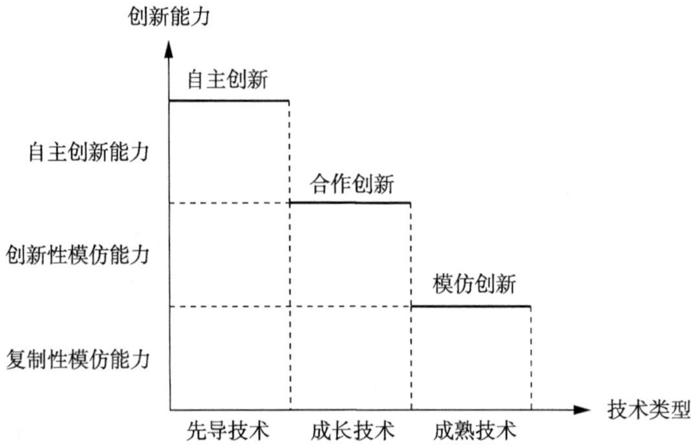

图 2-1　企业技术能力演化与技术创新模式的匹配模型

第二节　核心问题及应对策略

目前发达国家严格限制对中国出口高科技产品，使得现在中国企业通过引进方式获得先进技术的难度加大，所以中国企业想要真正实现技术赶超并不容易，核心问题在于如何加快技术创新和核心技术突破，把握面向未来的前沿技术。中国并不缺乏技术赶超“破局”的成功先例，例如“两弹一星”的成功赶超。虽然曾经的辉煌无法复制，但是在新的国际环境下，中国企业也可以利用已经拥有的技术进步条件，加快培育和发展技术创新能力，研发掌握核心技术，成功实现新时代复杂多变环境下的技术“破局”。

在创新方面，本节将基于中国情境下的中国企业技术创新在不同阶段的问题和特点探索技术赶超企业的技术创新轨道，以此分析中国企业在后发追赶过程中的创新能力和创新路径、创新机制和创新驱动因素分别“是什么”“为什么”，从而得出后发企业在技术赶超过程中共同存在的发展状况和特征，总结得出技术赶超模型，为中国企业解决技术赶超实践中面临的问题提供策略参考和借鉴。

一、后发企业技术创新阶段

技术创新能力本质上属于高级专业知识。在知识属性下理解技术创新能力的核心内涵，可认为它是能够促进企业形成“技术范式——技术轨道创新模式”[30]的高级知识创新[31]。综上所述，笔者将从技术理论的维度进一步探究技术创新能力的发展路径与演化机理。

企业一般先会进入制造生产的阶段，此阶段主要任务是客服技术上的难关，缩小与大企业的距离，模仿能力是这一阶段技术能力的核心内容；在逐渐累积了一定量的基础技术知识后，后发企业会进入基于低端技术的战略阶段，企业在这一阶段聚焦于对技术知识的吸收和内化过程，以便确定核心技术主要模型，将其用于初级阶段的二次创新能力积累。后发企业后期将进入创新战略阶段，核心表现为对市场的初步探索和对高新技术的利用。在这个阶段，后发企业要学会紧抓技术上的机会，将其变为自己的创新能力，从而实现路径赶超。接下来后发企业会进行更大程度的市场探索性创新，领先企业与后发企业的技术距离逐渐消失，后发企业由此开始“追赶—超越”，进入集成创新阶段，利用较低的转移壁垒实现“弯道超车”。随着后发企业行业地位渐渐稳固，它们一般会开始执行真正基于核心技术的创新战略以推动其后续持续发展，可以说这一阶段，后发企业真正拥有了颠覆技术范式核心知识储备，所以其技术创新能力发生质变，表现为自主创新能力。

根据上述分析，技术创新基本可归纳为以下三个阶段：

第一阶段为“模仿性创新”。这一阶段，“模仿性创新+本土化创新”成为主要创新战略。后发企业在成立初期，技术创新和内部管理的能力和经验尚有所欠缺，主要依赖于领导层面和研发人员的研发意识推动创新。因此技术创新的结果喜忧参半。成功的产品技术创新能够为公司创造营收、积累技术能力；失败的产品技术创新只能让人从中吸取经验教训，重新开发。

第二阶段为“改良式创新”。进入发展阶段的后发企业已经具备一定的收入规模和市场地位，市场将对其技术和产品提出更高的需求。面对更新、更先进的市场需求，模仿性创新与自发创新的模式难以为继。另外，持续的技术积累也给后发企业开展自主创新、向领先者发起冲击提供了坚实的技术基础。这一阶段，后发企业的创新主要体现为技术改良、市场驱动，以“改良式创新+市场驱动式创新”战略为主。

第三阶段为“引领性创新”。随着市场地位和技术水平的提升，后发企业已经可以实现“引领性创新”。主要表现为后发企业通过核心产品和技术的研发，成为能够引领市场技术水平的“领先者”。在这一阶段，后发企业更需要强化技术投入，从而保持技术引领式创新模式。

后发企业创新范式的变迁轨迹见图 2-2。

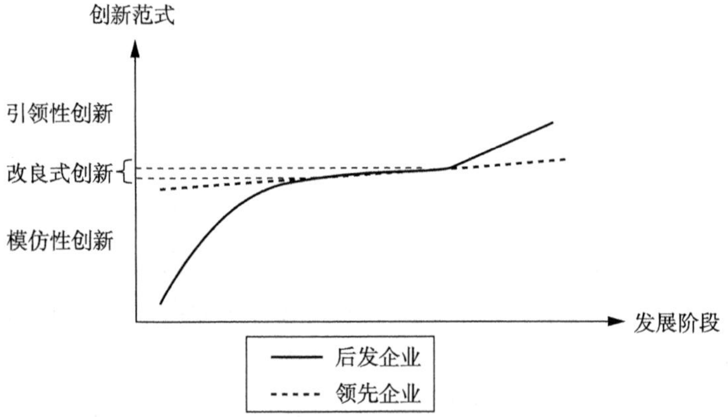

图 2-2　后发企业创新范式的变迁轨迹

中国后发企业的创新战略基本遵循由模仿式技术赶超到自主创新式赶超的战略路径。在这个过程中，技术和商业发挥了不同程度的组合作用，所以，后发企业需要根据企业发展的不同阶段并结合技术能力积累的不同水平，更替商业和技术的主导作用，实现双轮驱动，促进良性循环，实现技术赶超。

二、后发企业创新能力视角

目前，探究颠覆性技术创新能力的影响因素，对推进企业开放式颠覆性技术创新发展、提升颠覆性技术创新绩效具有重要的理论和现实价值。一般情况下，作为创新策略实施的第一步，后发企业运用破坏性技术创新对现有技术的发展轨迹进行迁移；第二步，后发企业以技术为载体对产品进行破坏性创新；第三步，后发企业基于破坏性的商业模式创新，为破坏性产品提供破坏其现有市场格局的动力，以期成功追赶在位企业并提升企业价值，从而实现技术和商业模式的有效汇聚，共同推动后发企业破坏性创新。[32]基于发展中国家的后发企业创新能力研究，后发企业的创新能力可以从技术、产品和价值视角进行归纳。

（一）技术视角

Schumpeter最早在文章中提出技术创新理论，他认为技术创新本质上来说是一种线性过程，由理论开始，到在实验室里进行研究，再到企业制造生产，最后推广到市场进入消费者手中，这是一个渐进的过程。而新技术的研究和开发与企业创新之间呈正向影响关系。[33]因此，技术创新能力的核心体现在技术层面，但是只有通过企业正确适应和调节技术性质使其带来正面的市场效益，才能真正体现技术能力。后发企业为了在短时间内占有更多的市场，其创新进程往往具有颠覆性和跃进性；其技术创新往往呈现获取—迭代—破坏的动态演进过程。[34]初始阶段的后发企业大多以模仿创新方式对市场既有产品或者技术进行简化和重组，主要目标是打开低端市场。随着技术累积，当后发企业可以通过技术集成实现产品迭代和性能提升的时候，就会攻入主流市场。最后，后发企业基于原始的技术创新能力生产新的技术产品，从而破坏已有的企业竞争态势和技术性能标准，完成对市场的技术颠覆。

（二）产品视角

产品是科技型新创企业的价值体现，所以产品的创新是后发企业重要研究内容。在产品视角下，后发企业的创新策略是指在产品规划、开发、运营、营销、售后等关键环节中采用的一系列的产品创新理念或方法。[35]产品创新初期，客户需求变化、市场退出新技术、经济社会变化等是产品创新的重要创意来源；产品创新过程中，针对不同的产品概念创意以及产品创新层次，需要针对性地采取产品创新策略。[36-37]目前后发企业往往采用的产品创新策略包括产品差异化创新策略、产品组合创新策略、产品技术创新策略等。

产品差异化创新策略：针对竞争对手，对市场现有产品的功能性、所需成本行进差异性改进，突出企业特性，从而取得一定竞争优势。[38]是一种适合中小型后发企业寻求发展机会的产品创新策略。

产品组合创新策略：组合现有技术，形成创新性的产品或者面向新市场的产品组合。[38]是一种适合企业进行产品改进和开发新市场的低风险产品创新策略。

产品技术创新策略：研发新技术对产品进行功能性更新或者研发新产品系列。[39]是一种适合具有较大资源持续投入能力的企业、高技术风险高收益的产品创新策略。

产品复合创新策略：兼顾市场开发和技术创新，能够利用市场对技术创新进行快速验证，同时降低技术和市场风险。[40]

在产品研发和市场营销角度下，郁培丽等人指出，后发企业想要实现由后发企业到在位企业的转变，就必须进行持续的技术提升，颠覆主流市场，完成破坏性创新。[41-42]但是时代经济发展的情境不同，后发企业完成破坏性创新的路径存在差异。[43]随着科技的快速发展，市场上的产品越来越丰富多样，产品面临着日益快速更新换代的激烈的市场竞争环境。后发企业进行产品创新必须根据市场环境和自身资源情况，通过对市场的准确定位，切入正确的目标市场，并且从多种角度和维度来探索更适合后发企业的产品创新策略，从而成功开展破坏性创新，实现后发企业对在位企业的追赶。

（三）价值视角

价值创新主要包括：产品价值创新、产业价值链创新、组织价值链创新、技术价值创新和业务价值链创新。这五方面的价值创新包含了大多数的价值创新类型。其中产品价值创新例如如家和小米，产业价值链创新例如淘宝和拼多多，组织价值链创新例如海底捞和海尔，技术价值创新例如华为，业务价值链创新例如利乐包装。价值创新点将决定企业商业模式，由此明确企业的定位，从而决定之后的产品设计、主营业务以及盈利模式的选择。

在价值创造的视角下理解创新，创新即价值获取—价值转化—价值实现的非线性过程。[44-45]价值捕获指的是对外部和内部信息、知识的搜集、整理、筛选和分析，包含 March 所指出的组织外部知识探索和学习过程。[46]价值转化主要是对前期创意进行分析筛选然后转化为可操作的技术方案，是对价值的有效转换，也是产品化、商业化的过程。开放式创新理论指出：创新的所有价值创造均可以在组织边界的内部或者外部实现。[47]例如，在价值捕获阶段，创新能够来源于企业内部既有知识的内化与经验积累，也能够来源于企业外部的信息流入；企业能够通过独立研发完成价值转换，也能够通过企业与其他外部组织的合作创新等方式提升技术能力。在价值实现阶段，企业一般通过渠道将产品推广到市场或者与其他企业进行技术授权合作，实现产品商业化。后发企业破坏性创新的实现方式各有不同，但价值视角上的创新是实现颠覆性创新的关键，因为价值创新是企业的核心能力之一，也是实现可持续发展不可或缺的一步。

三、后发企业创新驱动因素

分析企业进行技术创新和培养自主创新能力的驱动因素时，应当把企业形成追赶行为的内在动力与主客观因素、内外部环境等方面结合起来考虑，才能更好地探究后发企业如何形成完整成熟的技术追赶轨道。基于此，笔者将市场、技术变革和政府因素作为外部因素，将企业家精神与创新环境作为内部因素，将企业规模、资本结构等归纳为其他因素，并以此三者为基础探索中国企业技术赶超的创新驱动机制。

（一）市场因素

技术赶超是技术和市场结合的产物，所以技术赶超不可或缺的因素就是产品真正符合市场要求。产品是技术赶超的直接体现，所以市场的认可度取决于产品是否符合顾客的动态需求和市场环境，后发企业通过创新产品得到超越竞争对手的机会。同时，市场也会影响技术发展的走向，引导整个产业技术变革走向。[48]因此，以市场需求为导向的技术创新能够降低自主创新的风险，提高创新收益率，为后续持续性创新提供资金支持。在企业进行技术创新实现技术赶超的过程中，关注企业已有的资源，找到突破点，能够更有效地创造出满足市场需求的产品。这就要求企业通过敏锐的市场洞察在市场需求不断变化的当下抓住客户需求，持续进行技术创新，给企业的技术赶超带来机遇和优势。另外，由于在位企业本身积累了巨大的市场基础，后发企业在相对稳定的市场环境下难以与其竞争，所以后发企业需要通过缩短产品的生命周期适应快速变化的市场环境，创造更多市场机会，以实现技术赶超。可以看到，当前变化迅速的市场和多样的客户需求在给后发企业不断带来竞争压力的同时，也为其创造了大量竞争机遇，提高了其实现技术赶超的可能性。

所以，后发企业需要瞄准市场，通过正确识别市场环境和顾客需求的动态变化寻找潜在市场，并进行技术引入和自主创新，实现技术赶超。

（二）技术变革因素

技术的动态特征主要包括技术的动态变化特征和技术的可预测性，其对技术赶超至关重要。技术的动态变化特征是指同一范式范围内技术变革的速度；技术的可预测性是指企业对技术发展方向的把握要准确，要在既定的范式范围内变化，而不是盲目进行自主创新，从而为企业的持续性创新创造可能。在同一范式范围内，技术的动态性越低，技术赶超的可能性越大；在范式的转变期，颠覆性的技术将出现，这也是后发企业通过破坏性创新实现技术赶超的有利时机。[48]

因此，企业需要从其对市场需求的准确把握出发，前瞻性地识别技术变革的方向，在紧跟先进技术的同时，更加注重自主创新。

（三）政府因素

制度变革和政府补贴影响社会经济发展，同时对企业进行自主创新具有推动作用。政府作为宏观调配的主体，通过政策变革、资源配置，可以引导产业走向，甚至改变产业结构，鼓励企业进行自主创新，所以政府对技术创新的引导力不断加大。由于大部分中小企业难以承担自主创新的高额投入和高风险性，所以政府采取相应的财政政策进行创新补贴，通过变相提高企业创新投入，可以达到鼓励创新的目的。我国通过各类配套政策营造积极自主的创新环境，推动企业成为技术创新主体，包括科技投入、税收鼓励、金融支持、政府采购、引进消化吸收再创新、创造人才队伍和科技创新平台等。[49]其中，政府的科技政策，如“火炬计划”“科技型中小企业创新基金”等对企业自主创新有直接推动作用。

所以，中国后发企业应该根据政府的政策倾斜，积极加入自主创新的行列，从而具备技术赶超的实力。

（四）企业家精神与创新环境

企业家推动和组织企业创新活动，他们对创新的态度将使创新自上而下贯穿企业每个层次以及从研发到销售每个环节。优秀的企业家对市场的准确把握、对创新方向的精准决断、对创新风险的灵活规避和对创新活动的积极推动，都直接促进企业培养和形成创新的企业精神和企业文化，为实现技术赶超创造良好的环境。企业为了营造更好的创新环境，可以通过创新激励的方式鼓励员工投入创新，甚至可以实施颠覆式的员工持股计划等分配制度，形成特有的企业凝聚力和向心力，将员工和企业联结在一起组成命运共同体，形成“以奋斗者为本”的价值观念。[49]因此，为了实现技术赶超，中国后发企业的企业家应当具备冒险精神和敬业精神，不因短期利益而规避风险，错失创新良机；积极营造和推行适合企业发展、体现企业精神的创新文化，并结合创新激励制度，将员工的职业生涯规划与企业成长结合起来，为员工发展创造良好机遇、搭建创新平台，对创新工作持包容态度，并对员工进行创新指导，使得员工在行为和价值观中形成创新理念。

（五）其他因素

一些其他内部因素也会影响企业创新，例如企业规模、资本结构、研发投入、盈利能力等。企业规模对企业创新能力有显著的正向促进作用，由于自主创新的高投入和高风险性，大规模企业具备更强的抗风险能力，中小企业可以通过产业集群进行协同创新；企业的资本结构和负债水平决定了研发资金的投入，从而作用于企业创新，企业在保证正常运营的情况下，可以提高研发资金的投入；研发投入中研发人员的投入比研发资金的投入更重要，所以企业引进、培养和鼓励人才创新是重要的举措；企业的盈利能力正向影响可用资金而作用于研发投入。这些因素都直接或间接作用于企业的创新能力，从而影响企业进行技术赶超，所以后发企业也应当关注此类因素的影响，寻找合适的路径推动企业自主创新。

四、后发企业的创新机制

随着人工智能、大数据、云计算、移动互联网和物联网等数字科技的蓬勃发展，数字信息时代的市场竞争不仅是企业自主研发能力的竞争，更是资源整合力的竞争。因此，企业应根据创新环境变化，打破惯性思维，更新管理理念。一方面要注重自身自主创新能力的培养；另一方面要善于不失时机地整合市场优质资源，实现“借力”创新。后发企业更应该主动调整创新机制，识别战略机会，将各项生产要素引向新用途，实现各个维度的技术创新与赶超。

（一）技术和商业双轮驱动创新机制

商业和技术这两个不同的维度是技术创新的本质内涵，两者相互作用，共同驱动技术创新发展，实现技术赶超。产品与技术往往互相关联，一种产品会用到多种技术，一种技术也会应用于多种产品。Mowery 和 Rosenberg 于 20 世纪 80 年代后期提出，商业需求与技术进步是创新的两大重要驱动力，两者共同作用才能推动技术或者产品创新。[50] 产品关注商业成功，如何在条件制约下满足顾客需求，是商业视角需要考虑的问题；技术关注技术效果，同样在条件约束下，如何最大程度发挥技术作用、实现技术最优，是技术视角需要考虑的问题。针对商业和技术这两个不同维度的问题，企业可以在组织上进行划分，设立产品解决方案开发团队，针对性解决企业商业层面的问题；开辟产品开发部，负责整合内外部技术资源，解决技术问题；同时为了协调商业和技术两者的关系，可组织专门的集成产品管理团队，负责研发投资计划和技术的商业化。[51] 通过技术组织、商业组织和协调组织互相作用，共同支撑技术和商业的双轮驱动，形成技术创新的良性循环。

此外，技术组织和商业组织具有相对独立性，可以专注技术和商业问题，形成技术突破和满足客户需求，达到各自的成功。应同时协调组织在两者间的作用，平衡两者关系，权衡短期和长期利益，实现良性互动和循环发展，为实现自主创新技术赶超创造条件。因此企业需要一批精通研发和营销的人员，市场人员可以迅速转入研发，研发人员可以进入市场服务，使企业的产品创新能够适应市场变化，为企业的成功提供重要支撑。[52]

（二）科学和技术协同创新机制

目前中国后发企业非常关注科学与技术之间的协同创新机制。科学和技术的协同创新机制的关键在于处理好科学创新体系和技术创新体系的协同关系。科学创新体系以科学创新专家为主体，表现为科学研究人员对现存世界的探索和认识，其成果具有一般性和普适性，并以学术理论成果（论文）为主要表现形式；而技术创新体系则更加倾向于以企业为主体，利用技术实现对现存世界的改变和利用。

在现有时代开放创新的大背景下，去除科学与技术壁垒，推动建立科学和技术的协同创新机制有利于创新理论、技术、标准、设备、平台等多方合作，实现创新效益最大化。因此，协同创新机制一直受到中国政府和企业的广泛关注和大力推行。主要体现在两方面：一方面，政府动员和资源配置的作用，通过国家科技计划协同技术创新和科学革新，助力科学和技术的协同创新，推动创新层面的合作。另一方面，很多中国企业致力于推进校企合作，深化“产学研”平台建设，创建高校联盟，鼓励高校设置流动岗位吸引企业人才加入，鼓励企业与高校合建“创新中心”等，即科学专业领域在企业实践的过程中寻求理论突破，从而使形成的学术理论成果能启发企业的技术创新及应用；同时，企业的技术创新手段又可以为科学领域的学术深化和突破提供研究基础，从而形成推动技术创新的良性循环机制，体现合作共赢理念，最终加快我国企业的技术赶超进程。

（三）生态系统创新机制

开放式创新生态系统指多元异构化创新行为主体在创新软环境中围绕共同核心价值目标自发形成创新群落，并将自身转换为创新群落中的一个参与者，[53]通过创新群落形成战略联盟，实现资源互补，逐步演化为相互支撑、彼此依赖的网络结构性群落体，最终开辟出新的价值创造路径。随后，有学者进一步对企业开放式创新与开放式创新生态系统理论进行整合，提出企业核心型开放式创新生态系统（Enterprise Core Open Innovation Ecosystem，ECOIS）的概念，并将其定义为企业组织其他参与者为实现共同目标，在研发、商业和服务等方面进行资源互换的交流社区。[54-56]这种创新机制是指核心企业在资源开源共享模式下，利用自身优势资源，吸纳组织结构分散且高度合作的异质性知识生态种群，构建一个生态系统，通过跨组织边界进行物质流、知识流、信息流的联结传导，增加生态系统中知识、商业、服务等资源的存量和流量，从而实现资源互补，大幅提升用户需求响应速度和市场竞争力，最终实现价值共创、利益共享的合作目标。企业核心型开放式创新生态系统的创新种群主要包括科研院所、第三方中介机构、上下游合作企业、用户和竞争企业。其中，处于生态系统核心地位的主导企业最为重要，是开放式创新生态系统的主要创建者、维护者和引领者。

（四）开放式创新机制

美国普渡大学与埃森哲管理咨询公司合作调研了欧洲和美国的数十家企业研发情况，由此将开放式创新机制总结为以下四种类型：[57]

传统 IP 合约机制。该机制指双方合作，其中某一方机构提供专门的技术，譬如 H&M 快时尚品牌与设计师合作推出系列产品。

开放式创新合作机制。该机制通过跟特定的可以互补的伙伴企业合作，取长补短，实现创新。

开放式创新平台机制（或开放式创新竞赛机制）。该机制指企业在没有合作伙伴时，自身提供平台，通过平台满足自己的需求，扩大覆盖面，而且最终拥有知识产权的解释权。

开放式创新社区机制。该机制适合需要多边合作、问题比较复杂、需由多家企业共同解决问题的情况。

虽然这四种机制都有自己的特点与优势，但也都存在局限性。企业在了解这几种模式的同时也要从自身出发，选择适合自己的创新机制。后发企业更应基于自身与行业情况重点考虑问题复杂度和解决方案。某些情况下，在企业内部可以找到解决方案，但更多情况下，企业需要到核心业务之外以及毫不相关的领域寻求解决方案。另外，后发企业不是只能选择一种单一的模式进行开放式创新，而是可以结合多种模式，摸索出最适合自己的创新机制。所以，在创新机制的选择上，光有开放积极的心态是不够的，后发企业要通过准确把握技术、产业的发展动向，引领发展趋势并进行改革创新，采取适合自身的开放式创新组合策略，实现全方位的技术创新赶超。

第三节　案例分析

一、华为创新发展、能力与驱动因素分析

华为的发展模式是典型的发展中国家后发企业的成长模式，属于世界级创新型企业成长路径之一。它采用“农村包围城市”战略，从市场竞争

程度低的边缘低端市场介入，不断进行技术创新，逐步向上攀登，最终成为世界级企业。作为后发企业进行技术赶超的典型案例，华为在创新驱动、创新能力和创新路径方面可以为中国其他后发企业进行技术赶超提供具有借鉴意义的经验。

（一）技术创新阶段分析

在持续的研发创新投入下，华为在有线接入、智能终端、无线通信等技术领域取得了丰硕的成果。华为从原先的技术模仿至实现自身技术领先的产品创新过程，主要可以分成模仿性创新、改良式创新和引领性创新三个阶段。

1. 第一阶段是模仿性创新

1988 年到 2000 年属于华为成立早期，整体上处于追赶期，迫切需要弥补较为薄弱的技术积累，提高市场地位。其自身的优势、劣势、面临的机会与威胁，采用 SWOT 分析方法总结如表 2-1 所示。

表 2-1　华为初期技术分析

	机会（O）： 1. 中国市场广阔，且需求旺盛 2. 客户的需求差异化且采购决策分散 3. 国家政策向“国产化”倾斜	威胁（T）： 1. 国际化的强有力竞争对手众多，在品牌和技术等方面占优 2. 国内的小公司数量众多，国有企业实力也较强
优势（S）： 1. 劳动力成本较低 2. 企业员工总体素质高 3. 任正非领导团队艰苦奋斗	1. 立足中国市场，服务于本土客户需求 2. 提升边缘市场、差异化市场的市场份额	1. 在价格、成本、响应速度、本地化服务水平等方面提升与国际化企业的竞争力 2. 在响应速度方面提升与国有企业的竞争力 3. 差异化市场竞争，聚焦于边缘市场，展开错位竞争
劣势（W）： 1. 缺乏有力的技术基础 2. 产品质量并不突出 3. 未形成市场品牌	1. 关注产品质量，奠定品牌基础 2. 加大研发投入，快速提升技术水平，争取部分指标处于领先水平	1. 向国际化大公司学习产品路标，开展模仿创新 2. 向国营企业学习技术，夯实技术积累

根据 SWOT 分析，华为在第一阶段的创新战略更多地体现为模仿式创新以及配合本土化适配创新。由于竞争对手实力强大，华为选择拓展边缘

市场、差异化市场。华为在弥补产品技术质量的同时，常常利用展会、客户交流等机会，使得研发人员直接了解、学习和观摩市场领先企业的产品，通过模仿加强自身技术基础。在进行技术模仿的基础上，华为也围绕客户需求进行本土化创新。比如：华为公司早期的 C&C08 电路交换机就是创新性地采用了光纤的连接方式，以其通信距离更长、容量更大、质量更好的特点满足了地域广阔的广大农村客户的需求。

2. 第二阶段是改良式创新

到 2000 年左右，华为的技术能力逐渐积累，核心技术已经基本可以自主研发和内化，形成了固定网络、移动网络、智能网、光传输、数据通信等完整的产品线。国内的市场正在由边缘逐渐转向主流，国外市场也在稳步开拓中。此时华为逐步摆脱单纯的技术模仿，走上了消化国际先进技术的二次技术创新道路，可以称为改良式创新。由于华为在此阶段致力于对现有技术的改良式创新，部分产品的功能与性能在局部的小特性上已经展现出领先的可能性。

3. 第三阶段是引领性创新

2011 年至今，华为的创新策略更多地体现为：通过强有力的研发投入，发明创造出具有华为核心技术的产品形成核心技术能力，成为行业的领先企业。例如从专利申请排名方面看，华为自 2005 年已以 3898 件连续第二年位居榜首，说明华为在这个时期已处于同行业领导者地位。2019 年华为作为全球唯一能够提供端到端 5G 商用解决方案的通信企业获得了中国工信部 5G 商用牌照……诸多成就均说明华为已经具备了较好的原始性创新能力，成功实现了通信行业的赶超，成为技术创新的领跑者。

（二）创新能力分析

1. 创新战略视角

技术创新战略是企业整体经营战略的重要组成部分。华为成立至今，技术创新战略随其发展阶段、市场地位、技术创新水平能力的变化而不断变化，大致经历了本土化创新战略、国际化创新战略、全球化创新战略三个发展阶段。每个发展阶段都面临着不同的发展境况和发展目标，因此也面临着不同的关键技术问题，分别对应着华为不同的创新战略，即本土化创新战略、国际化创新战略和全球化创新战略。

从 1987 年成立到 2000 年，属于本土化阶段，主要客户、销售收入均来自中国本土市场。华为从中国的农村市场、边缘市场做起，通过“路径追随式”技术赶超配合本土化创新战略奠定技术基础，逐步进入城市，逐渐获得了国内巨头企业的市场地位。另外华为还实现了资本积累、管理积累以及企业文化的形成和价值观体系的培育。

从 2000 年到 2010 年，为国际化阶段，也是华为技术追赶最为重要的十年。2000 年至 2002 年三年间，是国际电信市场低迷时期，全球领先的电信设备企业纷纷陷入困境，开始大规模裁员，而华为在此期间却大量地投入研发（R&D）人员。在 2003 年出现了战略转变的转折点，即思科、华为知识产权纠纷案，这场知识产权纠纷使华为开始思考技术创新模仿跟随战略的弊端，最终决定完全摒弃模仿性创新，全面实行自主研发。同时，中国政府一直支持华为以中国为产品研发大本营，在全球，尤其是海外市场，跟国际巨头开展全面竞争。后期华为以 3G、4G 突破欧洲市场，站稳脚跟，不断提高欧洲市场占有率，正式从跟跑转为并跑。

从 2010 年至今，属于全球化阶段。在全球化战略的指导下，华为持续扩大研发投入，将其作为全球化扩张的重要保障，向全球技术高地派驻研发团队，使用并吸收优质技术资源以服务全球客户，逐步转型为全球化的服务企业。在这一阶段，华为 4G、5G 标准的核心提案数量和专利数量不断上升，表明华为进入领跑阶段。

2. *创新产品视角*

华为在移动通信领域中销售的产品从通信机代理发展到大量创新技术支撑的通信产品，整个过程可用不同阶段的创新产品作为发展的阶段性节点划分依据，从而勾勒出六大阶段。

（1）第一阶段：代理交换机时期（1987—1990 年）。

1987 年是华为初创期，国内通信设备市场被国外厂商垄断。任正非意识到通信设备利润空间和市场需求巨大，于是开始代理交换机产品，在全国各地发展代理商，短时间内就建立起覆盖全国的销售网络。

（2）第二阶段：生产交换机时期（1990—1993 年）。

1990 年华为转变战略成为生产商，但是薄弱的技术基础是硬伤，于是华为采用接受客户预订的方式开发市场。代表产品为 1991 年开发出的能带

24 门分机的小总机 BH03 交换机。

这一阶段的技术创新能力的主要表征为通过调整创新范式适应技术快速学习的要求，在简单的直线型组织结构下，通过土狼式的市场攻占策略积累研发互补资产。另外得益于任正非早期技术人才引进制度，华为在“技术天才”团队的创新能力支撑下，完成了创新性产品的研发。

（3）第三阶段：2G 产品时期（1993—1997 年）。

1993 年起，华为转战移动通信市场的 2G 市场，并于 1997 年推出 GSM 系统和 Quidway S2430 互联网交换机。

这一阶段，华为通过产品改进和完善服务成功占领中低端市场，逐渐确立品牌。通过“研发中学”（Learning by R&D），完成了关键技术和市场知识的原始积累，处于技术系统的线性演化阶段。这一时期，华为技术创新能力主要表现为对条件的适应性改进。

（4）第四阶段：3G 产品时期（1997—2007 年）。

在这一阶段，华为面临内部创新效率低下和产能过剩等问题。为了解决这些发展问题，华为转而进军国际市场。在俄罗斯建立合资公司就是其开拓国际市场的第一步。同时，华为看重 3G 技术的价值，与高通签订 3G 专利授权协议，确定了初级市场探索和成熟技术利用的创新战略。这一阶段，华为的突出成就在于率先在欧洲市场提出分布式基站理念，成功打开了欧洲市场。

这一阶段，华为的产品创新主要集中于“改良式创新”，通过“用中学”和“溢出中学”对技术进行“功能性理解”，实现从“路径跟随”到“路径跳跃”的转变。

（5）第五阶段：LTE 集成创新时期（2007—2013 年）。

在全球经济危机之前，华为已经做出了从 WCDMA 向 LTE 技术轨道扩散的技术转移战略，呈现出了技术研发和市场探索高水平均衡发展的创新战略态势。这一阶段华为代表性的创新产品为 2008 年华为建立的业界第一个 LTE/SAE 商用网络。

华为与运营商合作建立创新中心助力“互动中学”机制的顺利构建，可以帮助华为不断提高自身技术素质，逐渐具备探索核心技术范式的能力。在此阶段中，德威产品创新能力正式发展到“以自身为主”的集成创新阶段。

（6）第六阶段：5G 创新时期（2013—2019 年）。

在此阶段，华为致力于 5G 研发与创新。立足于全球产业转型、跨行业融合的大背景，华为以 5G 原始创新突破为方向，不断完善相关技术。最终发布 5G 白皮书，在全球 9 个国家建立 5G 创新研究中心，最终成为世界 5G 项目主要推动者和技术领先者。此时华为的创新范式呈现“市场超越”的核心内涵，其技术创新能力发展为“舍我其谁”的原始创新能力提升。

3. 创新研发能力视角

纵观华为的原始性创新能力形成的过程，即后发企业的追赶过程，华为的创新发展主要经历了“模仿性创新—改良式创新—引领性创新”的变迁。本小节通过对华为各个阶段创新能力的分析，从知识补充的来源与方式角度给出可借鉴的经验参考，并对后技术赶超阶段构建企业创新网络进行详细分析。

在最初的模仿性创新阶段，华为从代理交换机起家，因市场竞争激烈，转为生产商，由于缺乏技术基础和技术规模，开发能力有限，主要是对国外产品的模仿和程控代码的改编。这个阶段开发出的交换机性能低，只能通过低价策略进入农村市场。同时，这个阶段华为开始从高校引进人才，成立初期技术研发小组。经过学习能力的积累，提升了产品改进和服务、流程创新方面的能力，扩大了低端市场份额，企业创新中心从模仿改编转为产品引进。华为后续的研发比例、创新组织体系和研发管理机制初步形成。

在改良式创新阶段，华为已成为国内最大的电信公司。由于通信技术行业的高成长性，国内资源和自身研发能力无法满足产品创新要求，华为选择进入国际市场，寻求国际合作，实现技术突破。随着 4G 技术的研发，华为开始进入以基础研发为重心的自主创新阶段。该阶段华为部分技术已经领跑通信行业，与产业链合作进行联合创新，通过技术互利方式降低研发成本，提高研发效率，华为自身则可以专注于基础研究领域。

在引领性创新阶段，华为通过收购行为，制定行业技术标准，布局全球商业生态，引领 5G 技术这一原始性创新技术的研发并得到认可。

华为每年投入高于 10%的销售收入作为研发投入，近几年的投入比例更是超过了 14%，有着固定比率的预算保障。根据华为的年报，2012—

2019 年华为的研发投入数据如表 2-2 所示。华为研发投入的 10%用于前沿技术、核心技术及基础技术的研究，剩余部分则是投入当前产品的改进和细微创新上，在产品生命周期的后期针对成本、质量和服务等对企业的细微创新能力提出要求，这部分投入决定了企业绩效，是企业持续性创新的驱动力。

表 2-2　2012—2019 年华为研发投入汇总

年份	2019	2018	2017	2016	2015	2014	2013	2012
从事研发的人员数量（名）	96000	80000	80000	80000	79000	76000	70000	70000
从事研发的人员占全公司人员的比例（%）	49	45	45	45	45	45	45	45
研发费用（百万元）	131700	101509	89690	76391	59607	40845	30672	30090
研发费用支出约占全年收入的比例（%）	15. 3	14. 1	14. 9	14. 6	15. 1	14. 2	12. 8	13. 7
全球共持有有效授权专利（件）	>85000	87805	74307	62519	50377	38825	36511	30240

华为有着强大的研发团队，其研发机构遍布全球。截至 2019 年 12 月 31 日，华为拥有 96000 名研发人员，研发人员占比常年保持在 45%上下。华为在国内外设立大量研发中心，国内除深圳总部外，在北京、上海等 8 个城市设立研究所，在欧洲设立 19 个城市研究所，在北美地区设立 12 处研究机构，在亚太地区经济中心均设立了研发机构，整合全球研发资源，利用当地优势创造优质的科研成果。华为巨大的研发投入，为其实现技术赶超奠定了良好的基础。华为构建了以“云平台”为基础的全球研发体系，形成全球一体化创新网络。

中国后发企业可以从华为的实践经验中得到启示，应尽早走上自主创新道路，不断加大研发投入，平衡细微创新能力和基础研发。大量的研发投入既能保障研发员工的薪资待遇，有利于吸引全球顶尖人才加入，又能改善科研条件，进一步提升研发水平。根据自身知识能力的不断提升，从地理、组织、知识和制度角度扩大创新网络规模，提高自身研发能力，在自身知识能力与创新网络交互中实现螺旋上升。可以通过全球布局，整合当地研发资源，并通过统一部署的平台实现研发中心一体化，各研发节点为企业不断提供知识技术，并从创新网络中得到互补性的知识技术。[60]

此外，华为与高校和科研院所形成合作伙伴关系，进行产学研合作，建立产学研创新网络。前期主要聚焦于高校，选择其作为技术创新主要合作伙伴，2010 年后外部资源逐渐偏移向科研院所乃至企业合作伙伴。华为发明专利中约 2.5%由华为与外部高校、科研院所和企业合作伙伴共同申请，构建了专利合作网络。同时，华为积极参与国家 ICT 人才培养方案，与政府、高校、企业合作，培养优秀人才，为华为提供源源不断的人才资源。

（三）创新驱动因素分析

1. 内部驱动因素

任正非的战略领导能力和对于技术创新的远见卓识是华为实现技术赶超的重要因素。任正非始终坚持华为的最基本使命是“活下去”。为了实现华为“活下去”的使命，任正非长期坚持以不少于销售收入 10%的费用投入研究开发，在研究开发中，也高度重视前沿技术、核心技术及基础技术能力的研究和培养，研发人员占公司总人数的比率保持在 40%以上，从而使得专利申请量实现迅速增长，且发明专利占到申请量 90%以上。任正非的危机意识和军事化管理作风，激发了员工的忧患意识和拼搏精神，是华为企业精神和企业文化不可或缺的重要组成部分。

开放创新也是华为企业文化中的核心价值观，强调并坚持以客户需求为导向的持续性创新。最终开放式创新的理念已经成为华为的技术路线、商业文化甚至是员工行动的世界观和方法论。华为各个部门之间充分开放、提倡知识共享、鼓励研发创新环境的自由性的创新文化也十分有利于华为创造力的发挥，大大提高了技术创新组织的运行效率。

华为为了给创新提供充分的保障机制，在激励机制上也与时俱进，不遗余力。华为以高新技术闻名，为保持技术领先优势，吸引人才、留住人才，不仅为技术人才提供高薪资以及后勤保障，还为其家属提供良好的生活待遇。在个人晋升方面，华为提供给员工充分发挥自身价值的平台、良好的培训体系以及针对不同群体相应的晋升路线。一系列激励机制呈现出绩效管理、薪酬分配和任职资格评价体系“三位一体”的形态结构。在实际的工作实践中，华为也不断出台“多阶段奖励政策”等一系列专利创新鼓励办法，通过奖励重大专利等方法激励员工技术创新的积极性。

2. 外部驱动因素

顺应时势、敏锐做出反应是华为始终以市场和客户为导向的核心。

华为在创立初期就赶上了有利的“天时”——通信产业正处于开始替代 PC 产业成为全球经济新的龙头产业的阶段。随后，上海贝尔公司、中兴开始自主研发交换机产品，但依旧无法改变交换机供不应求的市场态势，这就给刚刚创立的华为创造了极有利的环境。

后来华为进入产品设计阶段，在该阶段尝试了生产华为自主品牌的产品之后，走上自主研发的道路，开始探索自身的反向价值链。而华为从销售代理商到初期自主研发的过程，简直可以用“逼上梁山”来形容，甚至可以说，华为选择自主研发，是华为生存下去的唯一选择。此外，华为在代理销售方面的成功吸引了更多人从事销售代理行业，越来越多的代理厂商通过销售代理成为通信设备供应商，进入通信行业价值链，华为在代销方面面临的竞争也日益加大，可获取的利润越来越少。为了生存和发展，华为必须尽快转型，不能一味依赖通信设备代理销售。

当华为发展至新产品研发和品牌活动时期时，更加注重客户需求和满意度，会尽心尽力满足客户提出的要求；即便客户未提要求，华为也会设身处地思考如何才能提供更好更适合的产品和服务。在此阶段初期，华为的客户就提出希望华为提供自主品牌的优质产品，这就在新时期为华为提供了创新的外部驱动因素。

（四）创新机制分析

华为的创新机制是由“开放式创新”和“集成创新”不断演进而成的全新自我创新机制。华为尤其注重研发流程管理，它率先引进了美国公司常使用的集成产品开发流程（Integrated Product Development，IPD）。[61] 早在 1998 年，华为与 IBM 合作项目——IT 策略与规划就已经对华为未来 3～5 年需要开展的业务流程和所需的 IT 支持系统进行了规划和设计。这使华为形成了从立项到开发到将产品推向市场再到量产的项目管理流程。其中华为 IPD 的产品开发完整流程包括概念—计划—开发—验证—发布—生命周期六个阶段。

华为的 IPD 研发机制并不是单独进行的，需要相关程序、制度的保障和配合。华为尤其看重调整组织方式对研发机制的支撑作用，特地采取产品开发团队制（PDT）作为创新活动组织方式。每个产品都会抽调市场、生产、营销等多部门人员组成PDT，保障产品完成全生命周期。实践证明，这种创新活动组织方式形式灵活，可以增强不同部门之间员工的交流，有利于隐形知识的传递与内化，从而保障华为自主创新的成功实现。

通过对华为自主创新实践的研究，可以发现：

第一，中国后发企业自主创新的驱动力可以来源于顾客需求、企业家精神及竞争者等要素，这三个驱动力在自主创新时值得被考虑。而研发人员、研发投入、企业文化等保障或支持体系对自主创新也具有不可忽视的重要作用。

第二，中国后发企业在进行自主创新时，应遵循科学的开发流程或程序，并且该过程需要正式的制度予以保障。根据上述发现，借鉴Johnson等[62]提出的新服务开发流程图，华为自主创新的驱动力、开发流程、保障体系等方面共同构成华为目前的自主创新机制。

二、小米创新发展、能力与驱动因素分析

2010年4月，北京小米科技有限责任公司（以下简称“小米”）正式成立，其专注于智能手机、互联网电视和智能家居生态链等，业务涵盖硬件、软件、服务、金融、云计算、虚拟运营商和广告等领域，已成为消费电子市场的明星。

（一）技术创新阶段分析

小米公司的发展历程符合低端市场颠覆特征，是互联网背景下具有代表性的企业。小米公司在2010年成立初期确定的创业产品主线为手机业务。小米公司在创立初期确定“硬件+操作系统”的低端市场发展策略，通过逐步的技术积累和市场拓展完成技术赶超，以避开通信市场主流企业的市场和技术封锁，实现颠覆式创新演进过程。主要可以分为如下三个阶段：[63]

1. 进入期

2010年起，我国手机市场逐渐进入智能机时代，苹果、三星、诺基亚等国外品牌凭借品牌和技术优势占据着主流市场。基于互联网模式，小米公司在这个多层次发展、多种类对抗和多国竞争的市场下应运而生并为我

国手机市场带来颠覆式创新。以 MIUI 系统的开发与完善为主要价值网络，小米公司进行手机开发并准备上市。在这个模式下，通过论坛连接研发团队和用户，根据消费者的反馈更新版本。为了能在未来具备高性价比和高质量的一流手机生产能力，小米不但开始进行自主的手机研发，还积极采购了 600 多种手机配件，主动与高端手机配件企业达成合作，以推动研发进展。

2. 追赶期

在追赶期，小米通过技术创新、合约生产和快速迭代完成了在产品创新方面产品线的多样化。首先，小米手机通过快速的更新迭代来确保在手机市场中占据性价比的绝对优势。最典型的就是小米 I 代手机性能完全不输 4699 元的苹果 4s 和 3399 元的三星 i9100，但小米的定价只有 1999 元。随后还相继推出更便宜的小米 1s 和小米 I 青春版等产品。其次，小米公司与联通、电信等运营商合作共同推出小米合约机，拓展了产品种类。最后，在研发中，小米尤其关注技术创新和积累，以平均每年一部旗舰手机的超快速度达成了小米Ⅱ、Ⅲ和Ⅳ系列产品的研发设计、生产及销售。因此，小米才能从成立以来在手机市场中保持持续的增长。2011 年小米的市场占有率仅为 1.2%，此时苹果和三星的占有率已经达到了 8.5% 和 14.4%。而到 2014 年，小米的占有率达到了 12.5%，实现了对苹果（11.5%）和三星（12.1%）的超越以及对市场的颠覆。

3. 破坏期

为了进一步改变市场占有结构，小米公司在 2016 年推出了 MIX 高端系列，与主流企业展开直接对抗。在此之前，小米所有的手机定价都在 699~2500 元，而主流品牌一般维持在 3000~6000 元。MIX 系列定价分别是 3999 元和 2499 元，且第一次在整机上实现无 Logo、无实体按键的正面设计，颠覆了小米产品低端市场的定位，进而开始与苹果、三星等品牌进行破坏性的市场竞争。

（二）创新能力分析

小米公司在市场环境下实现颠覆式创新的两条路径分别是技术创新路径和价值网络重构路径。其中，技术创新主要受技术条件的影响，价值网络重构主要受到需求条件和产业条件的影响。

1. 创新产品视角

小米公司在技术条件的影响下，通过技术识别、技术获取和技术迭代实现颠覆式产品创新。[64]具体如下所示：

（1）技术识别。

识别颠覆式技术是企业推动颠覆式创新的第一步。后发企业的技术识别应该遵循三个原则，即满足客户潜在需求、企业可获取、发展前景良好且可实现。小米公司在三个原则的指导下，识别出颠覆式技术并展开研发活动，初期成功研发出第一代颠覆式产品 MIUI 系统及小米手机。

（2）技术获取。

鉴于可支配资源较少，后发企业受产品技术储备和技术获取难度等外部条件的影响较大。[65]可采取以下途径获取产品所需技术：购买引进、结盟合作、[66]投资并购以及对现有技术简化模仿和重组整合。小米手机中的核心元件由富士康和英伟达生产并采购于业内有品质的供应商。小米进入谷歌的 Android 开放平台，便于解决移动端操作系统的专利问题，并通过提高投资和资源整合，基于 Android 系统开发了 MIUI 系统，成为小米的企业相对竞争优势。

（3）技术迭代。

小米坚持通过技术迭代进行颠覆式创新，通过迭代式创新一步步提高产品性能，由此突破低端市场限制，吸引更多主流市场的用户。根据小米对主流市场用户需求的把控，主流市场更期待高性能的手机产品，所以小米通过大量的研发投入不断地进行技术创新和内部创新来积累创新能力。小米 2018 年投入超过 58 亿元进行创新研发，在国内手机厂商中名列前茅。此外，随着智能手机技术迭代速度越来越快，企业只依靠内部资源进行技术创新显然难以跟上技术变革的步伐。[67]除了依靠内部的创新，小米相信顾客的价值创造能力也是重要的创新来源。小米鼓励用户积极参与到小米产品设计研发的全流程中，通过协同创新使新产品能够满足用户的动态需求，并提高用户黏性。小米制定“每日研发、每周评测、全面推广”的用户协同式快速迭代策略，在鼓励用户参与的同时，缩短产品的迭代周期。

2. 创新价值视角

技术创新是创造颠覆式产品的基础，但实现颠覆式创新还需要企业进行价值网络重构。[68]价值网络从产业生态系统的创造价值开始，经由商业模式传递价值，最后进入市场实现价值。小米的价值网络重构可以分为两个层面：利用颠覆式创新创造开发产品的新价值；重构产业价值链，利用柔性价值网络优化产品研发生产全流程，通过更高价值的产品颠覆市场格局。价值网络重构主要包括 4 个阶段：价值主张创新、价值创造重构、价值传递优化和价值获取改进。[69]

（1）价值主张创新。

颠覆式创新在起步阶段受市场环境的影响较大，因此，后发企业既要正确识别市场需求，提出新的价值理念以满足顾客需要，还要正确认知产业定位以制定发展策略。颠覆式创新不仅为后发企业提供了实现技术赶超的可能，更是引领性创新企业有别于其他企业的重要特征。小米在全面研究市场并识别需求痛点后，提出了以下价值理念：

发烧友导向。当前手机市场价格跨度大，市场分层明确，低端的智能机市场对新产品的接受度高，有大量需求强烈多样的电子产品发烧友。在这样的市场背景下，小米选择低端市场作为产品切入口，为实现颠覆式创新做足准备。

产品质量。低端手机市场的客户对产品的性价比较为看重，主流市场则倾向于高性能的国外手机品牌，如苹果、三星等。为提高小米在整个手机市场的认可度，小米自创业初期就致力于通过产品质量和高性价比打通销售通路并树立良好的品牌形象，再通过口碑效应扩大消费客群，这是小米生态圈发展战略的基石。

有了明确的产业定位后，小米制定了以下创新型发展策略：

互联网战略。小米进入手机市场之际，智能手机市场正逐步发展，市场竞争日益激烈，同时，顺应互联网的迅速发展和国家政策的推动，小米快速响应，制定了基于“互联网+”的创新战略，主要采用在线购买的网络营销模式和用户参与协同创新的网络研发模式。

产品效率。小米搭建成熟的产业链体系，降低了各个阶段的生产成本和后续的渠道成本，提高产品实现的效率，在激烈的行业竞争中生存了下来。

（2）价值创造重构。

在价值重构阶段，小米积极主动整合内外部资源，改革 KPI（关键绩效指标)、实行扁平化管理、精减会议改革组织结构等生产模式和组织结构以支持新功能和新产品的研发。

以此为基础，小米利用新型生产模式辅助创新。主要有两种方法：一是将有限资源投入研发产品，从细节上优化新产品。二是在小米产业链体系的基础上整合供应链，采用柔性生产模式，更贴近市场需求，通过“零库存”的方式降低产品的生产成本。这种新型生产模式帮助小米减少资源浪费，提高产品质量，在低端智能手机市场，通过高性价比产品和用户参与这两种新的价值机制，以差异化赢得顾客认可。

小米主要采取互联网营销和产业链合作的模式降低产品成本，通过研发方面的高投入提高性能，从而提高小米产品的性价比。用户参与的本质是一种在互联网基础上将顾客代入产品生产全过程的无缝开放式创新，用户参与产品设计、开发和改进，影响产品发展方向，使其产生主人翁意识。[70]以组织结构和生产模式的重构为基础，利用高性价比和用户参与的价值机制在智能手机市场实现差异化，推出满足用户需求的创新产品和服务，得到市场认可。

(3) 价值传递优化。

颠覆式创新要求企业在进入市场后持续提高产品价值以吸引主流顾客。所以，企业需要通过价值传递优化整合价值创造重构后的产业渠道和资源，再进一步优化客户关系，提升价值创造水平。在价值传递优化的过程中，后发企业已经对原先的市场环境产生了影响。

一方面，企业可以通过网络与顾客快速沟通，利用互联网技术节约资源，推动低成本的颠覆式创新。[71]小米采用了一种本质是饥饿营销的新型营销模式，线上购物环境的改善也为这种营销模式提供了基础。在物流方面，小米只负责其中的核心环节，其他的部分则外包，形成了兼具把控服务质量和规模效应的渠道网络。在此基础上，小米整合内外部资源，通过期货战略和“零库存”的管理方式提高价值传递效率，形成新的运营模式。整体来看，在小米的生态圈中，智能手机处于中心，围绕这个中心，小米在智能硬件和内容产业两个维度拓展业务。

另一方面，小米十分注重提升顾客体验，并且通过形式多样的活动培养粉丝文化，最终建立了较好的品牌形象，提升了高端客户的认可度，实现了客户群体的优化。在这些优化客户关系和创新运营模式活动的支持下，小米成功奠定了价值实现的基础。

（4）价值获取改进。

价值获取是评定整个价值网络重构是否可行的重要标准，在此阶段，后发企业由受市场环境影响者转变为主导者。小米公司创新收益模式，为改变被影响者的身份提供资金支持。在手机利润日渐微薄的市场条件下，小米通过拓展智能盒子服务、开发收费应用和产品配件等方式，形成了良好的收益模式。后期则以产品和收益进行融资活动，以融资获得的资金助力小米布局技术研发，还能支持其他的投资并购和品牌宣传活动。

小米公司基于其产品创新价值的模式，利用先行者优势构建了三层竞争壁垒，颠覆了市场格局：①技术壁垒，通过其拥有的超过 14000 件专利，小米对多家高科技企业投资控股；②品牌壁垒，良好的企业形象和高质量的产品形成了品牌保护效应，使消费者形成转换成本；③生态圈壁垒，基于资产先占的小米生态圈是其竞争优势的坚实保障和有力武器。通过一系列的价值重构和技术创新活动，小米从低端市场起步，推出颠覆式创新产品吸引主流消费者，其高性价比手机产品和智能配件生态链逐渐形成小米生态圈，使小米公司成为市场的主导者、世界第四大手机厂商，实现市场颠覆。

（三）创新驱动因素分析

1. 内部驱动因素

（1）公司战略。

小米在战略上的思维是要顾客而不是要利润。因此，小米不仅仅是与顾客建立产品上的供需关系，更根据不同顾客的个性化需求制定不同的策略以深化企业和顾客之间的联系，目的是让顾客感到意料之外的尊重、喜悦和幸福，产生对企业的信任、喜爱和依赖，形成一种供给与需求双方之间的互动关系。

（2）研发投入。

小米的第一生产力就是创新，研发是其快速发展的基石。据统计，小米 2018 年的技术研发投入超过 58 亿元，3 年内累计投入超过 110 亿元，充分体现了小米公司对技术创新的重视。从 2014 年至 2019 年，小米公司申请专利数量已经超过 2. 3 万件。未来，小米会以“手机+AIOT”战略为主，加大技术研发投入力度。也是由于对创新研发的高度重视，小米才能建成世界领先的消费级 IOT 平台，互联网设备超过 1.9 亿台，类型超 800 种，小米公司在为全世界消费者带来更多高科技的便利。

（3）技术优势。

小米高度重视构建竞争壁垒以保护自身技术优势，主要表现在快速增长的专利申请数量和专利收购策略的有效实施。根据小米发布的官方数据，小米在 2015 年的发明专利数是成立之初的 100 多倍。

（4）融合合作网络。

在对市场进行破坏性冲击后，小米公司着手深化和拓展价值网络。小米已经具备了稳定的产品更新换代的合作网络成员，构建了以自身为核心的共享价值网络，以期实现自身与网络成员的互利共赢。

2. 外部驱动因素

（1）市场环境。

小米手机在低端市场处于统治地位后，开始推出 MIX 高端系列的商务手机，在高端市场对苹果、三星等品牌展开了挑战。在此之前，小米手机的市场定位是以低端市场为主的。基于技术与实力的不断提升，小米终于推出 MIX，它不仅是第一款全面屏手机，还是小米对主流按键手机的一次颠覆，真正意义上步入全面屏手机的时代。

（2）粉丝社区。

小米经营哲学的核心始终离不开其数以百万计的粉丝用户。雷军曾说："相信米粉、依靠米粉，从米粉中来，到米粉中去。"小米一直将满足和实现用户的梦想和参与作为自己最核心的竞争力。换句话说，小米的成功不仅在于抓住了智能手机的风口，更在于对大量粉丝用户参与的关注，在于对互联网思维中需求侧创新概念的把握，即把用户当作真正的朋友而非赚钱工具。小米通过高度整合软硬件产业链和高度信息化，成功提升了用户在多个环节的参与感和存在感。[72]

（四）创新机制分析

1. 生态链创新机制

以手机为核心的小米生态链基于手机周边、智能硬件、生活耗材三大圈层，以"孵化+参股"模式孵化外部团队并投资企业，打造适合小米的资源和平台的智能硬件生态链。借助竹林生长模式，小米进一步提出了基于“竹林理论”的生态链。

在产品选取方面，小米从手机领域着手，依靠数量众多的手机用户红利首先拓展周边产品，例如充电宝、小音箱、耳机等，慢慢向智能硬件领域拓展，如电饭煲、净水器、空气净化器等白色智能家电，最后扩展到生活用品领域如行李箱、牙刷、毛巾等。在生活用品领域布局能够增加用户黏性，有利于公司的长远稳健发展。新零售方式有四项，分别是小米之家、小米商城、米家有品和全网电商，共同整合了线上线下的全渠道资源。据统计，小米除了70%手机产生的盈利外，其他盈利主要来源于互联网和硬件服务，这背后是一个丰富全面的生态链。

2. 分形创新机制

十年来，不管是创业初期的手机业务，还是拓展后的智能硬件、生活周边、手机配件组成的产品生态链，小米投资的产品都有一定的自相似性：市场大，产品有痛点，产品面世后能被用户喜爱。总的来说，小米公司的创新生态链机制只有一条，即分形创新机制。分形创新就是指以主营业务为核心，向周边不断拓展很多小的、新的创新业务，在市场选择和隔离主营业务的作用下，最终这些小业务演化成新的主营业务。[73]分形创新最基本的逻辑即达尔文进化论。生物种群的繁殖或多或少会出现不同的变异，在隔离和自然选择的作用下，某些变异会被保留下来，传递给下一代，从而产生新的物种。在手机相关的业务形成之后，雷军随即开始关注配件市场，并逐渐开始在小米商城中上线手机配件相关产品，没想到很受欢迎。接着，再次使用同样的方式，帮助智能硬件兴起，并进一步投资有相同价值观念的企业，将它们的产品放入小米商城，使得小米的生态链越做越大。雷军提到，未来五年小米将在“5G+AIoT”领域投入超过500亿元。相信未来小米会继续用分形创新的机制，不断拓展它的“超级生态网”。

三、腾讯创新发展、能力与驱动因素分析

深圳市腾讯计算机系统有限公司（以下简称“腾讯”）由马化腾、张志东、许晨晔、陈一丹、曾李青于1998年11月在深圳共同创立。腾讯是

中国最大、用户最多的互联网综合服务提供商之一。腾讯提供多元化的互联网服务，包括社交通信应用、游戏、娱乐软件和门户网站等。在 2019 年，腾讯年度营业额达到 3772.89 亿元。

（一）技术创新阶段分析

腾讯提供多元化的互联网服务，业务分为社交、金融、娱乐、资讯、工具、平台等。对腾讯而言，创新并不局限于技术创新，还包括商业模式、生产模式和业界生态环境的创新。[74]随着移动互联网的普及，腾讯的社交通信软件——微信和 QQ 通过公众号和服务号连接商家、服务和客户，跟随市场动向创新了商业模式。通信社交平台既是腾讯的主营业务，又是连接腾讯大量业务和维系顾客关系的渠道通路，是腾讯商业模式版图中的重要部分。腾讯立足于其普及化的社交网络平台，推广其他业务，如微信支付嵌入微信平台，通过微信和 QQ 平台推广其娱乐产品和游戏。腾讯注重跨界，在产品间、平台间和行业间不断跨界创新：作为 PC 端和移动端核心的 QQ 和微信新旧更迭又深度融合，成为社交通信软件市场的巨头；各类娱乐软件、游戏和支付系统等丰富并扩展了平台模式；金融、咨询、工具等业务体现了腾讯的行业间跨界。腾讯的技术创新发展主要可以分为三个阶段：

1. 模仿性创新时期

腾讯创立初期，即 1998 年到 2001 年间，推出 OICQ 后，经历了从濒临破产到撤资和下家接手，之后因与 ICQ 的名称争议被迫改名 QQ，终于在一波三折中逐渐站稳脚跟，到 2001 年 QQ 的注册人数已超过 5000 万。这一时期，腾讯的整体战略聚焦于产品本身，通过技术模仿进行产品研发，OICQ（QQ）就是对 ICQ 的模仿和中国化。在企业的初创期，腾讯的知识还处于原始积累阶段，创新能力还处于模仿学习的阶段，主要通过对用户需求的发现，模仿和引进技术迎合市场。腾讯能通过“抄袭山寨”在创立初期迅速打开市场缺口主要是因为当时中国的互联网市场处于蓝海领域，但这种方式难以长久，所以腾讯公司开始转型。

2. 改良式创新时期

2002 年到 2010 年，腾讯从纯粹的“模仿性创新”转向“改良式创新”，进入了公司发展的成长期。在这一阶段，用户需求不断提升，腾讯需要及时发掘用户痛点和市场机遇进行创新。在这一时期，腾讯进行了大量创新尝试，如腾讯游戏、群聊模式、Q币、在线支付平台财付通等，这些尝试或成功或失败，推动腾讯在即时通信领域逐渐壮大，并开始尝试行业跨界，涉足娱乐和金融领域。腾讯游戏于2003年成立，从休闲游戏入手，随着市场扩大开始代理国外的游戏，在2007年制定细分游戏市场的战略，并进行深度运营，为其后续游戏市场的不断开拓奠定基础。群聊功能的推出是腾讯的突破性创新，将传统的一对一单线索关系链转为多对多的交叉型用户关系链。[75]虚拟币Q币的失败，对腾讯后续进行金融领域的创新起到了警示作用。此后，腾讯将重心转移到财付通平台的建设。经过成长期的不断发展，腾讯不断拓展业务，从社交通信衍生出大量新产品，如新闻门户、工具类软件、游戏、娱乐软件和金融支付等。这一时期，腾讯在北京、上海和深圳设立了腾讯研究院，也是国内最早的互联网企业研究院。腾讯研究院的创立，不仅针对这一时期的技术进行改良，更是为引领性创新阶段的自主创新创造了基础。腾讯大力推进多元化发展战略，积极拓展电子商务、新闻门户、在线支付、社交网络等新市场，形成腾讯的一站式“在线生活战略”，[76]促使其成为互联网市场的领先企业。

3. 引领性创新时期

2011年至今，腾讯进入引领性创新时期，通过平台开放战略，提高其创新能力。在利用用户资源和资本手段继续拓展国内外市场的同时，注重开放平台和事业群的建立，形成全员性的开放式创新，使员工、合作伙伴和用户形成一个有机整体，共同创新。依靠腾讯研究院，腾讯将自主创新与用户需求主导的“微创新”作为创新的方向。2011年1月，腾讯推出为新兴的智能手机市场开发的跨平台、零资费的新型即时通信应用程序——微信。随着移动端市场的不断扩大，腾讯的资源向微信倾斜，加强微信功能，整合内外部资源打造以微信为中心的产业生态系统。同时，腾讯基于自身，开创性地将社交与支付领域进行技术结合，创造了微信支付，后期加入电子红包和微信小程序等功能，实现了对第三方支付市场的破坏性创新。[77]围绕即时通信平台，腾讯更加注重微信的商用价值，尤其是互联网金融和移动支付，投资电子商务、在线旅游和软件服务等领域，为行业跨界开拓市场做出巨大贡献，如滴滴打车和美团等。腾讯公司在2011年推出开发者开放平台，在2014年5月设立微信事业群，至此，腾讯的内外部创新平台格局基本形成。在整个创新格局中，用户处于中心地位，腾讯的创新首先是服务用户，以迎合和发现用户需求，这使腾讯成为互联网行业的领先企业。

（二）创新能力分析

从创新产品视角来看，腾讯公司的创新产品路径主要有两条：自主创新和改良式的“微创新”，且以后者为主。比起不确定性的自主创新，腾讯更倾向于稳妥的改良式创新。不同于华为等企业致力于自主创新的创新路径，腾讯走的是一条用户主导的创新路径：通过研究用户体验、分析用户需求，不断改进产品。除了自主创新，腾讯公司致力于技术引进并内部消化吸收的“微创新”。技术引进和内部消化并不是创新，它的实质是洞察市场和用户痛点。将腾讯的创新产品能力进行归纳，主要分为三点：对用户体验的重视，对痛点的觉察，以及对用户的洞察。[78]腾讯公司的营收主要来自互联网增值服务，所以相比其他的技术型企业，它更重视用户体验和为用户创造价值以提高顾客黏性。腾讯有一支用户研究团队，散布于产品开发的各个阶段，以“一切以用户价值为依归”为原则。对腾讯而言，创新不仅是开发层面的工作，更是以应用为主导，对产品和服务进行实时“微创新”以满足用户需求的商业化行为。[79]例如，腾讯加快文件传输速度，将微信和 QQ 从简单的社交软件升级为办公软件。这种创新洞察用户需求、完善用户体验的方式，帮助腾讯在同质化市场脱颖而出。

腾讯的产品创新有三个聚焦点：用户体验、关系链拓展和资源整合。[80]首先，腾讯注重用户体验，通过对底层技术的自主创新和“微创新”为用户带来更优质的体验。需要注意的是，腾讯对用户体验的挖掘包括两个层面，即分析当前用户痛点和发掘潜在需求。其次，腾讯通过拓展关系链增加产品的附加价值。腾讯的大量业务由 QQ 和微信这两个社交软件维系，同时，内部的微信小程序和外部的社交网站绑定也为腾讯的核心产品增加了关注度。最后，腾讯对于产品的战略布局有明显的资源整合和跨界拓展的倾向，利用产品复合创新策略提高影响力。例如，微信不仅是一个聊天软件，而且是一个复合式的产品平台。

（三）创新驱动因素分析

1. 内部驱动因素

（1）企业文化。

创新是腾讯的四大核心价值观之一，以为用户创造价值为目的，认为“人人皆可创新，事事皆可创新”。同时，腾讯对于员工有着“关心员工成长”的管理理念，极佳的职业发展、完善的员工发展机制、完备的培养体系，都为腾讯营造了良好的创新环境。

（2）组织结构。

在移动互联网时代，微信平台成为业务重心，腾讯基于此打造社区和O2O生态系统，通过企业发展事业群和开放共赢平台连接企业的内外部创新。这种平台模式鼓励员工创新，使员工能够更多地发挥自主性和能动性。腾讯根据不同的事业群对研发人才进行管理，事业部制让研发团队的每个成员对团队目标和个人定位都有清晰的认知。

（3）激励机制。

腾讯通过游戏化激励对员工进行创新激励，推出一套“游戏化”员工激励机制。腾讯为每个员工设置多元细分的上升通道，提供清晰的职业发展规划。腾讯弱化员工的级别与薪酬的相关性，业务绩效比重更大，员工可以提升业务能力和表现以获得高薪酬，这大大调动了研发人员的积极性和自主性。这样的激励机制使得腾讯有源源不断的创新力，尤其是在新游戏和应用方面。Newzoo 的数据显示，腾讯在 2017 年上半年全球游戏收入排行中位列榜首。

2. 外部驱动因素

腾讯能够在创业早期迅速打开市场，主要是由于国家制度的不完整。不同于目前互联网市场竞争激烈的局面，当时中国互联网市场尚是一片蓝海，市场缺口大，腾讯通过模仿 ICQ 迅速占领了中国互联网市场。后来通过即时通信软件 QQ 和微信牢牢地锁住了客户，并拓展业务。在改良式创新的后期，腾讯迎来了转折点。2009 年智能手机的流行开始露出苗头，用户数量激增，腾讯抓住了互联网发展的良机，开始抢夺智能终端市场，相继推出了大量延伸到移动端的业务，利用平台间嫁接跳转的营销手段，争夺互联网入口权。[81]

（四）创新机制分析

腾讯的创新机制主要依赖于其商业生态系统，大致分为三个层级，分别是“核心层+支持层”“培育层”和“孵化层”。[82]“核心层+支持层”是QQ和微信两个社交平台和联营合营企业，如美团、滴滴等。这个层级在生态系统中处于中心，是主要的价值创造者。“培育层”是腾讯提供资金支持的独角兽企业。“孵化层”是开放平台上的开发者和创业者。多层级的角色结构为腾讯提供了源源不断的创造力。在创新和价值共创的过程中，大企业主要是“核心层+支持层”，作为带动者和助推者，充分利用自身优势，整合线上线下资源，带动中小企业成长和创新；中小企业和创业者是生态系统的动力引擎，其中的优秀人才会流入大企业，推动大企业发展，中小企业的稳步发展也将为大企业带来巨大利润，如滴滴和京东就是从中小企业发展而来的；运营商等合作伙伴则作为资源保障进入价值共创的过程，腾讯与三大运营商达成“腾讯大王卡”的网络流量合作，与服务机构和投资机构也达成资源保障合作，为生态系统的平稳运行奠定基础。此外，国家提供的制度保障也为生态系统的发展做出贡献，主要包括水电网等基础保障、人才优惠政策和资金支持等。该生态系统打破了传统供应链模式，形成生态系统内的创新驱动机制。

除了企业间的价值共创，腾讯也致力于企业和消费者之间的价值共创，通过两者的结合实现用户资源的开发。在腾讯发展的历程中，其平台模式的不断创新帮助腾讯发现用户需求，带来巨额利润：在PC时代，腾讯更多依靠QQ平台，开发在线用户资源；在移动互联网时代，微信成为腾讯的业务重心，围绕微信，腾讯打造了社区和O2O生态系统，通过企业发展事业群和开放共赢平台连接企业的内外部创新。腾讯公司的企业发展事业群和开放平台分别针对内外部创新，整合技术优势。腾讯推崇“微创新”，从发现用户痛点问题出发，提高用户体验。因此，在这样的创新模式下，腾讯需要听取用户的反馈，提高用户的创新参与度。开放平台连接腾讯、合作伙伴和用户，由腾讯及其合作伙伴牵头，营造良好的互联网生态环境，让用户也可以参与到产品的开发应用中来。腾讯在高校举办创新设计大赛，利用外部高校资源，在增加用户参与度和用户黏性的同时，整合用户的创新资源，使腾讯的创新更加贴近用户。

四、海尔创新发展、能力与驱动因素分析

海尔于1984年在青岛成立，是一家智慧生活解决方案服务商。海尔始终坚持“人的价值第一”，围绕“以用户为中心”的理念，从电器制造的集体小厂发展转型为物联网生态企业。2018年，海尔集团全球营业额达2661亿元，其中生态收入超过151亿元。海尔的生态品牌理念和“人单合一双赢”模式受到关注和认可，在物联网时代引领全球潮流。

（一）技术创新阶段分析

海尔的创新主要分为两方面：技术创新和商业模式创新。海尔早期是家用电器制造企业，基于其对市场的把握，逐渐转型为物联网生态企业，为用户提供衣、食、住、娱全场景的智慧解决方案。海尔的商业模式转型主要体现在其对服务的注重上，从最初的售后到用户导向，再到现在服务贯穿全流程。

当前，海尔公司对自己的定位是“美好生活解决方案服务商”，而在海尔的创立早期几乎不考虑服务。根据海尔公司的产品制造和服务两方面的创新，将它的发展历程划分为三个阶段。

1. 模仿性创新阶段（1984—1998年）

在改革开放初期，中国大量家电企业积极引进国外先进技术。不同于其他企业追求产量的做法，海尔较早地认识到产品质量的重要性，其中较为著名的有“砸冰箱”事件。海尔专注于高质量产品制造，引进德国利勃海尔公司的电冰箱生产线。海尔派员工前往冰箱生产厂商，学习先进技术，在引进技术的同时，设立冰箱研究所，研发海尔自己的冰箱。通过品牌战略，海尔成为中国冰箱第一品牌。1992年到1997年，海尔利用政策优惠和市场机遇，兼并多家企业，进行多元化经营，从一个冰箱制造企业转变为一个家电制造企业，产品基本涵盖所有家电类型，成为当时国内销售家电品类最丰富的企业。后期，海尔上市，建立了海尔工业园。这一时期，海尔注重产品创新，引进、消化国外技术的同时，关注先进技术走向，并较早地认识到自主研发的重要性，开展了早期的开放式创新。海尔通过标准化和规范化的产品制造，进行精益生产和质量控制，打造海尔品牌。这个阶段海尔对服务的定义

仅仅是通过服务弥补产品的不足，是产品的附加品，其商业模式是传统商业模式。

2. 改良式创新阶段（1999—2012 年）

海尔的改良式创新阶段分为两个时期，成长期和转型期。

1999 年到 2004 年是海尔产品创新的成长期。面对家电市场的逐步繁荣，仅仅为了提高销量而进行的产品创新已经无法满足消费者日渐多元化的需求，为此海尔拟定了以市场为导向、用户需求为重心的战略。海尔将员工推向前端，直接面对顾客，发掘用户的多元化需求，并将技术与顾客需求相结合。海尔将员工利益与市场对接，通过市场链管理推动服务、研发和生产部门合作，提高各个阶段的质量，形成企业内部市场链闭环优化结构。同时，海尔通过信息网络分析用户需求，定期召开研讨会收集用户习惯，鼓励经销商参与产品设计。这一时期，受海外家电品牌进入中国市场的冲击，海尔实行了国际化战略，建立了“三园一校”模式，共设立 9 个研发中心、18 家海外工厂、17 家营销公司，形成海外研发、制造、营销“三位一体”的格局。

2005 年至 2012 年是海尔的转型期，产品制造与服务并行，向“人单合一”模式转型，关注用户的个性化需求。在这个阶段，海尔致力于提供家装行业的全线服务，整合产业链对接家装和家电，介入家居服务业，服务和产品并重。基于后开放式创新的合作模式，海尔和日本骊住集团达成合作，弥补海尔设计方面的不足，提升方案设计能力。在转型阶段，因家居服务与制造业务的管理难以兼容，集团内部运行时常出现冲突。个性化成为服务创新点，产品创新则保持成长期的客户需求导向。海尔的商业模式是互联网商业模式，建立销售网站，采用 O2O 营销模式，提高用户体验。另外，海尔通过与国外高科技公司合作，设立中国、日本、美国、德国和新西兰五大研发中心，推进其在全球的生产管理。海尔的全球化分三步：进入全球化市场，利润转变，文化转型。至此，海尔的冰箱和洗衣机占有率已高居全球第一。

3. 引领性创新阶段（2013 年至今）

2013 年至今，伴随物联网技术的发展，海尔公司将产品制造与服务相融合，将“定制化”和“个性化”的理念贯彻到产品制造上，进入引领性创新阶段。海尔通过收购新西兰斐雪派克公司，推出大规模网络定制平台“众创汇”，以用户为中心，通过多部门并联、不断与用户互动来保证成功的“迭代式创新”。[83]海尔通过提供全流程的家居服务，将服务与产品捆绑在一起销售。通过“标准化硬装”和“工业化家装”，海尔实现了服务的高效率。在这个阶段，海尔的服务创新与产品创新相结合，产品是服务的附加品。此时的海尔正式进入基于工业互联网的商业模式，互联工厂和互联平台拉近了海尔与合作伙伴的关系，满足了顾客的定制需求，通过资源共享，提高了生产效率。如今的海尔立足生活场景，突破家用电器和家电行业的边界，深度挖掘用户的动态需求，为用户提供更加个性化的产品和多元化的场景服务，形成海尔的产品服务生态圈。未来，海尔将持续领跑家电市场。

（二）创新能力分析

1. 创新战略视角

纵观海尔的创新发展之路，不难发现海尔的创新体系由以内部研发为中心转向以产业链协同为中心，再到以用户为中心，分别对应了开放式创新战略、网络化创新战略和生态化创新战略。结合各个阶段的创新机制和模块化的组织结构，海尔通过这些战略应对不同矛盾和趋势。

开放式创新阶段（2005—2011 年）：海尔面对产品与工艺创新难以衔接的矛盾，围绕内部研发，以企业为主导进行技术创新。[84]“人单合一”的模式也是从这个阶段开始践行的，从企业、员工和用户三个维度进行战略定位、组织结构、运营流程和资源配置等多个领域的持续动态变革，是海尔为应对网络化进行的互联网企业模式创新。

网络化创新阶段（2012—2015 年）：针对技术和市场的矛盾，海尔通过产业链协同，从平台出发，利用市场开放机制，加强企业与用户之间的沟通，提升企业的产品创新和服务创新能力。[84]开放创新平台 HOPE、创业孵化平台“海床会”和用户社群交互定制体验平台“重创会”等大共享平台帮助海尔与商业生态系统成员共同创新发展。

生态化创新阶段（2016 年至今）：海尔积极响应国家号召，构建数字驱动的现代工业体系，贯彻“以用户为中心”的理念，重用场景，并结合其创新生态系统，为用户提供更加符合需求的全流程智能制造解决方案。[84]海尔的COSMO智能制造云平台正式推出，拉近企业与用户的距离，使用户可以全流程参与产品生产交易。海尔在这一阶段完成智慧生活全场景的解决方案撰写，建立U+智慧生活平台，并与百度合作，提供物联网与人工智能相结合的智慧家居体验升级服务。

2. 创新价值视角

在创新价值视角下，海尔的动态能力逐步从由感知能力主导向由重构能力主导的智能制造转型。[85]自1992年制定企业信息化规划和1999年开启业务流程再造以来，海尔开始互联网和智能制造转型，从制造企业逐步“去制造化”成为物联网家居企业。根据Zhou等[86]提出的智能制造三阶段理论，可以将海尔的发展分为三个阶段：数字化制造（1998—2004年）、数字化网络化制造（2005—2017年）和数字化网络化智能化制造（2018年至今）。

在数字化制造阶段，海尔通过机会感知识别网络化新趋势，并针对新趋势进行业务流程再造。在集团内部，海尔选择SAP公司对企业的ERP和现有流程进行再建设；在集团外部，聘请CA公司为其建设B2C电子商务平台，提高对用户信息和需求的获取能力。重构能力在这一阶段的典型应用是海尔重新部署了物流部门，成立物流推进本部。在这一阶段，海尔形成了覆盖全生命周期的数字化制造系统。

在数字化网络化制造阶段，海尔将互联网融入制造流程，并在服务层面通过网络平台连接企业和用户，其生产也逐渐转向以用户为中心。此时，海尔的重构不仅是对企业的信息系统进行全球性整合和重新部署，还包括对内部COSMO平台的重新配置，使其成为面向社会和用户的、全流程透明的平台。海尔在这个阶段运用网络将人、数据和物相互连接起来，形成企业内和企业间协同，整合配置资源，重塑了组织和制造的价值链。

在当前的数字化网络化智能化制造阶段，基于机器学习、深度学习等技术的不断普及，海尔将这些技术引入制造系统和服务系统，对用户需求的发掘和对技术的识别达到了较高的程度，能够提高创新和服务能力。

（三）创新驱动因素分析

1. 内部驱动因素

（1）企业家精神。

张瑞敏在海尔的多次转型和战略升级中起着重要的作用，他善于抓住时代和政策的机遇，兼并多家亏损公司，并积极践行“三步走”战略在全球收购大量工厂。此外，他还提出了“人单合一”的创新模式。

（2）企业文化。

创新是海尔企业文化的核心。海尔的创新文化体现在观念、战略、组织、技术、市场这五方面，将企业目标和员工个人目标结合在一起，使员工在海尔实现企业目标的过程中，充分实现自我的成长。海尔为员工提供了创新创业平台，积极鼓励员工进行内部创业，推动企业的创新发展。

（3）激励机制。

海尔的 OEC 管理模式将员工薪资与工作成果直接挂钩，并要求“今日事今日毕”，大大调动了员工的积极性；海尔的创客模式给员工提供了内部创业的机会，鼓励员工实现自我价值，培养员工的企业家精神。[87]海尔提出“斜坡球理论”，在企业内部为员工营造竞争的氛围，激发员工的创造力。通过“人单合一”的方法进行阿米巴式激励，积极推动员工以用户为中心进行研发。此外，海尔还采取对赌式激励，鼓励员工转型创客，海尔作为这些小微企业的股东，为其提供资源支持，形成海尔的商业生态系统，并积极推动这些小微企业创新发展，为海尔的后续创新发展奠定基础。

2. 外部驱动因素

（1）时代机遇。

海尔抓住改革开放的时代机遇，在其他企业重产量时，全面实施质量管理，通过高质量赢得了竞争优势，并积极利用政策优惠扩大企业规模和业务范畴。在中国加入 WTO 后，国内家电市场受到外国品牌冲击，海尔积极践行“三步走”战略，拓展海外市场时采用了“三位一体”的本土化模式。

（2）技术变革因素。

随着互联网的发展，海尔积极从制造业企业转型为智能家居企业，围绕信息化数字化和智能化推出管理模式和平台，以用户为中心，实现企业的转型升级。

（四）创新机制分析

海尔公司从创业初期至今一直坚持开放式创新，从辅助式（1984—1997 年）到互补式（1998—2011 年），最后到迭代式（2012 年至今）。这种开放式创新模式变化过程中伴随着创新能力的变化：辅助式开放创新阶段，主要是引进、改良的创新过程，在这个过程中进行技术积累，形成以学习吸收为核心的技术能力体系；在互补式开放创新阶段，海尔开始尝试自主创新，与外部合作，实现技术的全球领先，逐步建立以自主研发为核心的体系；到迭代式开放创新阶段，自主创新能力已经成为海尔创新的重心，从原有的研发周期长、成本高的“瀑布式”研发模式转型为迭代式创新，通过全球技术网络，适应市场和技术的快速变化，并保障其领先地位，形成以组合迭代为核心的技术创新体系。[88] 海尔公司通过早期的能力积累和后期的创新开放，最终实现了技术赶超。

海尔的创新机制采用了基于开放式创新的平台模式，开放平台和大数据分析为其提供了更多的转化渠道和扩散手段。首先是与线下技术资源网络相结合的线上开放创新平台 HOPE，这是一种社群共创的双向型开放式创新，内外部参与创新活动的主体能够实时交流与合作。线上，为平台用户提供前沿科技资讯以及创新解决方案；线下，将方案转变为满足用户需求的产品。海尔充分贯彻“世界就是我的研发部，世界就是我的人力资源部”的理念，在获取外部资源时，从两方面入手：一方面，建立了全球资源感知网络，对全球家电相关的前沿技术快速响应；另一方面，搭建全球技术资源平台，从而更有效地整合全球资源。[88] 海尔通过接口人制度及集团内部的协同机制，利用开放式创新中心来整合资源。开放式创新中心的技术整合团队有全球寻源团队、竞争情报团队、技术策略团队、技术转化团队和创意团队等，这些团队分工明确、互相促进，帮助海尔将内部的技术需求与外部的技术资源相对接，加快技术创新的步伐。通过开放式创新，海尔将研发重心转移到外部技术应用化的研究上，并且根据用户反馈不断迭代。外部技术在解决问题的同时，分散了研发风险，并且大大缩短研发周期，可以得到更及时的用户反馈，提高生产效率。用户可以通过COSMO平台参与到产品和服务的全流程中。线上，海尔通过社交软件、论坛、门户网站等平台挖掘并认知消费者的主观需求；线下，海尔根据这些需求，借助企业的技术能力，整合营销、物流、服务网渠道进行生产制造。[89]海尔制定了独特的适合开放式创新的薪酬奖励机制，激励员工创新，如赌酬激励机制，将薪酬与市场价值挂钩，主动驱动企业与员工的共赢。

第四节　总结

改革开放以来，中国企业的技术创新意识逐渐增强，目前正在走向从模仿创新阶段提升至国“跟跑、并跑、领跑”国际性企业的新阶段。但是目前面对复杂多变的国际形势，中国很多知名技术企业发展受阻、受限、受挫。其中最受关注的就是中兴、华为近年来遭到的封杀。此时人们才真正意识到，中国企业仍缺乏核心技术开发能力，真正成功实现技术赶超的难度仍然存在。例如，从2019年5月开始，华为受到国际情势的影响，无法使用谷歌应用服务，导致华为手机海外市场份额持续下滑；2020年5月，华为处境更加艰难，因为任何使用美国技术的科技企业都不能再向华为提供相关服务，影响最大的是台积电无法再为华为提供代加工服务，导致华为麒麟芯片无法生产，麒麟1020芯片成为华为的绝唱。华为作为中国高新技术产业的代表企业，其四面楚歌的艰难处境也是我国现阶段企业技术赶超现状的真实写照。

因此，中国企业新时期的技术赶超具有必要性和紧迫性，其关键在于加快颠覆性技术创新和核心技术突破，实现对面向未来的前沿技术的把握。笔者认为，虽然复杂的国际形势带来了技术封杀困境，但同时也为中国企业带来了相对封闭的技术创新环境和孤注一掷进行技术创新的勇气。为此，中国企业须携手共进，努力探索复杂多变国际环境下的技术赶超策略，实现中国技术困境的顺利“破局”。

从创新阶段来看，华为等中国知名企业已经处于引领性创新阶段，应更加关注技术创新路径选择，将科技创新筑基、制度文化赋能作为未来创新路径的核心。我国后发企业可以通过自主研发、并购吸收、开放共创三种路径推进自身逐步实现破坏性技术创新。这三种路径的选择应随企业技术能力、技术路线、产业竞争环境、发展需求等因素的变化而灵活调整使用。因此，本节将对华为、小米、腾讯和海尔未来的 IT 创新进行展望，以期为中国企业新时期的技术赶超提供借鉴。

华为作为中国科技创新的丰碑，自主研发、开放共创、并购吸收三种途径需要兼顾。

在自主研发方面，从决定完全摈弃技术创新的模仿跟随战略后，自主研发一直是华为坚持的理念。未来华为也将继续保持对于研发的投入，通过自主研发提高自身核心技术竞争力。现在华为对于自主研发已经做出了很大努力，例如选择走上 IDM 模式摆脱对台积电的依赖、逐渐构建 HMS 生态模式实现去安卓化、开始自主投入研发芯片缓解“断芯”困境等。

在推进自主研发基础上的开放共创方面，华为可以深化开放式创新理念，强化外部合作机制，将上下游供应商、用户甚至竞争对手纳入技术创新的外部合作生态圈中，以期实现真正的内外创新协同、多元共创、价值共享。对于华为来说，目前国内的战略联盟合作具有相当大必要性，尤其是现在中国企业面临国际困境的情况下，更需要中国企业之间携手并进，开展战略合作。既然国际战略联盟的可能性大大降低，那么华为完全可以转向形成国内技术使用战略联盟和新技术研发战略联盟，联合推进技术创新，实现本土高效协同。

在推进自主研发基础上的并购吸收方面，华为可以从发展需要、盈利状况等多方面综合考量后战略性实施，在一定程度上吸收新的技术，这样也有利于辅助华为催生破坏性技术创新。

小米作为一个底层技术相对薄弱的年轻企业，其体量和研发技术都不及华为、苹果、三星。但是小米一直致力于通过自主创新获得在手机市场的核心竞争力。为此，小米对于研发进行了较高的投入，主要围绕机身、处理器、摄像头、运行内存、机身内存、电池、扬声器、解锁方式和 GPS 定位等功能进行技术创新，并且取得了一定成果。

虽然目前小米必须自己进一步掌握核心技术优势才能解决过于依赖低端机的窘境，向利润更高的中高端机迈进，并且华为正在遭遇的“断芯”危机也给小米带来一定的压力，但是小米的资金和研发投入等方面均不及华为等老牌企业，如果孤注一掷搞自主研发，一味加大研发投入，那么时间周期太长，价值增长也较慢，不符合小米如今展现的战略取舍，也不符合刚上市的小米必须硬刷业绩的现实。

对于小米来说，提高研发能力是必要的，但是不应该“埋头硬干”，因为依靠自己的研发力量是薄弱的。因此小米在保证自己稳步进行核心技术创新时，更需要加强与其他科技巨头之间的差异化合作，例如与华为进行相关专利共享，形成相应战略联盟，共渡目前中国企业面对的国际环境难关，才是正确方法。

此外，小米要想稳步实现国际化，适当收购或合并海外手机厂商是保证出货量和外贸两方面需求的方法，除此之外，还可以在并购的过程中吸收新的技术，催发技术赶超灵感。

腾讯是中国领先的互联网增值服务提供商和云服务商之一。但是腾讯似乎一直给外界一种技术很弱的感觉。笔者认为这是因为腾讯依赖的技术其实很多在业界都有成熟的解决方案，甚至可以在 GitHub 找到参考。对于腾讯来说，成功的关键在于产品而不是技术。

但腾讯并非完全没有技术投入，腾讯目前的核心技术投入主要集中于腾讯云。目前腾讯云通过自研技术和产品体系的不断创新，以及服务规模和能力的不断扩大和提升，已经完全具备了服务于中国千行百业不同用户需求的能力，足见腾讯的技术实力并不低。

腾讯的核心竞争力在于流量和平台优势，所以技术创新和赶超并不需要一味模仿华为和小米等高新技术产业的自主创新。若真要进一步进行技术研发，未来腾讯的赶超重点应该首先落脚于完善自身研发体系，若迟迟不解决自身没有技术领军人物、CTO 缺位直接导致技术式微的问题，那么技术理念是很难强力输出到各业务组，从而辐射影响全集团业务的，那样的话，腾讯的技术创新和技术赶超效率都很难得到提高。

不同于华为、小米等通信企业，海尔是家电行业的领军企业，其创新能力已达世界级水平，主要体现在智能家具集成、网络家电、数字化、新材料等技术领域。

目前以及不久的将来，发展 IoT 领域已经成为国内家电行业重要共识，并且海尔是这个领域的行业领跑者之一。但是海尔作为一个传统制造型企业，其进度和成果落地都显得相当缓慢，出现了“先发后至”局面。

要缓解面临的技术困境，海尔需结合自身发展情况制定策略。一方面，与华为等不同，海尔不应当大规模进行海外并购吸收。因为海尔过去已经为了国际化不断收购海外家电品牌、扩充产品线，从而一定程度上导致了海尔净利润不乐观。因为海尔每扩充一个品牌都需要投入一定的资金和精力，要持续维护并支撑产品线的发展，这无形中也让海尔内部的整体成本增加了很多，一定程度上增加了技术创新、研发投入的压力。

另一方面，同行业者已经纷纷进行跨产业技术合作，借助 IT 技术巨头流量入口激活 IoT 已经成为行业的大趋势。例如美的与华为、小米等互联网巨头建立合作机制；格力与阿里人工智能实验室达成战略合作协定。在这样的产业竞争环境中，海尔在新时代的发展中固然要保持自身技术创新节奏，但更应关注并扩大开放共创的技术创新趋势。

总而言之，复杂多变环境下的中国企业技术赶超注定是艰难的过程，但是我们应该相信困难只是暂时的，中国企业从不缺乏“置之死地而后生”的勇气、能力和信心。就像华为不惜舍弃荣耀系列，不仅体现中国企业“壮士断腕”的勇气，也展现出中国企业面临危机自救时仍有实现共赢的战略布局。正所谓：雄关漫道真如铁，而今迈步从头越！

回望历史，技术发展过程崎岖坎坷；展望未来，技术赶超目标永不言弃！

参考文献

[1] 许晓明，宋琳．基于在位企业视角的破坏性创新战略研究综述及应用模型构建［J］．外国经济与管理，2008，30（12）：1-9.

[2] HOBDAY M. East Asian latecomer firms：Learning the technology of electronics［J］. World Development，1995（23）：1171-1193.

[3] MATHEWS J A，CHO D-S. Combinative capabilities and organizational learning in latecomer firms：The case of the Korean semiconductor industry［J］. Journal of World Business，1999，34（2）：139-156.

[4] 谢福泉．破坏性创新的影响因素研究——基于在位企业和后发企业的比较［J］．探索与争鸣，2011，1（12）：82-85.

[5] 伦斯·巴顿，符彩霞．组织危机管理［M］．北京：清华大学出版社，2002.

[6] 任秀峰．技术赶超中的模仿与创新［D］．云南大学，2016.

[7] 易先忠．自主创新、技术模仿与中国技术赶超 [D]. 湖南大学，2008.

[8] KIM L. Stages of development of industrial technology in a developing country: A model [J]. Research Policy, 1980, 9 (3): 254-277.

[9] LEE J, BAE Z, CHOI D. Technology development processes: A model for a developing country with a global perspective [J]. R&D Management, 1988, 18 (3): 235-250.

[10] GAO X. Technological capability catching up: Follow the normal way or deviate [D]. Cambridge: Massachusetts Institute of Technology, 2003.

[11] 吴先明，苏志文．将跨国并购作为技术追赶的杠杆：动态能力视角 [J]. 管理世界，2014 (4): 146-164.

[12] 吴东，吴晓波．技术追赶的中国情境及其意义 [J]. 自然辩证法研究，2013 (11): 45-50.

[13] GUAN J C, RICHARD C M, TANG E P Y, et al. Innovation strategy and performance during economic transition: Evidences in Beijing, China [J]. Research Policy, 2009, 38 (5): 802-812.

[14] CHOUNG J Y, JI I, HAMEED T. International standardization strategies of latecomers: The cases of Korean TPEG, T-DMB, and binary CDMA [J]. World Development, 2011, 39 (5): 824-838.

[15] 应瑛，刘洋．后发企业追赶理论：描述、引用与共词分析 [J]. 科研管理，2015, 36 (11): 11-20.

[16] WONG POH-KAM. National innovation systems for rapid technological catch-up: An analytical framework and a comparative analysis of Korea, Taiwan and Singapore [A] //Paper Submitted to the DRUID Conference on Innovation Systems [C]. Den-mark: [s. n.], 1999: 247-277.

[17] 熊彼特．财富增长论 [M]. 西安：陕西师范大学出版社，2007.

[18] CHRISTENSEN M. The innovator's dilemma: When new technologies cause great firms to fail [M]. Boston: Harvard Business School Press, 1997.

[19] SCHUMPETER J A. The theory of economic development [M]. Harvard Business Press, 1934.

[20] KIM L. Imitation to innovation: The dynamics of Korea's technological

learning [M]. Harvard Business School Press, 1997.

[21] 赵晓庆，许庆瑞．企业技术能力演化的轨迹 [J]. 科研管理，2002 (1).

[22] ABEMATHY U. The dynamics modelof product and process innovation [J]. Omega, 1976 (3): 639-655.

[23] 傅家骥，等．技术创新学 [M]. 北京：清华大学出版社，1998.

[24] 魏江．企业技术能力论 [M]. 北京：科学出版社，2002.

[25] 唐春晖，唐要家．企业技术能力与技术创新模式分析 [J]. 辽宁大学学报（哲学社会科学版），2006 (1): 121-125.

[26] 许庆瑞，吴志岩，陈力田．转型经济中企业自主创新能力演化路径及驱动因素分析——海尔集团 1984—2013 年的纵向案例研究 [J]. 管理世界，2013 (4): 121-134+188.

[27] 张军，许庆瑞，张素平．企业创新能力内涵、结构与测量——基于管理认知与行为导向视角 [J]. 管理工程学报，2014, 28 (3): 1-10.

[28] 粟进，宋正刚．科技型中小企业技术创新的关键驱动因素研究——基于京津 4 家企业的一项探索性分析 [J]. 科学学与科学技术管理，2014, 35 (5): 156-163.

[29] 杜楠，王大本，邢明强．科技型中小企业技术创新驱动因素作用机理 [J]. 经济与管理，2018, 32 (2): 81-88.

[30] DOSI G. Sources, procedures, and microeconomics of innovation [J]. Journal of Economic Literature, 1988, 26 (3): 1120-1171.

[31] DUTTA S, NARASIMHAN O M, RAJIV S. Conceptualizing and measuring capabilities: Methodology and empirical application [J]. Strategic Management Journal, 2005, 26 (3): 277-285.

[32] 曹丽艳．后发企业的创新选择及其破坏性创新的路径研究 [D]. 哈尔滨理工大学，2014.

[33] 约瑟夫·熊彼特．经济发展理论 [M]. 北京：商务印书馆，1990.

[34] 臧树伟，李平．基于破坏性创新的后发企业市场进入时机选择 [J]. 科学学研究，2016, 34 (1): 122-131.

[35] 彼得·德鲁克．创新与企业家精神 [M]. 北京：机械工业出版

社，2007.

[36] 俞文钊，刘建荣．创新与创造力：开发与培育 [M]. 大连：东北财经大学出版社，2008.

[37] 张奇．新经济时代产品创新策略探讨 [J]. 科技进步与对策，2002，19 (2)．

[38] 梅其君．产品创新：科技型中小企业的生存与发展之道 [J]. 科技成果纵横，2001 (2)．

[39] 严驰．科技型新创企业产品创新策略研究 [D]. 电子科技大学，2020.

[40] 张婧，赵紫锟．响应型和主动型市场导向对产品创新和经营绩效的影响研究 [J]. 管理学报，2011，8 (9)：1378-1386.

[41] 郁培丽，石俊国，窦姗姗．破坏性创新企业市场进入与策略选择 [J]. 软科学，2013，27 (8)：26-30.

[42] 李平，臧树伟．基于破坏性创新的后发企业竞争优势构建路径分析 [J]. 科学学研究，2015，33 (2)：295-303.

[43] 吴佩，姚亚伟，陈继祥．后发企业颠覆性创新最新研究进展与展望 [J]. 软科学，2016，30 (9)：108-111.

[44] LOCH C H，KAVADIAS S. Handbook of new product development management [M]. Burlington，MA：Butterworth Heinemann-Elsevier，2008.

[45] 彭正龙，王海花．企业社会责任表现对开放式创新绩效的影响 [J]. 经济管理，2010 (1)：142-147.

[46] MARCH J G. Exploration and exploitation in organizational learning [J]. Organization Science，1991，2 (1)：71-87.

[47] 葛秋萍．开放式创新的国内外研究现状及展望 [J]. 科研管理，2011，32 (5)：43-48.

[48] 苗文斌，吴晓波．影响技术赶超的动因分析——以中国化纤产业为例 [J]. 技术经济，2006 (4)：40-41+31.

[49] 任妍．中国产业赶超型自主创新研究 [D]. 吉林大学，2016.

[50] MOWERY D C，ROSENBERG N. Paths of innovation：Technological Change in 20th Century America [J]. Review of Industrial Organization，2000，16 (3)：319-321.

[51] 贺光辉．华为公司技术创新战略研究 [D]．东南大学，2018.

[52] 舒丽慧，陈工，陈政融．后发企业原始性创新能力形成的创新范式——基于华为公司的案例研究 [J]．广西财经学院学报，2020，33 (3)：43-54.

[53] JUCEVICIUS G，GRUMADAITE K. Smart development of innovation ecosystem [J]. Procedia - Social and Behavioral Sciences，2014 (156)：125-129.

[54] 胡京波，欧阳桃花，曾德麟，等．创新生态系统的核心企业创新悖论管理案例研究：双元能力视角 [J]．管理评论，2018，30 (8)：291-305.

[55] GASSMANNO，ENKELE C，HESBROUGH H. The future of open innovation [J]. R&D Management，2010，40 (3)：213-221.

[56] BERG C，ALEXANDER AT. The openness of open innovation in ecosystems-integrating innovation and management literature on knowledge linkages [J]. Journal of Innovation & Knowledge，2019，4 (4)：211-218.

[57] 成琼文，赵艺璇．企业核心型开放式创新生态系统价值共创模式对价值共创效应的影响——一个跨层次调节效应模型 [J/OL]．科技进步与对策，2021：1-10. http：//kns. Cnki. net/kcms/detail/42. 1224. G3. 20210304. 1104. 012. html，2021-05-31.

[58] 吴晓波，聂品．技术系统演化与相应的知识演化理论综述 [J]．科研管理，2008，29 (2)：103-114.

[59] ZHAO H X，TONG X S，WONG P K，et al. Types of technology sourcing and innovative capability：An exploratory study of singapore manufacturing firms [J]. The Journal of High Technology Management Research，2005，16 (2)：209-224.

[60] 李新剑．后技术赶超时期创新赶超模式研究——创新网络构建视角 [J]．科技进步与对策，2019，36 (21)：26-34.

[61] 董洁林，李晶．企业技术创新模式的形成及演化——基于华为、思科和朗讯模式的跨案例研究 [J]．科学学与科学技术管理，2013 (3)：3-12.

[62] JOHNSON S，MENOR L J，ROTH A V，et al. A critial evaluation of

the new service development process: Integrating service innovation and service design [A] //FITZSIMMONS J A, FITZSIMMONS M J. New service development: Creating memorable experences [M]. CA: Sage Publications, Inc., 2000: 1-32.

[63] 冯立杰，杜靖宇，王金凤，岳俊举. 颠覆式创新视角下后发企业价值网络演变路径 [J]. 科学学研究，2020，37 (5): 175-183.

[64] 王金凤，于飞，冯立杰. 市场环境影响下颠覆式创新实现路径研究 [J]. 科技进步与对策，2020，37 (5): 1-9.

[65] 程鹏，柳卸林，李洋，等. 本土需求情景下破坏性创新的形成机理研究 [J]. 管理科学，2018，31 (2): 33-44.

[66] O'REILLY III C AO, TUSHMAN M L. Ambidexterityasa dynamic capability, resolving the innovator's dilemma [J]. Research in Organizational Behaviour, 2007 (28): 185-206.

[67] QUELIN B V. Innovation, new market and governance choices of entry: The internet broker age market case [J]. Industry & Innovation, 2006, 13 (2): 173-187.

[68] CLEMONS E, ALMADHANI N. Regulation of digital businesses with natural monopolies or third-party payment business models: Antitrust lessons from the analysis of Google [J]. Journal of Management Information Systems, 2010, 27 (3): 43-80.

[69] 杨学成，陶晓波. 从实体价值链、价值矩阵到柔性价值网——以小米公司的社会化价值共创为例 [J]. 管理评论，2015，27 (7): 232-240.

[70] 董洁林，陈娟. 无缝开放式创新：基于小米案例探讨互联网生态中的产品创新模式 [J]. 科研管理，2014，35 (12): 76-84.

[71] 宁烨，刘南荻，王姗姗. 跨文化情景下组织试错学习机理研究 [J]. 管理科学，2016，29 (2): 29-41.

[72] 王露，苏雪琦. 小米科技的创新模式研究——基于需求侧创新理论 [A] //Proceedings of 2017 4th International Conference on Economic, Business Management and Education Innovation (EBMEI 2017) [C]. Singapore Management and Sports Science Institute, Singapore, Hong Kong Education Society, Hong Kong: 智能信息技术应用学会，2017: 6.

[73] 袁帅. 分形创新演化小米生态链/亿欧解案例 [EB/OL]. ht-

tps：//www. iyiou. com/news/20200303124397，2020-03-03.

［74］刘凤．腾讯公司发展战略研究［D］. 石河子大学，2015.

［75］刘静，范景明．创新价值链视角下中国互联网企业产品创新机制研究——基于腾讯 1998—2016 嵌套式多案例分析［J］. 科研管理，2019，40（5）：35-46.

［76］夏清华，何丹．企业成长不同阶段动态能力的演变机理——基于腾讯的纵向案例分析［J］. 管理案例研究与评论，2019，12（5）：464-476.

［77］左红武，李泽建，周艳兰．后发企业破坏性创新路径研究——基于互联网金融的多案例分析［J］. 重庆理工大学学报（社会科学版），2019，33（12）：80-94.

［78］王晓冰．腾讯创新力：从用户体验到用户洞察［J］. 商业观察，2017（6）：48-51.

［79］王淑艳．基于知识管理视角的企业创新能力提升研究［D］. 河南大学，2016.

［80］陈懋昕．产品创新战略在互联网企业的实践与路径研究——基于腾讯微信的案例分析［J］. 中国市场，2021（8）：167-168.

［81］韩卓洋．企业专利布局探析——以腾讯公司为例［J］. 现代商业，2020（22）：17-19.

［82］杨震震，霍雅婧．价值共创视域下商业生态系统模式探析——以“腾讯”为例［J］. 中国市场，2021（6）：195-196.

［83］许庆瑞，李杨，刘景江．结合制造与服务逻辑发展企业创新能力——基于海尔集团的纵向案例研究［J］. 科研管理，2020，41（1）：35-47.

［84］郑帅，王海军．模块化下企业创新生态系统结构与演化机制——海尔集团 2005—2019 年的纵向案例研究［J］. 科研管理，2021，42（1）：33-46.

［85］韦影，周梦祎．智能制造转型背景下企业动态能力的演化——海尔 1992—2017 年纵向案例研究［J］. 科技管理研究，2019，39（22）：261-267.

［86］ZHOU J，LI P，ZHOU Y，et al. Toward new-generation intelligent manufacturing［J］. Engineering，2018，4（1）：11-20.

[87] 江梦婷. 论企业家的创业与守业——以海尔集团为例 [J]. 中小企业管理与科技（下旬刊），2020（12）：74-76.

[88] 梁海山，魏江，万新明. 企业技术创新能力体系变迁及其绩效影响机制——海尔开放式创新新范式 [J]. 管理评论，2018，30（7）：281-291.

[89] 江淑芳. 互联网思维视角下商业模式创新演化过程研究 [D]. 东北财经大学，2016.

第三章　复杂多变环境下中国知名企业的蓝军战略①

在当今复杂多变的 VUCA 时代，国际市场环境的易变性、不确定性、复杂性和模糊性已经成为一种新常态。2020 年，突如其来的新冠肺炎疫情更冲击着原有世界经济格局，使得全球产业链表现出较强的“脆性”。面对国际环境的变化，中国企业如何能够锻造自身的组织韧性以应对危机，如何在变局中开新局，无疑成了企业家与管理学者共同关心的话题。

本章共分三节。第一节是组织动态能力与组织韧性的相关理论，旨在阐述蓝军战略的理论基础与创新；第二节分别从组织韧性、蓝军战略内涵与组织特征视角，洞察了蓝军战略锻造高韧性组织的实现路径；第三节选择国内实施蓝军战略的知名企业作为典型案例，对华为、腾讯、阿里巴巴和联想进行分析，发掘其蓝军战略实践的有效措施，以期为我国企业提供有价值的管理参考。

第一节　相关理论

一、组织动态能力的相关研究

企业的产业结构与战略定位在传统的企业战略理论中被广泛讨论，而企业资源观将其扩展到了企业内部组织的角度，这更好地阐释了企业如何从内部获得自身的竞争优势，以及如何持续保持这种竞争优势。[1] 然而，

---

① 本章内容由霍伟伟带领团队完成，主要成员包括袁鑫泽、徐心怡、宋梦理、严思远、龚靖雅、郑满意，解佳颖、郭雅琦、蒯和静、吴泽方、范伊璠、郭师言、杨卓然、徐一欣、胡佩瑶同学亦对该内容有贡献。该研究受国家自然科学基金项目（72072110）、上海市哲学社会科学规划课题（2019BGL001）、上海市 2020 年度“科技创新行动计划”软科学重点项目（20692109100）资助。

有研究指出：当面对易变性、不确定性、复杂性和模糊性极强的外部营商环境时，企业资源观却通常无法完全解释“在一个不断变化和几乎不可预测的环境下，为什么有些企业仍然具有竞争优势并且能够持续保持”。[2]

在瞬息万变的市场环境中，企业竞争优势的获取和保持来源于管理者为了应对多变的营商环境而研究和整合各种内外部资源的能力，尤其是对知识资源的控制与利用。企业资源观关注的内容是以资源本身为中心的，即可获取的物质资源，包含人力资源、设备器械，以及可供使用的公共资源等。而改造以上物质资源的过程与能力被定义为企业的动态能力。组织动态能力强调在复杂多变的环境下，企业对资源整合、构建和调整以适应外部环境的能力，这进一步扩展了企业资源观。[3]

通过回顾以往研究发现，企业动态能力的研究主要分为两大派别。持“能力说”的相关研究学者认为：动态能力是组织所具备的、通过对本身的实力和资源进行重组而有效应对持续变化的商业环境的能力，包括对企业现有资源重新整合和对新资源的获取。[4-5]而 Zollo 等（2002）[6]则更偏向于认为：动态能力是企业所选取的一种相对平稳的运营方式，它是企业关于普通运作管理模式的延续和创新，可以通过学习和借鉴提高企业效能。[7]尽管多年来各个研究流派对组织动态能力的定义及阐释各不相同，不过学者们普遍倾向于认为：动态能力不仅仅是一种与时俱进的组织学习能力，更是一种涉及资源配置和新知识获取的行为。[1]

相关研究发现：企业导向、知识管理、资源整合、组织学习等因素可以驱动组织动态能力的形成，竞争优势、新产品开发、企业文化也能够推动动态能力的发展。[8-9]动态能力可以使企业在快速变化的商业背景中提高自身的核心竞争力，结合“探索”与“应用”的研究框架，当外部环境动态性较强时，探索型突破式动态能力更能适应环境的需求，使企业可以更早地察觉先机；而在环境动态性较弱时，应用型渐进式动态能力可以使企业更好地整合、配置已有资源，以提高企业的竞争优势。[10]夏清华等认为：在开放式创新条件下，动态能力可以在后发企业进行技术并购以实现技术追赶、快速提高创新能力的过程中发挥巨大作用。[11]

目前，国际形势复杂多变、技术革新浪潮不断，企业如何在动态环境中利用和整合内外部资源、提升组织动态能力和韧性已成为企业能否成功的关键。[12]事实上，成功的案例并不少见。腾讯就是一家将动态能力运用到极致的企业，面对快速变化的市场环境和客户需求，它通过在创业、成长和成熟这三个阶段对动态能力的不断发展和调整，最终实现了企业的持续成长。2013 年以来，腾讯进行了近 300 次投资创业与多元的技术布局，在动态环境中不断对产品进行迭代创新，成功打造了良性的企业生态系统。海尔也是通过三个阶段的动态能力演化一直走在家电企业的前端。在不确定性成为企业新常态的当下，企业更需要打造和发展动态能力以实现可持续发展。

二、组织韧性的相关研究

以往管理实践中，组织往往通过强调规则与制度来提升企业经营效率，而这种科层制度不仅不能适应当前复杂多变的外部商业背景，还成为企业发展的障碍。[13]2020 年的新冠肺炎疫情对我国经济发展的负面影响已经出现，从全国企业破产重整案例信息网显示的数据来看，当年仅第一季度披露在网站上的破产企业的案例总量就达到 6272 件。[14]众多企业在经历了危机之后，自我修复、反弹复苏的能力较弱。与之相反，在“非典”疫情期间，一名阿里巴巴员工感染 SARS 病毒导致公司 400 人全部被隔离。而阿里巴巴仅在半天的时间内就帮助员工在家里装上了宽带，马云与全体员工转为线上办公。面对突然的危机，阿里巴巴 B2B 业务并没有受到太多影响，淘宝正是诞生在这个关键时期。

“韧性”源于物理学的概念，其反义词是“刚性”。韧性是指物体兼具“刚”和“柔”两种特质，柔而不弱、刚而不脆。随着“韧性”这一词汇被引入管理学领域，组织韧性影响企业可持续发展的话题日益被关注。[15]组织韧性是指：组织在不利环境冲击下仍能够恢复、反弹、连续调整以适应非连续变化并逆势成长的能力。[16]一个组织越灵活，即组织韧性越强，就越容易抵御危机，实现快速自愈和逆转增长。只有高韧性的组织才能适应不断变化和充满挑战的环境。[17]企业组织韧性的构建是一个不断变化的过程，可以根据企业的优先战略和商业节奏来培育，以提高应对时刻出现的挑战和风险的能力。[18]此外，组织韧性还包含对重要信息的捕捉和处理，有助于企业在变化的环境中制定符合当下的战略模式。

组织韧性与组织的学习、适应和自我组织能力有关。Linnenluecke（2017）[19]的研究表明，组织韧性不但能帮助公司摆脱困境，还能帮助企业创造新的机遇，促使企业快速发展。对处于不确定环境中的企业来说，具有较强组织韧性的企业不仅更容易应对商业环境中的风险和不可预测的变化，同时也能察觉市场变化并及时做出反应，从而促进企业的快速发展。[20]曹仰锋（2020）[21]最新的研究指出，企业应该坚持以创新为导向的发展战略，提高产品与市场的匹配度，以达到提高组织韧性、实现经营逆流而上的目的。

以往研究对于组织韧性的探讨主要聚焦于防御性、逆成长性、预期性三个方面。[22-26]防御性重点关注的是组织在遭遇危机事件干扰后，恢复其正常经营水平的能力；[23]逆成长性是指组织通过主动性的调整，使自身在应对危机事件过程中完成组织能力的进化与提升；[27]预期性则要求组织能够识别潜在风险，并积极做好应对。[28]尽管目前理论界对于组织韧性的研究热度不断升温，但也呈现一些不足：其一，现有文献对于形成组织韧性的路径、内外部因素的探索比较缺乏，多数研究是以理论推演为主，侧重于概念内涵和原则的探讨；[29]其二，学者们对于组织韧性的探讨，多数聚焦于组织内部的战略、行为等视角的分析，[30]而当组织面临危机时，外部环境和组织的因素也是不可忽略的，未来需要从组织的内外部视角开展整合分析。

三、组织韧性与动态能力的关系

近年来，复杂多变的国际形势进一步加剧了企业所在商业环境的VUCA特征，使得应对不稳定、不确定、复杂的环境成为企业“新常态”。达尔文在《进化论》中提出的“适者生存”充分诠释了VUCA时代下市场竞争的特征，企业的动态能力也成为衡量其竞争力的关键。路江涌（2020）将危机划分为不同阶段，提出了韧性组织的特征，即危机前的高可靠性、危机早期的应急指挥系统、中期的正念领导以及后期的反思变革。[31]

组织的动态能力在不同环境中的具体表现、作用效果有所不同。当组织的外部环境变化非常剧烈时，动态能力往往表现得比较简单，应对性也较弱，比较强调快速的调整和应对；而当外部环境变化较弱时，动态能力通常表现得比较稳定，具有明确并且很强的战略连续性，其结果比较容易预测。

动态能力理论指出，企业获得竞争优势的关键在于企业可以通过学习和动态调整来适应环境变化。[30-31]组织韧性所涵盖的三个方面——防御性、逆成长性、预期性与动态能力有着千丝万缕的联系。防御性及预期性强调反思改进与路径突破，与动态能力中的改良性动态能力、改良性学习密切相关；逆成长性与动态能力中的探索性动态能力、探索性学习密切相关。组织韧性可以提升企业发展战略适应的灵活性，这种灵活性能够更好应对当前多变的国际局势和复杂的竞争环境，同时也为不同形式的发展战略提供可能性。在面临局势的巨大变化时，组织韧性使得企业能够在适应和稳定之间做出抉择，并通过鼓励企业创建不同的投资组合资产以达到战略的敏捷性，提高企业发展战略的灵活性和资源配置的高效性。[20]基于较高程度的组织韧性，能够建立一套完善的战略分析和战略决策指导系统。

因此，组织韧性是企业动态能力的一个重要组成因素，尤其在外部环境巨变的情境下更是增强企业战略敏捷性的重要路径。换言之，组织韧性使得企业在面临外部环境变化时能实现适应与稳定二者之间的平衡。组织通过不断调整经营活动、优化资产组合来提高组织韧性，从而增强其战略敏捷性，达到较高的战略制定和资源配置水平。

第二节　蓝军战略锻造组织韧性的路径分析

一、组织韧性的重要性

2020 年，伴随新冠肺炎疫情的出现，全球经济陷入波动的浪潮中。实体经济遭受重创，生产链条紊乱，资本市场大起大落。美国当地时间 4 月 20 日，WTI 原油期货 5 月结算价跌至负值，从跌破 10 美元到最后跌至每桶-37.63美元（折合人民币约-246.15 元），原油进入“负石油时代”。这是因受疫情影响，全球对原油的需求暴跌，原油的储存受到存放空间等物理因素的限制，最终使得油价崩盘。[32]类似于“新冠肺炎疫情”，历史上的“海湾战争”、“9·11”事件、“2008 年金融危机”等，我们都称之为逆境事件。

《反脆弱》一书中提到：“风会熄灭蜡烛，却也能使火越烧越旺。”当发生不确定的危机时，你可以选择怎么去面对。逆境事件具有VUCA条件下的突变式、意外式双重特征，对组织生存与发展造成严重的中断性或颠覆性冲击。[16]在全球价值链、供应链及创新链日益深化的背景下，逆境事件很容易造成全球社会与具体事件的大范围脆弱性。有学者认为，在VUCA四个要素的叠加下，灾难危机和黑天鹅事件的频发性与破坏力大幅提升，国家、企业、个人都无法独善其身。[33]2020年的全球新冠肺炎疫情也给了中国企业一记重锤。面对未来复杂多变的经济、社会环境，企业如何保持较强的适应性和持续发展能力、如何锻造组织韧性，无疑是中国企业需要迫切考虑的问题。

二、蓝军战略的内涵

（一）蓝军战略的逻辑

企业的脆性问题主要来源于两个方面：其一，企业在创新过程中时常会陷入由内部战略、管理、资源配置习惯所造成“能力陷阱”问题；[34]其二，企业在发展过程中，当无法有效面对外界激烈竞争所造成的困境时，很容易陷入“竞争陷阱”，进而导致企业的没落。

“蓝军”一词源于军事模拟实战，代表假想的地方部队，其存在的目的在于模拟对抗、提升“红军”的战斗力。[35]蓝军在商业领域的应用如IBM类似蓝军的“外部人角色”策略、eBay专门建立的用于模仿黑客的蓝军工具等。综合以上理论与商业实践中对蓝军的定义，我们认为既可以将其视为组织中负责颠覆性、变革性创新的战略部门，为组织重大决策提供不同观点的参谋部门，即一个有形的组织部门构念；又可以将其视为一种战略决策的核心逻辑与方法，存在于组织的方方面面，以帮助实现组织创新、缓解内部冲突以及变革发展。

1. 知己知彼：动态竞争下的蓝军战略

资源学派认为，一个企业成长与发展的核心基础是能力，其动态能力与资源的价值性和稀缺性决定了该企业的竞争优势。[35-36]然而，Levitt和March（1988）[37]指出，核心竞争力与资源积累的过程可能是一条非线性的曲线，也可能在某个时期陷入低谷中。这一低谷，即使是按照计划安排的组织学习也未必能打破，反而有可能使企业陷入两难的困境之中。在实

际的企业管理实践中，企业可能陷入“开发路径依赖”和“探索持续失败”两种能力陷阱之中。

开发性创新或称为渐进性创新，往往由于其拥有稳定性较高的短期收益而受到组织的欢迎，组织往往会根据现存的知识、资源和能力找到切实可行的解决方案。特别是在组织外部环境较为稳定的情况下，组织会因没有动力和需求来推行探索性创新，从而突破已有的组织战略。已有的研究发现，像这种一味遵循渐进性创新路径的“组织短视症”行为，会使组织陷入能力与成功陷阱之中，这导致了对组织革新活动路径的依赖（即太多的创新局限于基于历史经验的组织行为），而忽略了其他潜在的机会和市场，剥夺了组织感知和适应外部环境风险的能力。[38]特别是在如今复杂多变的商业背景下，若组织执意沉迷于过去的竞争优势，错过学习新技术的时机，则将面临较强的组织脆性，阻碍其自身的持续健康发展。

探索性创新或称为颠覆性创新，是指组织在背离已有技术、成熟市场后寻找的外部升级，以实现颠覆性的战略创新。[38]但颠覆性创新活动具有高风险等特征，故而它的成功率远低于渐进性创新。当组织对创新失败的敏感度提升时，就会进一步增加对颠覆性创新的投入，这将很容易使组织陷入“持续探索失败”的低谷中，即颠覆性的革新极有可能面临多次失败，而对失败的敏感度和失败带来的压力会再次促使组织加大对颠覆性革新活动的投资，形成“探索—失败—再探索”的恶性循环。[39]

广义上的动态竞争分为三个层次，即动态竞争、竞争互动的动态化、竞争动力学，企业必须要采取不同的竞争行为才能获得竞争优势。[40]在商业实践领域，为解决能力陷阱问题，海尔CEO张瑞敏强调“要学会自己跟自己博弈”，充分运用蓝军战略中的异质思维，自主创造冲突的环境，帮助企业摆脱能力陷阱。[41]面对动态竞争的问题，戴伊开具了四个“药方”：①对动态竞争环境当中的竞争优势有深刻的理解与把握；②对竞争对手的行为进行合理预测；③主动去完成动态竞争战略的构建；④面对不同的竞争战略时，做出针对性的有效选择。[42]采用蓝军战略的主要目的是：其一，使企业做到“知己”，相比于企业内部传统的以绩效为导向的职能部门，蓝军更加不怕风险、不怕失败，更能避免持续探索失败问题。其二，“知彼”，模仿对手的思维、行为、组织模式，预测对手及潜在的威胁者的下一步行动，抢占市场制高点，避免能力陷阱问题，进而获取动态竞争优势。

2. 主动防御：蓝军增强组织韧性

在由全球各种黑天鹅事件所带来的经营环境发生重大变化的时期，如何采用有效路径提升组织韧性，进而妥善、成功地应对危机，成为企业考虑的首要现实问题。[43]蓝军战略与传统的规模成长战略有所不同，“假想敌”是蓝军战略的核心内涵，蓝军战略始终秉持“只有自己能打败自己”的宗旨，从组织内部审视战略的合理性及其实践性，以确保组织目标的全面落实。具体而言，蓝军战略的“主动防御”特征主要体现在以下三个方面：

（1）主动模仿。

蓝军战略主要通过不断模仿竞争对手，并与企业内部主要业务部门即“红军”开展对抗竞争，提升企业自身的能力，防止“组织短视症”行为。同时，在红蓝对决之外，蓝军战略也会帮助企业建立更为柔性的生态系统，并鼓励竞争对手与自己的传统优势开展竞争，建立与之的竞合关系。

（2）不断迭代。

与传统规模竞争战略的“一次到位、不可逆、业务驱动、KPI推进”有所不同，蓝军战略是“螺旋—循环”模式。所谓螺旋—循环是指：蓝军战略的决策思维是可逆的、不断迭代且螺旋上升的，并且强调决策步骤从小范围测试开始，不断进行验证与试错，鼓励探索并追求生生不息。

（3）以进为退。

蓝军战略强调“最好的防御就是进攻”，主张组织应当敢于主动出击，敢于破釜沉舟，背水一战。[44]蓝军部门对于员工的培养，强调通过获取多元化的信息来提升员工技能、知识、能力，尤其是提升员工的质疑能力和创新能力，在产生新的知识与洞察的过程中不断质疑原本的假设，形成“在对抗中不断趋于完善”的思维模式。

（二）蓝军战略的管理特征

1. 依托“火线”闭环，形成快速反应的“三台架构”

蓝军战略非常强调组织决策的灵活性、有效性与闭环性，实施蓝军战略的组织通常会建立“三台架构”。具体而言就是：①直接面对市场和用户的前台团队反应的灵活机动性尤为重要，蓝军的存在要为“火线”上的问题提供直接、有效的解决方案。例如，华为的蓝军“铁三角”就既保障了团队成员之间的跨界合作，又提供了部门之间协同配合的渠道。②对于中台和后台而言，首要目标是破解源于“火线”的真实问题、突出问题，并提供快速、闭环的解决方案，实现团队之间、部门之间、组织与外部环境之间的跨界合作。

2. 不断复盘与迭代，打造容错型组织文化

蓝军组织作战模式突出的重要特征是：主动试错，不断在迂回迭代中找到最精益的路径，在短周期内利用最小学习成本测试各种可能性。蓝军组织要求较高的组织柔性以及较强的容错文化，即在大规模产品或服务投放前开始多点多轮测试，在排除错误的同时接纳创新的元素。[45]尽管蓝军组织的不断复盘与迭代，可以使组织对潜在风险进行实时探析与控制，但需要一定的前提条件，其中最为重要的条件就是打造容错型的组织文化，形成不断完善的“螺旋—循环”模式。

3. 借鉴风险投资激励机制，激发员工的内生动力

组织内的蓝军与红军间是可以相互转化的，二者有着不同的资源和文化。例如，Google X 研究实验室就是典型的蓝军，在这里的多数项目只限于两年内开发，否则就会被抛弃；项目开发成功后会被转到谷歌，或者被剥离出来成立新公司，或者被授权给其他方。当面对复杂的外部变革挑战时，作为挑战方的蓝军组织需要进行颠覆性创新，其核心在于激发企业内部的创业活动，培养内部企业家精神，以实现创新突破。[46]在此情境下，可以考虑引入期权的概念以确保在急剧变化而又充满机遇的市场上既不丧失创新机会，又能降低创新成本和创新风险，将公司多元化的创新活动看作提高未来期权价值的战略行为。任正非曾公开表示：“一个人不管如何努力，永远也赶不上时代的步伐，更何况在知识爆炸的时代。只有组织起数十人、数百人、数千人一同奋斗，你站在这上面，才摸得到时代的脚。”[47]

4. 聚焦核心业务，坚持长期价值导向

蓝军组织的目标是通过与“红军”组织开展竞争，以实现企业整体战略的持续发展，其中不可忽视的前提是“坚持长期价值导向”。以华为为例，自公司创办以来，他们抵制快速赚钱的巨大诱惑，从来不追求当期利

润的最大化；在大机会时代，他们对机会主义说不，总是专注于管道战略，以获得未来可持续的投资。[48]除了自主创新外，华为还致力于开放创新，与全球百余所大学和研究机构开展合作，与多位诺贝尔奖获得者、院士、数千名学者同行。华为长期坚持投资未来，其重要的蓝军组织就是“2012 实验室”。

三、蓝军战略锻造组织韧性的路径分析

（一）锻造组织韧性的难点

与组织韧性相对的概念是组织脆弱性，它是指企业的组织体系容易被内外部环境的变化所破坏的性质，主要由三个维度构成：暴露性、易感性、适应力。[49]过去，中国企业往往聚焦以静态组织效率为核心的稳定结构，但单纯依靠制度红利和规则管理来提升企业经营效率的管理策略，已经不能与当下充满不确定性的环境相适应、相契合，反而会制约企业未来的发展。[50]中美贸易摩擦、新冠肺炎全球流行等大型危机事件增加了全球政策的不确定指数，组织需要强大的“组织韧性”去支撑这种内外部的颠覆式革新。[51]

整合以往研究发现：锻造组织韧性通常可以从预期性、防御性、逆成长性三个方面开展工作。[22-26]其中，预期性要求组织能够预先识别潜在风险，并积极做好应对措施；[28]防御性重点关注的是组织在面对危机事件干扰时，恢复其正常经营水平的能力；[23]逆成长性指组织通过主动性的调整，使自身在应对危机事件过程中完成组织能力的进化与提升，是更高层面的要求。[27]

从组织应对危机的时间角度出发，组织韧性生成可以分为主动响应、修复破坏、反弹成长三个阶段。结合锻造组织韧性的三个方面以及生成组织韧性的三个时间阶段，可以发现企业形成较高组织韧性的难点在于以下三个方面：

第一，主动响应阶段的难点在于建立完备的危机预警体系。危机预警体系与动态能力中的洞察与感知高度相关，一方面指对于威胁的感知力，另一方面指对潜在机会的捕捉力。建立完备的危机预警体系不仅需要有危机预案的形成机制，更需要在企业内部形成与模拟演习、对抗训练等类似

的战略管理方法，提升企业应对危机的实战能力。

第二，修复破坏阶段的难点在于打造快速反应的组织生态。修复破坏阶段的核心是企业应对危机创伤的及时性、灵活性，二者与动态能力中的行动力、把控力高度相关，包括调动企业所有资源来调整战略方向、修复损伤。本阶段所指的“修复”，不仅包括一些临时性的调整和举措，例如疫情期间的远程办公、调整替代业务等，更包括在修复中寻找新的战略方向并基于新方向培育企业竞争力。而达成战略方向的调整，其必要条件就是“企业在产业链上拥有良好的生态环境”，这样才可能调动内外部资源（生态资源）以实现快速修复。

第三，反弹成长阶段的难点在于形成“韧性”的文化土壤。本阶段的核心在于反思和改进，着眼于长期性的改革，包括重组转型现有业务、重构组织架构等。具体而言，无论是业务还是组织架构等调整，均涉及企业在危机中的战略变化，类似“飞机在飞行中换引擎”，需要极强的变革与“韧性”文化，以保障变革的顺利进行。韧性文化需要培养忧患心态并鼓励试错，提倡员工对潜在问题提出质疑；创新、开放、容错、信任、学习文化价值对组织韧性具有重要的赋能作用。

（二）锻造组织韧性的可能路径

一般而言，建立并提升组织韧性需要经历三个阶段，即主动响应、修复破坏、反弹成长。

阶段一是准备阶段的“建立高韧性响应以预备”，即在危机之前，组织要采取对策，建立组织的预警体系，使组织处于时刻准备着面临危机的状态。蓝军的“假想敌”价值、“只有自己能打败自己”的思路、内部时刻检视自身正确性的做法，就是建立组织预警体系的路径。蓝军会主动拆解自己的竞争优势，避免能力陷阱，其中“主动试错”便是反组织脆性的方式。华为的蓝军是不断试错和容错的蓝军，以海思为例，任正非在其成立之初的九年里持续对其提供全方位支持，允许不断试错并坚持在中高端机型上使用 K3 系列芯片，这就使得华为在面临美国停止芯片供应这场危机中有一定应对方法。这其实来源于蓝军战略的忧患意识以及技术预警体系。

阶段二是应对阶段的“启动高韧性组织以修复”，即在遭遇危机时，企业运用快速反应的组织架构和危机战略对抗逆境事件，同时阶段一的准备程度也会影响阶段二的实施。在此阶段，蓝军的一线授权与精一战略机制是增强组织韧性的重要路径。以华为为例，应对危机的一线授权主要以“突击队”等组织形式存在。华为管理层认为：采用代表处“村自为战、人自为战”的灵活机动的战略战术，当没有中央总部时也能灵活地作战，会大大地减少控制节点，加快应对危机的运行速度。精一战略机制也是应对突发危机的有效路径，它强调聚集专业化和区域化资源，进行业务整合与重组；关注企业的长期生存发展，讲求在长期保持战略一致性的同时，采取内生增长为主、外延扩张为辅的成长模式。

阶段三是恢复阶段的“利用高韧性组织以成长”，即在危机之后，组织受到逆境事件冲击后的恢复与反思的能力。蓝军的使命感和文化韧性就是此时组织高韧性的一部分，公司总部设置对人才的培养、锻炼、成长、激励计划，着重培养组织内的韧性文化、韧性领导力，而这种领导力将会在危机来临时发挥作用。2003 年，美国思科公司诉讼我国华为公司生产的数据通信产品侵犯思科公司知识产权，华为管理层在危机中寻找先机，将思科起诉华为转变成给企业做的一次“免费宣传”。以阿里巴巴从 2003 年“非典”危机中反思改进为例：由于“非典”疫情影响，员工必须在家办公，阿里巴巴高管加强了团队建设，下班后在线上组织娱乐活动，疫情结束后，员工情谊变得更深，凝聚力有所提高。

第三节 中国知名企业蓝军战略实践

一、华为公司的蓝军实践

（一）华为蓝军的土壤

华为蓝军的职责，是从竞争对手与客户的角度出发，指出华为当前存在的问题与不足，促进公司改进与提升，从而使公司拥有强大的战斗力。华为开放、容错的环境与“同舟共济”的激励政策为蓝军的成长提供了广阔的空间。

1. 开放奠定基石

华为蓝军是灵活、自主、柔性的自组织，具有对于研究课题与项目广泛的开拓、探索空间，并拥有独立的部门与预算。华为的开放不单单局限于技术层面的开放与创新，更加强了组织层面的创新性管理，从而为员工针对不同课题进行大胆探究提供了一个自由的空间。例如，华为曾聘请过一位来自俄罗斯的数学家，这位员工性格内向，不善于与上层领导和其他员工进行沟通，因此公司难以掌握其具体的工作内容和工作进度，但公司依旧坚持给予其工作的自由度。这位员工最终为华为突破从 2G 转向 3G 的核心技术难关做出巨大贡献，也帮助华为在与爱立信关于无线电领域的竞争上取得了领先优势，随后华为迅速占领欧洲市场，并为其 4G 和 5G 的发展打下坚实的基础。华为的成就正源于其对不同领域的人才在各自领域创新探索的包容度。

华为既起步于开放，更成就于开放。华为在世界范围内确立自己的竞争对手，具有全球性的战略格局观，这代表着华为的蓝军部门需要模拟华为与来自全球企业的跨国竞争。自 2012 年起，任正非常常把“用一杯咖啡吸收宇宙能量”这句话挂在嘴边。什么叫“用一杯咖啡吸收宇宙能量”？它和开放的土壤有什么联系？任正非所说的“喝咖啡”，实质上是说员工要走出去和更多有思想的人交流学习，开放地汲取“宇宙”能量，从思想的火花中，感知发展方向。有了巨大势能的积累与释放，才有厚积薄发。“喝咖啡”的文化，让公司的内与外能够充分交流融合，开放地融合世界资源和文化。

2. 容错成就发展

华为内部对失败与错误的高包容度促进了华为长期的进步与发展。一方面，华为公司为员工提供了较为开放民主的工作环境，鼓励员工表达自己的思想和意见。华为的蓝军司令部就曾针对任正非提出“任正非十宗罪”，以此来激励员工要勇于自我批判，承认错误并改正错误。正是因为建立了这种高容错机制，华为的员工敢于试错，并在对先前错误不断复盘的基础上进行改进与提升，从而健全了企业内部不断淘汰与迭代更新的机制，提升了华为自身反脆弱的能力。另一方面，华为对科学家的技术创新具有高包容性。

在构建企业生态环境的过程中，华为协调各个利益相关者形成一个良好的发展生态圈，其中需要运用妥协、宽容和灰度的思维和方法，使各方达成共识，以打造合作共赢的环境。[52]任正非曾说：“合理地掌握合适的灰度，是使各种影响发展的因素，在一段时间和谐，这种和谐的过程叫妥协，这种和谐的结果叫灰度。”华为不单单追求成功，而是将“失败”也视为成功，主动试错，快速开发最小化可行产品，利用低成本测试各种可能性并快速迭代，不断复盘、重新分配资源。对“失败”的不断反思与学习为华为培养出了人才，也为其提供了持续性创新的源泉。

3. 激励决定未来

华为推崇自上而下的改革方式，让“听得见炮火的人指挥战斗”。管理层中的高级机关拥有大量的资源与职权，但难以了解“一线的炮火声”，因此面对具有运营风险的决策问题时很难做到有效放权，以致降低了组织的决策与运行效率。华为的蓝军组织管理体系目的就在于让站在炮火前线的工作人员有能力“呼唤”炮火，从而“以客户为中心”建立起由客户经理、解决方案专家组以及交付专家构成的“铁三角”，[53]及时倾听客户的需求。“铁三角”的核心任务是实现既定目标，突破功能壁垒，建立起以项目为核心的相互独立又共同协作的运营团队。

对于一线“铁三角”团队以及蓝军的激励方式，华为创造性地借鉴风险投资项目里程碑管理办法，对项目进行分步投资以应对环境的复杂性与不确定性。同时，借鉴风险投资的激励机制设置不同人才的培养、锻炼、成长、激励计划，其主要方式就是坚持推行员工内部持股的激励政策。自2013年开始，华为实行新的股权激励计划，即TUP计划。在TUP计划中，期权由公司分配给员工（员工不再需要购买股票），期权数量根据员工的职位、绩效与业务考评等相应配置，[54]这种共创财富的利益机制激发了员工的工作热情并提高了工作效率。

（二）华为红蓝的竞合共生

华为的红蓝对决首先体现在内部的自我批判、自我革命上。华为给有批判精神的人更多的上升机会，其管理层通常具有蓝军经历，即要想当司令必须先到蓝军去学习如何打败华为。华为的人力资源部通常会重点关注在华为心声社区“骂”得很对的人，对于其中具备三年优等业绩的员工，需经过总参谋处的培训锻炼后再将其下放，从而为以后做领袖打基础。一般而言，发展成熟的企业容易走入能力陷阱和成功晕轮，而对新环境政策、技术、文化的变化视而不见。通过蓝军不断对红军进行内部批评，可以减少现有发展成果对华为的麻痹作用，帮助红军进行改造、创新、变革。

在红蓝合作共生方面，华为调用红蓝矛盾双方的能量激活企业，通过蓝军和红军的述职大会、自我批评、复盘等方法，将内部辩论和交锋制度化、合法化，将“战略异见转化为战略储备”，让潜在的风险、错误尽早被组织识别，从而降低外部风险。

为保障红军的业务连续性，蓝军发展了备胎战略。最早，备胎战略的建立针对的是自然灾害、战争等突发事件，但后来进行备份方案研究更多是受国际形势的影响。在突发事件应急方案计划方面，华为的红蓝对决从设立火灾、地震、交通事故、经济贸易等突发事件应对预案，到贯穿研发、采购、制造、供应链、人力资源、信息技术、行政等业务，体现在任何时空、任何业务进程当中。华为在 2003 年、2004 年就预估十多年后会与美国顶峰相见，美国对华为的打压也会愈演愈烈。比如有一些编号的器件，每一件都要获得美国商务部 BIS 的出口许可才可购买，许可标准是什么完全不可知。在这种情况下，华为要保障红军的业务连续，不能寄希望于一个不透明的审批机构。因此，蓝军工作的任务就是不依赖于任何单一国家、单一供应商，保证在任何困难情况下红军业务可连续，可以继续实现华为对客户的承诺。如今华为蓝军在研发、采购、制造、物流、市场、服务各个环节都建立起供应连续性方案，甚至在技术和产品开发的准备上也做了供应连续性方案。

（三）华为蓝军战略增强组织韧性的路径分析

目前，理论界对于组织韧性的研究多数聚焦于组织内部的战略、行为等视角的分析，缺乏对于形成组织韧性的路径、内外部因素的探讨。曹仰锋教授在《组织韧性：如何穿越危机持续增长》一书中指出：精一战略、稳健资本、互惠关系、坚韧领导以及至善文化是打造高韧性企业的“五项修炼”。[21] 本部分结合蓝军战略思想与组织韧性的相关研究成果，以华为的实战经验提炼出增强组织韧性的可能路径包括：通过蓝军战略的业务连续性、资本稳健、可持续、使命感、理想与现实主义整合等策略，实现组织的战略韧性、资本韧性、生态韧性、文化韧性与技术韧性（见图 3-1）。

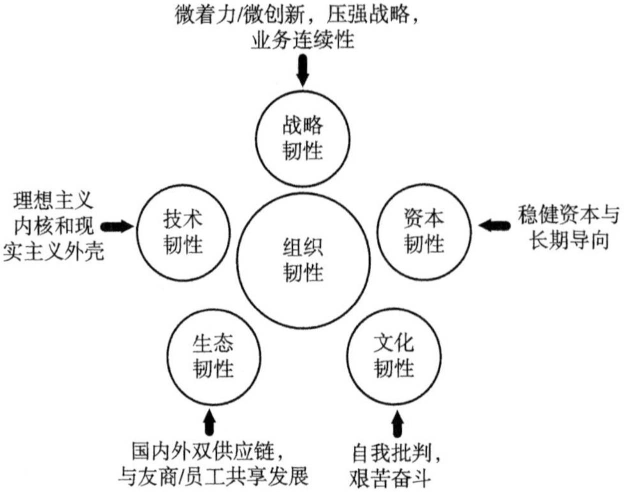

图 3-1　华为蓝军战略增强组织韧性的路径分析

1. 蓝军的微着力与业务连续性增强组织战略韧性

对于华为而言，战略韧性体现为其独有的压强战略，即聚焦战略机会点，不在非战略机会点上消耗战略竞争力量。但是，如何确定战略机会点呢？蓝军的存在给了企业试错的机会。蓝军讲求微着力与微创新，在某一蓝军部门建立初期，其规模建制往往较小，这就赋予了其主动试错的可能。在野蛮生长的过程中，成长起来的蓝军部门将转化为红军，成为企业新的战略机会点，而对于失败的尝试，蓝军部门也可以在其高包容度的制度下，总结教训，寻找下一个机会点。2008 年，华为计划将当时属于非核心战略点的子公司华为终端出售给贝恩资本，正是“蓝军”发现了终端的重要性，并提出了云计算结合终端的“云管端”战略，从而避免了华为“脱手”终端业务。而今，根据华为公司年报披露，2018 年，华为的智能手机出货量突破 2 亿部。企业因为蓝军的存在而敢于试错，也因为蓝军的试错而能以较低的成本确定其战略机会点，进而达到压强、精一的目的。因此，我们认为，蓝军的微着力、微创新增强了组织的战略韧性。华为根据蓝军思维提出的业务连续性，保证了企业在战略上的“专一”，将端到端的业务连续性管理机制运用在一些特定领域，如财经、IT、研发、采购、制造、全球技术服务、物流，主要表现在：华为建构了使各业务按需调用的统一的数据底座；根据不同场景由一线自主经营，更灵活调整作战模式；供应连续性由多元性供应保证；等等。蓝军之难在于运用异质思维，突破企业原有的能力陷阱，这是一种根本性、革命性的自我否定。不言而喻，蓝军战略在“居安思危”，即组织韧性的第一阶段，表现出很强的优势——避免陷入能力陷阱和经验陷阱，不断模仿、创造危机，使得企业有不断进步的鲜活驱动力，同时也让企业在 VUCA 的世界大环境下拥有更强的弹性——组织韧性。

业务连续性管理通过有效的管理组织、制定突发事件应急预案（IMP）和业务连续性计划（BCP）、开展培训演练，提升业务连续性意识和应对突发事件的能力，有效保证业务连续性。业务连续性管理的根本出发点是“居安思危”，对于奉行蓝军战略的企业而言，其企业内部的蓝军部门，不仅将如同军队中的情报和侦察兵，承担收集、判断敌方信息等工作，也将如同围棋棋手的大脑一般，时刻模拟对手的思维及运行方式，思考对手一击制胜的关键。突发事件应急预案是提前考虑如何应对战争、地震、暴雨/台风、传染病、火灾、罢工、交通事故、经济/贸易、政治/政策等不确定因素，这一举措提高了企业应对风险的能力。突发事件应急预案不仅提高了企业应对突发事件的能力，同时也增强了组织的“动态性”。

2. 蓝军的可持续观与人力资源价值主张增强组织生态韧性

蓝军战略讲求大格局观与“生生不息”，体现管理者在复杂竞争格局中对自己、合作伙伴及竞争对手所处地位和相互关系的理解。长期以来，华为致力于成为国际化领先企业，聚焦可持续发展战略，做负责任的企业公民。华为认为，“对企业内部而言，蓝军的使命就是从内部革新，想办法打败自己；对外部生态而言，要将竞争对手视为友商，让利于供应链上下游”。华为全球多个业务主体获得 ISO22301 证书，对 1321 家供应商进行绩效评估，在打造整个行业和谐生态方面，做出了相当重要的贡献。

在全球战略布局的过程中，华为的供应链生态很好地保障了业务连续性计划（Business Continuity Planning，BCP）。华为在多个国家建立生产基地并布局全球供应链，但只建立一个全球化架构是远远不够的。比如在 2020 年暴发的新型冠状病毒肺炎疫情，在病毒快速迅猛的传播中，以前在全球化情况下建立的紧密型耦合结构反而使得组织更易受到冲击。[16] 尤其是华为将供应链布在多地，当台积电停止向华为供应芯片、三星海力士也暂停了以往的零件销售时，华为的业务遭到了巨大冲击。但是，华为的蓝军战略早在数年前就布局了新技术体系以及备用的国内生态链，提出了

“国际国内双供应链的发展格局”，以应对复杂的国际环境。华为在采购、制造、物流等方面都加强了国内循环，强化了业务的稳定性和连续性。当前，在美国穷追猛打的封杀下，华为虽然枕戈待旦，但是明显已应对得较为吃力。未来，如何通过团结更多伙伴、开辟更多战场，并由此建立更有韧性的生态系统，是华为需要不断思考、探索的议题。

当企业深陷危机的时候，员工的责任感、意志力和行动力是战胜危机的决定性力量，但并不是所有企业都能够在危机时激发员工的斗志，只有企业与员工形成共同体意识，才能够在危机中赢得员工的信任与支持。华为的人力资源管理主张通过营造激发人才价值发挥的环境，打造由“精英”与“精兵”构成的队伍，打造“三三制”混凝土队伍（优秀应届+业界明白人+内生干部专家）。精英引领业务成长，华为通过识别战略关键价值岗位，全球布局、筑巢引凤，获取精英人才，以人才驱动价值创造；精兵保障组织高效，通过聚焦专业价值发挥，使组织高效运行。此外，华为公司奉行“机会是最大的激励”的原则，秉持“激励对准贡献”的理念，采用员工持股计划、“单台提成”、“军团作战”、向关键绩优人才倾斜等策略对其员工加以激励。因此，从利益的角度而言，在风险与危机面前，华为与其员工是一条绳上的蚂蚱，唯有坚定地站在公司利润最大化的立场，华为员工才能够在工作中收获最大。

3. 蓝军的使命感增强组织文化韧性

曹仰锋在《组织韧性：如何穿越危机持续增长》一书中认为，高韧性企业之所以能够成功度过多次危机，与其组织文化的建设密不可分。华为蓝军强调追求卓越的奋斗精神、狼性文化，致力于塑造“开放、信任、简单、高效、创新”的文化氛围。2008 年，华为发布最新版“核心价值观”，共六条：成就客户，至诚守信，开放进取，团队合作，艰苦奋斗，自我批判。蓝军背后的自我批评、自我革命思维是华为的内在基因，蓝军的使命就是贯彻与激发自我批评的组织文化。华为“自我批判”的含义是：只有坚持自我批判，才能倾听、扬弃和持续超越，才能更容易尊重他人和与他人合作，实现客户、公司、团队和个人的共同发展。[53]

任正非认为，“华为倡导自我批判，但不提倡相互批评，因为批评不好把握尺度，如果批评过火，就容易造成队伍之间的矛盾”。自我批判也是华为超越竞争对手的内在驱动力之一，而蓝军思维就是其重要抓手之一。华为蓝军部的官方定位就是“负责构筑组织的自我批判能力，推动在公司各层面建立红蓝军对抗机制，通过不断的自我批判，使公司走在正确的方向上”。[55]华为蓝军部的工作方式就是“在公司高层领导团队的组织下采用辩论、模拟实战、战术推演等方式，对当前的战略思想进行反向分析和批判性辩论”。[56]在高维学堂的《科学分钱》课堂上，卞志汉老师就提到，正是在这种蓝军思维下，华为有一套从战略到执行大闭环的系统方法论，非常有节奏。[57]在自我批判方面，任正非曾多次强调自己的态度："你们一定要炮轰。如果你们感受到公司在基础研究的体制、方法上还存在哪些问题，可以提出意见，我们会真心诚意地吸纳，一步步去认真改进，这样才能促进公司发展。"[58]

4. 蓝军的理想主义内核与现实主义外壳增强组织技术韧性

对于高科技公司而言，高精尖水平的技术研发与创新是其长久稳定发展的关键。如前文所述，高水平的组织韧性要求企业奉行精一战略，要求其具有动态而稳定的战略方向，聚焦战略要点，保持战略一致性，同时采取内生为主、扩张为辅的成长模式。对高科技企业而言，聚焦核心业务意味着稳健，却也意味着在研发与创新环节落后的风险。

蓝军战略的微着力与微创新在提升组织韧性方面起到支持作用。而与此同时，蓝军在技术方面兼具理想主义内核与现实主义外壳，也为组织的长久稳定发展起到保驾护航的作用。理想主义内核既表现为蓝军在技术方向上的把控，也表现为其独特的技术实现路径，而现实主义外壳则体现为蓝军的技术面向客户的需求，不搞空中楼阁。

一直以来，在以先进技术驱动的理想主义和以客户需求驱动的现实主义的双重作用下，华为公司的技术研发形成了自战略科学家至工程师的完整体系。华为研发创新战略的设计是自上而下的，而这一设计的顶层，并非由公司或技术部门高管组成，而是由“科技外交家”组成的。科技外交家也可以看作在研发领域的战略规划家，其任务是获取各方信息，为企业判断科技研发方向，描绘未来发展蓝图。精一战略意味着风险，科技外交家们带来的技术思想、规划降低了这一风险。技术思想指导着技术研究的大方向，因而，企业中的蓝军并非是在小范围、无方向地试错，而是在战略规划下求创新，这为创新的成功以及与公司项目之间的磨合对接增加了可能性。

随着科技与信息大变革的到来，世界发生变化的频率越来越快，科技发展亦是日新月异。实现新的科技研发后，战略是否要调整？华为的战略务虚会对此进行讨论。而对于怎样实现战略，则是由各国科学家们进行多路径技术方向研究和探索。战略路径的落地由两大阵营来完成，一是常规的研发人员，二是为了增强组织韧性、寻找可能的解决方案、降低单独技术路径的风险性，华为会设立“蓝军重装旅”对技术路径的实现加以探索。在华为，有一个战略预备队，其构成是：解决方案重装旅、重大项目部、项目管理资源池。战略预备队指导委员会曾明确，“战略预备队的核心目标是激活整个公司的组织结构与干部、专家。战略预备队是能力中心，通过训战管理，提高人员的作战能力”。[59]

在任正非看来，重装旅只是借用了军队称号，其主要目的是集中全球优势力量，快速机动响应战场呼唤，在重要工程的技术交付、维护方面，把全球的优秀专家统一调配起来。这种调配组合，增强了华为公司的技术韧性，使其组织更加坚韧、稳固。而在技术实现的基础上，华为会充分考虑客户需求，实现客户需求与先进技术双驱动的开发目标，将理想主义的研发内核与现实主义的开发需求进行融合，进而实现企业“为客户创造最大价值”的目标。

5. 蓝军的稳健资本与长期导向增强组织资本韧性

资本是企业正常经营以及在危机中抵御风险的重要资源，资本结构对企业战略以及长期价值有决定性的影响。华为是国际知名企业中为数不多的没有上市的公司，这在一定程度上保证了其资本结构的稳定性，尤其是保证了公司对研发的持续投入（见表 3-1）。

表 3-1　2015—2019 年华为研发投入汇总

年份	2019	2018	2017	2016	2015
研发人员数量（人）	96000	80000	80000	80000	79000
研发人员占全员比例（%）	49	45	45	45	45
研发费用（百万元）	131700	101509	89690	76391	59607
研发费用占收入比例（%）	15. 3	14. 1	14. 9	14. 6	15. 1
全球有效授权专利（件）	>85000	87805	74307	62519	50377

稳健的资本战略认为，资本杠杆低是一种优势。企业资本杠杆低，意味着相比较于债券融资，该企业更偏好于股权融资。一般而言，我们可以把企业的业务分为当前业务与未来业务，当前业务关注企业目前的价值创

造，聚焦的是短期价值；未来业务关注的是长期的价值创造，关注的是长期增长机会。对于华为而言，贯彻蓝军战略就意味着更关注“生生不息”，更关注长期价值创造，而这就使得其在核心竞争力“技术创新性”方面持续不断投入。为保障公司业务的连续性及资金的连续性，华为始终坚持新产品与传统核心业务深度协同，不断强化叠加已有的技术能力和产品体系，严格控制多元化，与核心业务没有关联的再挣钱也不做。[60]

（四）华为蓝军的全球布局

华为蓝军是以开放的格局，追求全球范围内的合作共赢。任正非在国际媒体圆桌采访中说道：“如果问我想通过媒体对美国说一句什么话，那就是合作共赢。”他认为：经济一定要走向全球化，在工业革命时代，一个国家单独做一个缝纫机、单独做一个自行车、单独做一个汽车或者单独做一个火车轮船，是可能成功的，但是一个国家独立建立一个信息社会是不可能的，必须由很多国家共同制定标准、共同奋斗才能建立一个信息社会。[61]事实上，在经济全球化的当下，合作共赢是一个必然趋势。它可以使各国充分发挥自身优势，将自己最适合做的事做到规模化，有利于各国生产要素的优化配置和合理利用。

面对激烈的全球市场竞争，华为对待竞争对手始终采取“友商”的理念和开放竞争的态度。任正非曾说：“当外资公司打压我们很厉害的时候，我在公司内部还是坚定不移‘不能把外资企业作为竞争敌人’，我们把他们叫作友商（作为朋友的商人）。”[62]华为高管也在行业会议上大赞爱立信、阿尔卡特和诺基亚、西门子等欧洲电信设备商，认为它们给中国电信建设市场带来持续创新与优质的产品和服务，是中国电信市场蓬勃发展的重要动力。除此之外，华为跳出传统的价格战，坚持在开放竞争中寻求市场机会，以国际化的格局观对待竞争。任正非在采访中提到，华为要向苹果学习，把价格做高一点，让所有的竞争对手都有生存空间，而不是通过降低价格来挤压这个市场。[63]同时，华为坚决支持谷歌、Facebook、亚马逊等企业进入中国，主张在开放竞争的过程中变得强大。华为也表明不会乘人之危去抢占爱立信、诺基亚的市场，这也展现了其共赢、共生的战略格局。

此外，华为在全球范围内进行产品研发、产业链布局和人才布局。在当前全球价值链时代，产业链上下游企业之间互相依赖、荣辱与共，其在全球的水平分工进一步趋向专业化、模块化，可以通过迅速配置产业中的各种资源与零部件组合成新产品。[64]华为坚持与全球产业链伙伴互利、互信、互助地合作，共同促进ICT产业健康发展。同时，华为不依赖于任何单一国家、单一供应商，从而保证在任何困难情况下保持业务的可持续。人才布局方面，华为对全世界科学家提供支持，还为全世界大学拨款，不在乎研究成败，只在乎交流的机会。华为在全球散布着大量的科研中心，研发人员达8万人，每年的科研经费投入达150亿~200亿美元。

自2018年以来，面对美国的打压，华为并没有放弃全球化的战略，不赞成片面地提自主创新。任正非强调，“只有在那些非引领性、非前沿领域中，自力更生才是可能的；在前沿领域的引领性尖端技术上，是没有被人验证的领域，根本不知道努力的方向，没有全球共同的努力是不行的”。[65]2020年，华为继续招募优秀应届生、卓越的科学家、天才的少年，继续激活全体员工的潜能与合力，加强在战火中选拔优秀员工的路线不动摇。[65]

（五）华为2012实验室

“2012实验室”的名字缘于任正非观《2012》电影后的畅想，他认为，“未来信息爆炸会像数字洪水一样，华为要想在未来生存发展，就得构造自己的诺亚方舟”。[66]华为2012实验室的二级部门包括中央研究院、中央软件院、研发能力中心、诺亚方舟实验室、海思等，主要研究的方向有云计算、音频视频分析、数据挖掘、机器学习等。多年前，华为正是看到了土耳其教授一篇关于5G的报告，便开始投入人力、财力研发5G（自2008年至2018年投入约4800亿元研发资金）。

“2012实验室”作为华为的研究基地，不仅代表着国内顶级的研究水平，同时在全球也有着巨大影响力，但任正非仍旧对此存在深深的担忧。任正非曾说道：“华为实际上是个工程商人，即使在创新这个层面，其实还是工程领域的创新，而不是技术理论领域的创新，华为应该在基础研究上下功夫。”在对2012实验室未来的规划方面，华为坚持：其一，要敞开胸怀，引进人才，特别是稀缺人才或天才；研究院的人要流动，将一部分人流动到需要的地方去，增强公司总体活力。其二，战略研究院要继续吸收宇宙能量，发现新的基础要素。其三，坚决不移地向前进，不要考虑公司的财力，要积累起领先世界产品的要素能力与技术能力。不能等华为过几年活下来了，却看不见方向了。[65]

（六）华为海思的实践

1. 前身与成立

在任何领域都存在红蓝对决的竞合共生关系的大背景下，1991 年，针对专用集成电路的设计，华为成立了自己的 ASIC 设计中心。1993 年，ASIC 设计中心成功研发出华为第一块数字 ASIC。随后，分别于 1996 年、2000 年、2003 年成功研发出十万门级、百万门级、千万门级 ASIC。[66]截至 2004 年 10 月，华为的销售额达到 462 亿元人民币，员工人数也达到数万人。有了一定底气的华为，在 ASIC 设计中心的基础上，成立了华为的全资子公司——深圳市海思半导体有限公司，也就是我们现在经常说的华为海思。[66]华为海思不仅从事芯片的研发，还涉及数字家庭、通信和无线终端等领域的芯片服务。目前，海思已在手机、移动通信系统设备、传输网络设备、家庭数字设备等多个芯片领域立足。

2. 初期

海思成立初期，任正非要求海思尽快实现营收超 30 亿元，员工超 3000 人，然而实际是员工数很快达到，但营收上不去，并九年连续亏损。早期的 K3V1 和 K3V2 处理器都存在严重问题，导致华为早期高端机型推迟发布时间，并不断延误商机。[67]然而，华为的蓝军是容错的蓝军，九年时间里，任正非持续对海思提供全方位支持，允许海思不断试错并坚持在中高端机型上使用 K3 系列芯片，一方面要在市场上测试结果，另一方面帮助海思创造利润、渡过难关。当然，这九年中的海思并非处处碰壁，其成功点在于销售近一亿片的 3G 芯片及 LTE 4G 芯片。

3. 转机

在开放环境下的不断试错终于为海思的发展带来转机，2013 年，华为发布搭载海思 K3V2 四核处理器的中端智能机 Ascend P6 并初步获得市场认可，海思助力华为逐渐巩固中端智能手机市场地位。[67]2014 年，海思发布 Kirin920 芯片，实现营收 26.5 亿美元。2015 年，搭载 Kirin920 芯片的华为手机在欧洲高端智能机市场受到热捧，稳固了华为在高端智能机市场的地位。[67]此时，海思在全球前十大芯片设计公司位列第六，在服务器芯片、AI、视频应用、物联网等多个方面也都取得瞩目成就。

4. 转正

4G 阶段的海思在激烈的竞争中尝试与行业领先者并驾齐驱，而到了 5G 时代俨然已成为行业领先代表。为了打压华为迅猛发展的势头，美国毫无根据地将华为列入实体名单，在未经特殊批准的情况下，禁止美国企业向华为及其附属公司出售一切重要的技术、设备和配件。海思在过去无数个日夜中打造的"备胎"一夜转正，成为华为产品战略安全与连续供应的保证。在被封杀的第 36 天，海思发布麒麟 810。随后，麒麟 990、麒麟 820、麒麟 985 三款核心 5G 芯片的相继问世证明了海思的持续研发能力，更证明了蓝军战略是华为变革再生与企业生命延伸的根本。

二、腾讯公司的蓝军实践

腾讯成立于 1998 年 11 月，2004 年 6 月在香港联合交易所主板上市。它以技术丰富互联网用户的生活，业务广泛，涵盖微信事业群（WeiXin Group，WXG）、企业发展事业群（Corporate Development Group，CDG）、云与智慧产业事业群（Cloud and Smart Industries Group，CSIG）、互动娱乐事业群（Interactive Entertainment Group，IEG）、平台与内容事业群（Platform and Content Group，PCG）、技术工程事业群（Technology Engineering Group，TEG）。[68]腾讯通过微信与 QQ 两大社交平台促进用户之间的联系，使人们能在弹指间获得信息；通过精准高效的广告投放，协助商家和品牌与数以亿计的潜在用户达成互动；通过金融服务，助力企业合作伙伴发展业务，推动数字化升级。[68]

（一）腾讯蓝军历程

1. 蓝军构想

2006 年以前，腾讯的自动化漏洞检测能力相较于其他成熟的网络系统来说还处于初步阶段，部分漏洞检测需要依靠人工才能实现。腾讯内部急需建立一个智能且有效的安全防护与应急响应机制，来应对系统漏洞检测的风险，这便是腾讯蓝军最初的构想。

2. 蓝军成立

2006 年，腾讯蓝军在 TEG 安全平台部的不懈努力下正式组建。腾讯蓝军成立后，腾讯内部实施了多次大规模的红蓝对抗演练，覆盖网络安全、数据安全、应用安全等多个层面，使得腾讯的安全防护能力不断提升。[69]另外，腾讯蓝军对重要业务和基础设施陆续开展了一系列的渗透测试（例如微信、小程序、支付、QQ、腾讯云等），旨在发现其中潜在的安全隐患，使得相应业务和整个系统的安全性不断提高。

自2006年成立，腾讯蓝军在前沿安全攻防技术的研究和业务系统安全评估等方面投入了大量精力，同时专注于网络安全的实战演练。在内部，蓝军会以APT黑客的视角去模拟攻击，从而全方位地检验腾讯系统安全防护策略的合理性以及响应机制的有效性，最大程度地找出通信业务系统中潜在的威胁，提出优化方案，并及时协助改进。在外部，腾讯蓝军还参与了多个大型政企项目的安全建设工作，积极地对外输出安全能力。

从理论的提出到付诸实践，腾讯蓝军在这13年（2006—2018年）里经历了无数次的攻防实战演练。一直以来，腾讯红蓝两军之间的对抗都十分激烈，甚至在某些特殊的时期，双方每天都在进行高强度的对抗。腾讯蓝军在较短的时间内通过技术创新避开了红军的监测，红军随后就优化了监测策略，从而成功发现蓝军的攻击。然而蓝军很快又对原有的策略进行了调整，继续突破红军的防线。[70]在腾讯，总是可以看到红蓝双方的相互切磋，二者你追我赶，但共同的目标就是更好地提升和完善公司的安全防护体系。值得一提的是，在微信小程序面世前，微信团队邀请腾讯的蓝军队伍去广州总部开展特训。十多天的时间里，红蓝军通力合作，对微信小程序开展了全面的渗透测试，检查出了多处潜在的安全隐患并提前完成了对业务系统的修复，为微信小程序的正式发布以及后续的安全运营奠定了坚实的基础。

3. 蓝军发展

2008年，腾讯完成对入侵检测系统的研发并正式投入应用。为提升系统的安全防护能力，腾讯蓝军开展大规模高频次的APT红蓝对抗演练。四年后，腾讯安全应急响应中心（TSRC）成立，腾讯从此进入“泛蓝军”时代。随后，腾讯开展蓝军建设，大幅度提升DDoS防护系统的服务质量和响应速度，加强DDoS攻击演练。直到2016年，腾讯蓝军趋于成熟，在优化前端风控安全层面多次开展红蓝对抗，助力构建及完善腾讯系统基于前端的风控能力。红蓝竞生在腾讯蓝军的发展过程中体现得淋漓尽致。

4. 蓝军赋能

2018 年，腾讯蓝军正式对外赋能。应政府项目“数字广东”和腾讯云的要求积极开展了红蓝军对抗演练，成功帮助“数字广东”提升了安全防护能力，在贵阳大数据及网络安全攻防演练活动中成为唯一没被攻破的红色靶标。

（二）腾讯蓝军典型案例

1. 微信——红蓝转换

腾讯的蓝军具有良好的红蓝转换能力，其中一个很好的例子就是微信。随着新浪微博在国内的迅速发展，QQ 空间的活跃用户日益减少，为了解决这个问题并能持续在社交网络领域分得一杯羹，腾讯打算研发一款手机社交网络应用。在不断探索后，2011 年 1 月 21 日，蓝军在内部一手打造了能颠覆 QQ 的全新社交软件——微信。腾讯很好地利用了企业红蓝军非对称转换性的特点，着力孵化颠覆内部的产品，从而成功地打造了微信蓝军。

腾讯希望借助微信与运营商竞争，自微信推出起就强调微信号与手机号码的关联，在短时间内就实现了用户几十倍的增长。2012 年，微信推出公众号功能并沿用至今，很好地增强了用户黏性。2014 年，微信在春节前推出了又一新功能——微信红包，成功吸引了近 6 亿微信用户使用。这些举措让微信一跃成为最受大众欢迎的社交平台，甚至让移动支付领域的巨头支付宝产生了竞争压力，马云将微信支付的成果比喻为一次“珍珠港偷袭”。通过一系列社交功能的实现，腾讯微信俘获了大众的心，成为名副其实的中国第一社交 APP。

腾讯蓝军的思维与华为蓝军的思维类似，在内部，腾讯鼓励良性竞争，推进变革，转变了企业封闭的增长模式；在外部，腾讯通过 2013 年以来的 277 次投资创业与多元的技术布局，成功打造了良性的企业生态系统。[71]

2. 灰度发布战略——内部试错

灰度发布战略是一种能实现在黑与白之间平滑过渡的发布方式。[72] 这一战略的优势在于其不仅能保障系统的稳定性，也能在初始阶段快速发现潜在问题并及时进行调整，从而保证影响程度。腾讯所采取的灰度发布策略可以理解为：在开发出一款新产品之后，首先确定10%的核心用户进行使用评测，通过他们对产品的反馈意见进行改进，再进一步将用户群体扩大到30%，通过对客户信息的不断积累，对产品进行持续的优化改进，不断完善。

灰度发布战略的核心思想是允许内部试错，通过内部竞争与用户需求决定生态的根本形式。灰度发布作为腾讯的蓝军战略，关键在于“容错”，容忍失败，坚持不尝试失败就没有成功[44]。最大限度地扩展协作，将互联网恶性竞争转化为协作型创新，实现向生物型组织的转型，使得企业能够在没有具体控制的情况下实现自进化和自组织，从而打造良性的企业生态系统。[73]

微信是腾讯灰度发布战略的典范，在其问世以前，腾讯并没有在企业内部明确微信的功能和地位，而是选择让不同的团队同时开发和微信同质化的产品，从而在企业内部形成团队之间的激烈竞争。最后，腾讯的决策团队通过分析不同用户对产品的喜好程度以及产品最终的完成度来决定上线结果。腾讯内部的每个研发团队都有各自的设计理念和实现方式，最终微信在这场激烈的内部竞争中脱颖而出，成为家喻户晓的社交通信软件[48]。容忍一定的失败，允许适度的浪费，鼓励内部竞争和内部试错，是腾讯蓝军从一个成功走向另一个成功的关键所在。马化腾曾说：“在创新这个问题上，企业应该接受一定程度的试错成本。如果企业认定某个项目在战略上是益于长久发展的，那么在资源允许的情况下，几个团队同时研究同一类型的产品也是可行的。”创新往往源于竞争，即使在激烈的竞争中只有一个团队可以脱颖而出，内部试错的价值依旧是不可否认的。[74]

腾讯蓝军战略的“内部试错”与华为关于“容错”的蓝军思维类似，都是通过企业内部对错误与失败的高包容促进企业的发展与创新。腾讯通过内部竞争与内部试错探索出微信的成功；华为通过高容错机制，为员工提供开发包容的环境，激励员工自我批判，提升自我迭代的能力。

三、阿里巴巴集团的蓝军实践

阿里巴巴业务涵盖B2B、B2C、C2C、云计算、数字媒体、创新业务等，此外，其关联方蚂蚁集团为阿里巴巴平台提供支付与金融服务，整合了消费者、商家、零售商、第三方、战略合作伙伴与数字经济体。阿里巴巴集团的使命是“让天下没有难做的生意”，追求成为一家发展 102 年的跨世纪公司，旨在为商家、企业、品牌提供技术支持与一体化平台，借助大数据与信息技术的力量实现用户与商家之间的互动。[75]

（一）阿里巴巴蓝军历程

1. 蓝军萌芽——“十八罗汉”

1999 年 9 月，阿里巴巴在杭州的一处公寓中悄然萌芽，以马云为首的“十八罗汉”开启了电子商务领域的商业帝国，为中国互联网发展贡献了巨大的力量。[76]阿里巴巴是在“尸横遍野”的互联网寒冬中挺过来的，在“非典”肆虐中“跪着也要活下去”。当时一名员工感染 SARS（严重急性呼吸综合征）病毒，公司面临前所未有的艰难处境，阿里巴巴选择在危机中找寻希望，马云与全体员工转为线上办公，淘宝也在这个关键的时期诞生。办公场景的改变，让阿里巴巴化逆境为顺境，体现出江湖人的格局与胆量，也不乏对未来的另类思考，这正是蓝军战略的最佳体现。

2. 蓝军探索——由 B2B 到 C2C 的自我否定

2003 年 5 月，阿里巴巴创立淘宝网，这个影响深远的网络零售平台，体现了阿里巴巴在自我否定过程中探索的蓝军战略。阿里巴巴是一个具有前瞻视野的企业，也秉承了江湖人的格局，敢于突破自己、否定自己。从 B2B 到 C2C，阿里巴巴运用蓝军异质思维，捕捉到互联网的发展聚焦于个人消费者，依托中国庞大的网民群体，发展创新。

3. 蓝军挑战——直面“看不见的对手”

2014 年 10 月，阿里巴巴正式成立蚂蚁金服，下设余额宝、蚂蚁花呗、芝麻信用等板块。[77]应对电商支路上杀出的黑马微信，是阿里巴巴在接受矛盾、填补“忽略陷阱”的蓝军建设上的重要举措。2015 年 6 月 23 日，阿里巴巴集团与蚂蚁金服联合宣布，设立合资公司“口碑”。[75]

2015 年，阿里巴巴集团先后与苏宁云商、梅西百货、麦德龙等国内外大型企业达成战略合作，在商品供应链、跨境电商、大数据方面紧密合作，进一步提升企业的战略韧性。[78]战略与资本是相辅相成的，通过战略合作，取长补短，可以拓展企业业务，增强企业实力。

伴随消费的转型升级，线上线下与物流深度融合的模式必将取代传统实体零售。早在 2016 年 10 月，阿里巴巴云栖大会上，马云就抛出“新零售”这一概念，引起当时社会各界的广泛讨论。[79] 2017 年 2 月，阿里巴巴与百联集团签署合作协议，新零售正式于上海落地，盒马鲜生也逐渐走进人们的生活。阿里巴巴又于 2017 年 7 月提出设立“五新执行委员会”，“五新”即新零售、新金融、新制造、新技术、新能源。[78]

4. 蓝军担当——阿里达摩院

2017 年 10 月，阿里达摩院于云栖大会上宣布成立。它秉持“以科技，创新世界”的宗旨，深刻诠释了蓝军使命——成为创新的探路者。差异化作为竞争战略的核心要素，对于企业创新与发展至关重要。阿里巴巴的超速发展，得益于马云的创新思维，他坚定电子商务的战略方向，坚定技术是企业的第一要义。

（二）阿里巴巴蓝军典型案例

1. 淘宝网——拓展 C2C 业务，敢于自我否定

基于企业电子 B2B 商务的成功，阿里巴巴以其蓝军——淘宝网的建立，杀入了 C2C 领域；类似地，之后天猫的成立昭示着阿里巴巴进入了 B2C 领域，这些都是阿里巴巴在不满足于现状的基础上进行自我否定、以蓝军思维开拓新业务的尝试。企业蓝军的意义并不是传承其原有的胎记和文化，也不是单方面依托企业原有的能力进行业务拓展，而是敢于站在其对立面。[35][80] 阿里巴巴在创立之初以 B2B 作为企业发展的主要模式。但是 B2B 概念来源于市场经济已经成熟的美国，并非马云提出的，阿里巴巴 B2B 模式的特别之处在于，它并非美国 B2B 企业的完全复制品，而是针对中国电子商务特定的消费情境，着眼于中小企业，发展商人与商人之间的 B2B 模式。马云对于阿里巴巴的定位有清醒的认识，欧美的 B2B 平台主要服务于大型企业，在中国 99%都是中小企业的环境下，马云毅然决然选择进军中小企业市场，由此形成阿里巴巴最初的 B2B 电子商务模式。

2004 年，中国互联网络信息中心（China Internet Network Information Center，CNNIC）显示，中国网民数量已经突破 8000 万，个人电子商务交易额飞升，C2C 市场成为当时巨大的蓝海，另外，为了防御 eBay 网对阿里巴巴的冲击，马云开始进军 C2C 市场。现今，淘宝已然成为中国最大的 C2C 交易平台。

蓝军之难，在于发挥异质性，面对冲击与矛盾，敢于突破企业原有的

印记，敢于自我否定。这一点，阿里巴巴做到了。

2. 阿里—苏宁结盟——联盟共生，应对风险

华为蓝军在应对财务风险和金融危机时，迅速成立财务风险控制中心，担当企业的蓝军组织，有效应对未知的风险。华为蓝军发挥了快速部署的优势，而阿里巴巴则采用了结盟、收购的形式。阿里巴巴与苏宁云商的战略联盟，让两大企业取长补短，阿里巴巴领军的线上平台与苏宁深耕线下的业务形成优势互补，推动两者“联姻”。[81]这是深谋远虑的部署，反映了蓝军战略的学习共生机制。

在传统零售时代，苏宁电器在大众心中具有一定的品牌影响力，线下门店多年连锁经营积累了充足的资源与优势，丰富的供应链管理经验、完善的售后服务体系等，为它进军线上提供支撑。阿里巴巴则拥有线上的庞大体系，淘宝、天猫、支付宝、菜鸟驿站、阿里云等，能够精准把控线上。两者强强联合，以线上线下融合的模式，实现全渠道经营，是传统零售业转型的必然趋势，加速了智慧电商时代的进程。[82]

3. 蚂蚁金服（余额宝）——红蓝对决，奇正相生

马云曾说，有人说我要注意竞争对手，但是我拿着望远镜也看不见竞争对手。[83]企业往往会骄傲于过去的成功，而对新环境政策、技术、文化的变化视而不见。阿里巴巴在电商这条路上看不见竞争对手，没想到腾讯在旁边那条路上推出微信（2011 年），给阿里巴巴带来了冲击。阿里巴巴为了应对冲击、弥补“忽略陷阱”，采取蓝军战略，于 2013 年推出余额宝。正如孙黎在《蓝军战略》一书中所提到的，企业蓝军最宝贵的价值不是体现在减少矛盾、避免冲击，更多时候是为了迎难而上、主动创造冲突。奇正相生战略本质上与这一悖论不谋而合：如何在看似矛盾的战略中洞察新的协同效应，接受矛盾所产生的张力，进而分化、整合，探索企业的生存之道。这也是阿里巴巴一直以来所关注的课题。

红蓝军技术攻防演练与蚂蚁金服技术风险部的发展息息相关，而蚂蚁技术风险的演进轨迹和游戏中的不断打怪升级非常相像。[84]蓝军发掘各类脆弱点，通过红蓝军技术攻防演练，不断测试、巩固防御系统的有效性。其中，故障防御系统的更新迭代正是由 SRE 团队的红军与各业务部门深度沟通，进而改造、构建而来的。蚂蚁金服技术风险部门经过不断升级，逐

渐将红蓝技术攻防演练常态化，这体现为每周进行的全栈级别演练，以及阶段性的“期中考试”“期末考试”，于是，支付宝的风险防控体系持续地经受打磨与锤炼。当前，支付宝的“红蓝对抗”演练模式已经沉淀出了一套成熟的风控体系，甚至能通过模拟各类黑天鹅事件，考验技术架构的稳定性及技术人员的实时应急能力，进而持续、全面地提升系统的可靠性和可用性。

4. 阿里达摩院——做创新的探路者

马云说：“未来是技术带来利润，未来市场规模的取得，是靠创新。”“以科技，创新世界”是阿里达摩院的宗旨。为了应对未知与挑战，2017年，阿里巴巴云栖大会成立全球研究院，2020年达摩院成立XG实验室，聚焦5G技术研发。蓝军的使命是成为创新的探路者，成为企业内部的改造者。[35]阿里巴巴的创新实践之路，正体现蓝军的使命。为避免过分依赖过往的成功经验，中国的许多业界领袖都提出过类似蓝军的变革思路，以在更深远的层面探索企业的未来。[85]阿里巴巴成立达摩院，旨在召集一群拥有顶尖技术与能力的“达摩战士”来掌握创新的命脉。相较于阿里巴巴的创新举措，华为则提倡“用一杯咖啡吸收宇宙能量”，以“一杯咖啡”建交，从交流中产生更多思想的火花，促进开放与创新。

5. 电商创业孵化——推动自上而下的革命

阿里巴巴为杭州打造的电商创业基地，也在引导杭州这个历史名城走上一条新的发展道路。阿里巴巴注重孵化创业团队，拥有阿里云创新创业孵化服务平台，打造互联网双创平台，摸索新的蓝军创业模式。阿里巴巴设立电商创业孵化基地，培养创新型人才，将宏观与微观联系起来预测未来世界的发展趋势，与蓝军战略中的澡盆机制相符。此外，阿里巴巴的产品经理制是扁平化组织的典型，可以不断在内部形成创业的氛围，应用了推动自上而下的革命的蓝军组织原则。阿里巴巴大举推动内部创业孵化，促进人才创新，也体现了蓝军的圆形思维：反脆弱。[34]而华为蓝军运用反脆弱思维，建立健全企业内部容错机制，视“失败”为成功的动力，推动持续创新。

四、联想集团的蓝军实践

联想集团是一家全球化高科技公司，从事产品研发、生产销售服务，以开发自有品牌的计算机系统与相关产品为主，业务遍布 180 个市场。联想聚焦全球化发展，树立了行业领先的多元企业文化和运营模式典范，力争成为国内一流、全球主流的高新技术企业。[86][87]联想是全球电脑市场的领军企业，20 世纪 90 年代以来，从技术研发、制造销售到提供优质专业的服务，联想电脑销量始终位于中国国内市场前列。联想一直将为中国消费者提供市场最领先科技产品与最优质的服务奉为圭臬，致力于实现企业的商业价值及产业价值，努力推动中国信息产业的发展。[88]在信息与技术竞争激烈的今天，联想集团实施了一系列蓝军举措，以应对外界环境的变化。

（一）联想蓝军历程

1. 蓝军创立

联想的创立是中科院采用蓝军思维进行自我改造的结果。为摆脱一味看重成果鉴定水平、忽略市场经济效益的旧观念，形成组织和吸引科技人才、以市场为导向的新机制，迎合时代需求，中国科学院计算机所公司仅凭 20 万元投资、11 名技术人员，经历长达 5 年的艰苦奋斗，于 1989 年 11 月 14 日正式成立了联想集团公司。[89]不同于华为早在 20 多年前，即成立之初，就在内部成立了专门蓝军部门，联想虽因蓝军思维而生，但早期并没有进行将蓝军实体化的相关举措。

2. 蓝军探索——“不叫联想的联想”

2001 年 6 月，联想集团创始人柳传志将公司服务业务拆分为“联想集团”和“神州数码”，交由他精心挑选、培养的两位接班人——杨元庆与郭为——全权管理。经历四年的发展，神州数码的营收已能与分拆时“老联想”的制造业务营收相当。[90][91]与此同时，联想控股的建立保证了股东利益与员工利益，也为联想未来的长足发展提供了坚实的保障。反观华为，虽也经历了多次结构组织的重组，包括成立了华为海思等子公司，却并未直接从内部将组织一分为二，进而独立发展出与自身规模能够相匹敌的组织，而是更倾向于形成公司内部的孵化机制。

3. “蓝军召集令”

2017 年 11 月，联想集团正式发出“蓝军召集令”，组建独立的蓝军队伍，并孵化了一系列高创新、高成长属性的创业公司。联想中国在红蓝军的合力推动下，加速推进智能物联、智慧行业、智慧服务和智慧渠道四大赛道的全面转型。

作为现任联想集团执行副总裁兼中国区总裁，刘军认为，联想将要打造两类组织，一是变革型组织，二是创新型组织。变革型组织即为红军，红军各“战斗单元”（如平板电脑、办公配件等）基本都属于联想目前发展比较成熟的业务，是一支装备齐全、兵强马壮、战斗力超强的热血部队。在未来，联想红军也将根据当前中国市场环境的变化进行业务重组以及数字化业务转型，在坚持“以客户为中心”的指导下，推动组织的矩阵化管理和 KPI 驱动，不断提升专业化水平。未来的联想红军将会实时推动自上而下的变革，例如当下已经在逐步推进的全网打通、精准营销等，以此确保红色军团一如既往的战斗力，持续发挥其战斗堡垒作用。蓝军就是联想灵活机动的创新型组织，在某种程度上属于联想的成长型业务，具备超强的灵活性和机动性，是整个联想战斗群的驱逐舰、战斗机编队。联想蓝军区别于传统组织及红军的最重要一点就是：这种组织可以自上而下地创新，并更加具备孕育创新的土壤，助其成长。

2018 年 5 月，联想通过成立智能设备集团 IDG（Intelligent Devices Group）对组织资源再次进行了重组，并整合了个人电脑及智能设备集团、数据中心业务集团，助其充分利用单一业务向多元业务转型中的共享平台加速技术融合。[92]

（二）联想蓝军典型案例

1. 来酷科技——智慧零售实践

来酷科技公司是联想智慧零售的践行者。刘军在接受记者采访时表示：“来酷科技是联想第一支出海的蓝军，无惧蓝海漫漫征途，是全球零售行业耀眼的新星，承担智慧变革的使命。[93]”

来酷科技作为联想蓝军实践的第一步，无惧前路艰险曲折，以开拓者的姿态毅然扬帆远行，备受各界关注，成为智慧零售行业冉冉升起的新星。旁观者或许只看到来酷科技的成就与贡献，只有身处内部，才能领会这种创新精神的坚毅和无畏。其中，有一股强劲的创新引领动力尤其值得关注，正是来自来酷科技自身的“蓝军”力量——来酷智能总经理卢岩及其带领的来酷智能。[93]

来酷智能当前业务涵盖从园区到交通、仓库、零售，从方案策划、产品选型、现场交付到售后服务等一系列业务与一站式服务。在卢岩的领导下，这支拥有资深的前沿技术应用开发能力，叠加十余年对园区管理、机场运营、公共交通、零售店面等领域业务理解及经验的蓝军团队，有能力真正帮助客户从细分行业赛道、新技术适用性、性价比等方面全面考量，提供有较高操作可能性的解决方案，从服务客户出发，努力降低成本、创造价值、预防风险，从技术和管理上实现产业综合升级。[93]

2. 天禧传奇——精益蓝军

天禧传奇是联想蓝军采取精益创业模式的成果，以联想控股、创始团队共同持股的形式组成，未来还将引进战略投资方。其掌门人周铭曾与联想合作了 20 多年，是联想在全国最大的分销商。如今他将带着 20 多年的零售经验，推动联想在新零售领域的战略落地。

人工智能与物联网技术的逐渐成熟和融合，昭示着智能物联网时代即将来临。在 2017 年“联接 · 想象”联想创新科技大会上，联想表示要成为智能变革的推动者与赋能者，依托五大“原力”，即产品、渠道、服务、AI、资本，在与生态伙伴合作的同时相互赋能，共同建设开放而包容的智能生态体系。联想基于对电子产品零售升级变革的思考，率先在 IT 零售业做出全新战略布局，推出了全新品类的智能物联网行业“4S”线下门店，店面将全品销售（Sales）、优质售后服务（Service）、产品展陈（Show）、用户交互反馈（Social）等做了全面的整合。天禧传奇无疑是联想对新零售探索的进一步深化，更具深度赋能的能力和开放性，能同时对消费端、商用端业务赋能；同时，非联想体系的公司也能借助该渠道，加入联想的新零售体系。

基于天禧传奇的创业成果，联想正加速推动新零售变革与服务转型，努力从原来单一 PC 硬件品牌转向智能生态体系，实现整个联想产品线、品牌形象的华丽转型，正努力缔造智能物联网时代的新传奇。

与华为等多数将“蓝军”作为最初关注非核心业务的企业内部成长组织不同，联想蓝军并不是简单站在第三方视角去审视组织内部潜在的危机，如自我批判，[41]而是更倾向于通过内部支持辅以外部发力，探索行业趋势和公司未来发展方向。例如上文提及的智慧零售，就走出了一条与现有核心业务有所不同的发展道路，指导、辅助联想及时进行业务及规划的调整。

3. 内部创新孵化——独立蓝军

在红军的基础上，联想内部为推动创新创业文化，也建立了独立蓝军。红军主要专注成熟业务，包括矩阵化管理、KPI 驱动，强调扁平化、减少层级、快速响应，打造变革型组织；而蓝军则专注于成长型业务，引入精益创业、OKR 绩效考评、合伙人机制，打造创业型组织。目前，联想集团已成功孵化百应、惠商、联想图像、联想长风等多支蓝军。

基于此，联想蓝军脱胎于联想但独立于联想，确立了实体组织、精益创业、股权激励及合伙人考核机制等独特模式，甚至还可引入外部投资。但与绝大多数将蓝军作为核心业务对立面的企业内部成长型组织不同，联想蓝军并不是简单地站在第三方视角去探索联想内部问题，而是倾向于通过“内部支持+外部发力”，走出一条与核心业务不尽相同的发展道路，进而指导和辅助联想进行及时的航向调整。正如刘军所说，联想蓝军的价值观在于，用卓越的产品和服务超越客户的期望、成就客户、与客户共赢未来，客户满意更重于领导满意。[94] 换言之，联想蓝军像是联想突破传统的尖刀连、抢占时代先机的轻骑兵，更是充满狼性的特种部队，作为联想持续发展的先驱者而存在。

参考文献

［1］杜俊义，冯罡．技术创新动态能力理论研究综述［J］．科技管理研究，2020，40（6）：1-6.

［2］张林，宋阳．企业技术创新能力评价体系构建研究［J］．商业经济研究，2018（10）：114-117.

［3］刘天利．企业家社会资本、动态能力与商业模式创新研究［D］．西安：西北大学，2018.

［4］薛敏．组织网络关系行为与动态能力释放研究［D］．电子科技大学，2018.

［5］孙慧，张双兰．国际化背景下动态能力与企业创新绩效的关系研究——来自中国高技术企业的经验证据［J］．工业技术经济，2018，37（11）：35-43.

［6］ ZOLLO M，WINTER S G. Deliberate learning and the evolution of dynamic capabilities ［J］. Organization Science，2002，13 (3)：339-351.

［7］ 吕鲲．基于生态学视角的产业创新生态系统形成、运行与演化研究 ［D］. 吉林大学，2019.

［8］ 文宗川，王哲，赵爽．国际视角下动态能力理论脉络与热点研究分析——基于 WOS 的 SSCI/SCI 数据源 ［J］. 系统工程，2019，37 (4)：2-10.

［9］ 彭新敏，姚丽婷．机会窗口、动态能力与后发企业的技术追赶 ［J］. 科学学与科学技术管理，2019，40 (6)：69-82.

［10］ 王益民，赵志彬，徐猛．链内攀升与跨链嵌入：EMS 企业动态能力协同演化——基于 Sanmina 公司的纵向案例研究 ［J］. 管理评论，2019，31 (1)：280-292.

［11］ 夏清华，何丹．企业成长不同阶段动态能力的演变机理——基于腾讯的纵向案例分析 ［J］. 管理案例研究与评论，2019，12 (5)：465-476.

［12］ 丁威旭，大卫·梯斯，李平．阴阳平衡思维方式与动态能力理论——VUCA 时代企业“灰度”动态能力决定企业高度 ［J］. 清华管理评论，2019 (11)：35-41.

［13］ 吴晓波．吉利在大变局中锻造组织韧性 ［J］. 经理人，2020 (7)：44-45.

［14］ 小黄点评．中国因疫情倒闭的企业数据统计显示超过 6000 家 ［EB/OL］. ［2020-04-30］. https：//www. gucheng. com/hot/2020/3896193. shtml.

［15］ WILLIAMS T A，GRUBER D A，SUTCLIFFE K M，et al. Organizational response to adversity：Fusing crisis management and resilience research streams ［J］. Academy of Management Annals，2017，11 (2)：733-769.

［16］ 李平. VUCA 条件下的组织韧性：分析框架与实践启示 ［J］. 清华管理评论，2020 (6)：72-83.

［17］ 张宝建，裴梦丹．企业韧性战略的双重选择——基于可持续创新理论 ［J］. 现代经济探讨，2020 (9)：89-97.

［18］ DENHARDT J，DENHARDT R. Building in organizational resilience and adaptive management ［D］. Guiford，2010.

［19］ LINNENLUECKE M K. Resilience in business and management research: A review of influential publications and a research agenda [J]. International Journal of Management Reviews, 2017, 19 (1) .

[20] 王勇. 组织韧性、战略能力与新创企业成长关系研究 [J]. 中国社会科学院研究生院学报, 2019 (1): 68-77.

[21] 曹仰锋. 组织韧性: 如何穿越危机持续增长 [M]. 北京: 中信出版社, 2020.

[22] HOBNE J F, ORR J E. Assessing behaviors that create resilient organizations [J]. Employment Relations Today, 1997, 24 (4) .

[23] MCCREIGHT R. Resilience as a goal and standard in emergency management [J]. Journal of Homeland Security and Emergency Management, 2010, 7 (1).

[24] ROBB D. Building resilient organizations, OD practitioner [J]. Journal of the Organization Development Network, 2000, 32 (3): 27-32.

[25] LENGNICK - HALL C A, BECK T E, LENGNICK - HALL M L. Developing a capacity for organizational resilience through strategic human resource management [J]. Human Resource Management Review, 2011, 21 (3).

[26] ORTIZ-DE-MANDOJANA N, BANSAL P. The long-term benefits of organizational resilience through sustainable business practices [J]. Strategic Management Journal, 2016, 37 (8): 1615-1631.

[27] VÄLIKANGAS L, ROMME A. How to design for strategic resilience: A case study in retailing [J]. Journal of Organization Design, 2013, 2 (2): 44-53.

[28] SOMERS S. Measuring resilience potential: An adaptive strategy for organizational crisis planning [J]. Journal of Contingencies and Crisis Management, 2009, 17 (1).

[29] BHAMRA R, DA NI S, BURNARD K. Resilience: The concept, a literature review and future directions [J]. International Journal of Production Research, 2011, 49 (18): 5375-5393.

[30] DUCHEK S, RAETZE S, SCHEUCH I. The role of diversity in organizational resilience: A theoretical framework [J]. Business Research, 2019 (13): 387-423.

[31] 路江涌．危机共存：后红利时代的管理法则 [M]．北京：机械工业出版社，2020.

[32] 何诚颖，闻岳春，常雅丽，耿晓旭．新冠病毒肺炎疫情对中国经济影响的测度分析 [J]．数量经济技术经济研究，2020，37 (5)：3-22.

[33] 赵剑波．组织免疫：如何从脆弱走向韧性 [J]．清华管理评论，2020 (6)：101-107.

[34] TEECE D J. The foundations of enterprise performance：Dynamic and ordinary capabilities in an (economic) theory of firms [J]. Academy of Management Perspectives，2014，28 (4)：328-352.

[35] 孙黎．蓝军战略 [M]．北京：机械工业出版社，2018.

[36] 孙黎．运用「蓝军思维」突破企业能力陷阱 [EB/OL]．360doc 个人图书馆，http：//www.360doc.cn/mip/660320686.html，2017-06-05.

[37] LEVITT B，MARCH J G. Organizational learning [J]. Annual Review of Sociology，1988 (14)：319-340.

[38] 王寅，张英华，王饶，张建宇．组织双元性创新模式演化路径研究——两种"次优"能力陷阱讨论 [J]．科技进步与对策，2016，33 (8)：93-100.

[39] 任峥，王富，宋合义．基于组织前因视角的双元性创新路径研究——以格力为例 [J]．中国人力资源开发，2017 (6)：116-122.

[40] 曾萍，宋铁波，蓝海林．环境不确定性、企业战略反应与动态能力的构建 [J]．中国软科学，2011 (12)：128-140.

[41] 孙黎．企业安全管理：如何利用蓝军思维出奇制胜？[EB/OL]．IT168 网络安全专区，http：//safe.it168.com/a2018/0629/3212/000003212222.shtml，2018-06-29.

[42] 强志源．当代西方战略管理学派评价与发展趋势 [J]．天津师范大学学报（社会科学版），2014 (3)：76-80.

[43] 王勇．组织韧性的构念、测量及其影响因素 [J]．首都经济贸易大学学报，2016，18 (4)：120-128.

[44] 孙黎．蓝军战略与蓝军思维 [J]．IT 经理世界，2018 (Z4)：60-64.

[45] SINGH B. The lean startup：How today's entrepreneurs use continuous innovation to create radically successful businesses [J]. Publishers Weekly,

2011（3）：508-509.

［46］孙黎．复盘：反思创新与商业模式［M］．北京：北京大学出版社，2012.

［47］武亚军．“战略框架式思考”“悖论整合”与企业竞争优势——任正非的认知模式分析及管理启示［J］．管理世界，2013（4）：150-163+164-167.

［48］唐鹏军．高不确定环境下企业反脆弱机能检视与构建［J］．企业管理，2016（10）：116-118.

［49］李宝．企业组织脆弱性生成机理与评价研究［D］．武汉理工大学，2012.

［50］甄淑芳．把握企业文化建设的要点［J］．经营与管理，2012（6）：44-45.

［51］李维安，陈春花，张新民，毛基业，高闯，李新春，徐向艺．面对重大突发公共卫生事件的治理机制建设与危机管理——“应对新冠肺炎疫情”专家笔谈［J］．经济管理，2020，42（3）：5+8-20.

［52］喻苗，王政剑．华为成长的生命逻辑［J］．浙江经济，2019（22）：36-39.

［53］沈永言，吕廷杰．华为的24个能力［J］．企业管理，2010，10（10）：48.

［54］栾慧婷，冀欣媛．华为股权激励模式下人力资源权益会计的实践与应用研究［J］．中国集体经济，2020（5）：59-60.

［55］吴春波．华为自我批判体系是如何强力运转的？［EB/OL］．［2018-09-02］．http：//ruthout.com/information/3881.html.

［56］王玉珏．基于熵与耗散结构理论的企业管理创新研究——以华为为例［J］．现代管理科学，2019（1）：72-74.

［57］卞志汉．华为“蓝军部”：模拟竞争对手，专门思考如何打败华为自己！［EB/OL］．［2018-07-26］．http：//www.ceconline.com/strategy/ma/8800094301/01/.

［58］任正非．励精图治，十年振兴［EB/OL］．［2018-07-06］．https：//www.sohu.com/a/239556282_797446.

［59］任正非．任正非签发98号文：不要在温柔乡中葬送了华为28年的

奋斗［EB/OL］.［2016-12-27］. https：//www. sohu. com/a/122717951_386694.

［60］董小英，胡燕妮，晏梦灵．从追赶到领先［J］. 清华管理评论，2019（11）：76-83.

［61］赵建东．视频丨任正非接受BBC采访全纪要：干货满满回应一切［EB/OL］.［2019-03-20］. http：//finance. sina. com. cn/chanjing/gsnews/2019-03-20/doc-ihrfqzkc5308166. shtml.

［62］通信产业网．任正非接受CBS采访：信息社会要合作共赢［EB/OL］.［2019-03-20］. http：//www. ccidcom/company/20190320/982ujt7xDQNW8R8MA-16h7r2ri6xvw. html.

［63］任正非．鸿蒙今年红得发紫？任正非一年37次采访，仅10次提到鸿蒙［EB/OL］. ARM，https：//armkp. com/thread-253-1-1. html，2018.

［64］孙黎．大产品的奇点［J］. IT世界经理，2014（9）.

［65］任正非．星光不问赶路人［EB/OL］.［2021-01-01］. https：//baijiahao. baidu. com/s？id=1689648536748 962012&wfr=s pider&for=pc.

［66］华为海思［J］. 办公自动化，2019，24（9）：14-16+42.

［67］赵衍．海思，成就华为手机核“芯”竞争力［J］. 上海管理科学，2016，38（6）：62-66.

［68］罗仲伟，任国良，焦豪，蔡宏波，许扬帆．动态能力、技术范式转变与创新战略——基于腾讯微信“整合”与“迭代”微创新的纵向案例分析［J］. 管理世界，2014（8）：152-168.

［69］崔传桢，吕欣．助力“互联网+”行动：解读腾讯的网络安全——基于“互联网+”行动背景下的腾讯信息安全及战略布局［J］. 信息安全研究，2015，1（3）：194-202.

［70］蔡东赟．腾讯iOA零信任安全技术实践［J］. 信息安全与通信保密，2020（S1）：98-102.

［71］曹仰锋．生态型组织：物联网时代的管理新范式［J］. 清华管理评论，2019（3）：74-85.

［72］YAMAMURO M，TAKASHIO S，UEMURA T，et al. Cardiac troponin T release level and coronary microvascular dysfunction in non-ischemic heart failure patients with cardiac fibrosis［J］. Journal of Cardiac Failure，2015，21（10）.

［73］马化腾．马化腾分享腾讯14年发展中的经验和教训［EB/OL］.

[2012-08-02]. http://www.nbd.com.c.

[74] 从腾讯的“灰度机制”到产品的“灰度上线”，你了解多少[EB/OL].[2016-01-07]. http://www.woshipm.com/pd/263558.html/comment-page-1.

[75] 汪旭晖，张其林. 平台型网络市场“平台—政府”双元管理范式研究——基于阿里巴巴集团的案例分析[J]. 中国工业经济，2015(3)：135-147.

[76] 杨狄. 上市公司股权结构创新问题研究——以阿里巴巴集团上市为视角[J]. 现代经济探讨，2014(2)：43-47.

[77] 吴波. 秘密转移第三方支付平台资金行为的定性——以支付宝为例[J]. 华东政法大学学报，2017，20(3)：97-102.

[78] 郭倩. 电子商务企业动态能力：信息化的发展趋势——知识管理[J]. 现代经济信息，2013(4)：20.

[79] 刘培谦，陈颖悦. 新零售背景下互联网商业生态比较——以阿里和腾讯为例[J]. 商业经济研究，2021(4)：90-93.

[80] 运用“蓝军思维”突破企业能力陷阱[EB/OL].[2017-08-15]. http://www.douban.com/group/topic/106188550/?type=rec.

[81] 孙永波，杨清桃. 从阿里和苏宁“闪婚”看零售业发展新趋势[J]. 财会月刊，2016(17)：7-10.

[82] 杨连路. 银座集团零售业务线上线下融合发展策略研究[D]. 山东大学，2020.

[83] 月度中国商人舆情关注榜，马云再次折桂：如果能重新选择一定不再做马云[J]. 中国商人，2014(7).

[84] 蚂蚁金服科技. 听说支付宝有一个“疯起来连自己都打”的项目[EB/OL].[2018-12-19]. https://juejin.im/post/5c19ccb451882531b81b4492.

[85] 华章管理. 一文读懂华为都在用的“蓝军战略”[EB/OL].[2019-07-30]. https://t.qianzhan.com/daka/detail/190730-45a1acc3.html.

[86] 欧阳桃花，崔争艳，张迪，曾德麟，胡京波. 多层级双元能力的组合促进高科技企业战略转型研究——以联想移动为案例[J]. 管理评论，2016，28(1)：219-228.

[87] 刘伟华，王思宇，贺登才．面向国际产能合作的智慧供应链绩效影响因素——基于多案例的比较［J］. 中国流通经济，2020，34（9）：3-20.

[88] 刘钊．浅谈联想集团并购文化整合［J］. 经营管理者，2012（6）：19.

[89] 柳传志．创办走向世界的计算机产业［J］. 中国科学院院刊，1990（3）：223-227.

[90] 孙冰．“幸存者”柳传志：惊涛骇浪35年［J］. 中国经济周刊，2020（2）：52-54.

[91] 洪月月．柳传志的传奇人生［J］. 城色，2013（8）：19-23.

[92] 殷志欣．风雨联想［J］. 国企管理，2018（11）：84-87.

[93] 央广网．来酷蓝军将领卢岩，率“来酷智能”将“智慧”送达万千客户［EB/OL］.［2020-07-14］. http：//baijiahao. baidu. com/s？ id=1672164528136919716&wfr=spider&for=pc.

[94] 谢付亮．中国企业需要怎样的价值观？——从华为、联想说起［J］. 现代企业教育，2010（7）：24-28.

第四章　中国知名企业品牌全球化营销研究①

全球化浪潮滚滚袭来，越来越多的企业开始将眼光投向全球市场。在企业开展全球化经营的道路上，品牌扮演着关键角色。近年来，国家积极鼓励有实力的企业“走出去”，极大地推动了中国企业品牌国际化的进程。在此进程中，华为、腾讯等企业开始在国际市场崭露头角。

随着国内经济快速增长以及国际市场不断成熟，以中国为主导的新兴市场品牌“突围战”开始引起广泛关注。[1]未来机遇与挑战并存，如何实现中国品牌全球化的“破局”依然迫切需要学界加大研究力度，从而为实践提出可行的指导。基于此，本章将以相关理论、核心问题与对策、中国品牌全球化典型案例三部分内容对品牌全球化营销相关理论和实践案例展开分析，希望对中国企业开展品牌全球化营销有所启迪和帮助。

第一节　相关理论

一、品牌全球化的内涵与路径

（一）品牌的内涵

众所周知，品牌在公司打造国际市场知名度和地位方面发挥着至关重要的作用，它承载着企业和产品的信息，可减少消费者的搜寻成本。品牌可形成拟人化属性，成为顾客打交道的对象，[2]并在部分产品类别中影响着消费者的购买决策。[3]建立好的品牌形象可以提高顾客的忠诚度，使他

① 本章内容由单娟和顾浩东带领团队完成，主要成员包括卢和博、段明乐、陈芊羽和黄嘉逸。该研究受国家社会科学基金项目（17CGL021）和上海市哲社项目（2020BGL031）资助。

们对于企业产品产生非理性的信任和热爱，并产生身份认同。[4] Roehm 和 Brady 提出，当企业出现负面新闻的时候，正面的品牌形象在一些场景下，可减少丑闻对于产品价值的冲击。[5]

品牌资产在新国际形势下的作用更加明显。面对新冠肺炎疫情这种不可抗力，拥有品牌资产的企业可通过市场渗透战略，将品牌资产变现为市场份额，或扩大目标市场，增加产品销售，应对短期的危机。此外，企业可以通过品牌延伸战略，进入之前未进入的产品或者行业领域，利用生态或者技术优势以及顾客对于品牌的认知与联想，迅速抢占市场份额。

品牌建设的一般路径：建立顾客对品牌的认知，让品牌能够被顾客所知晓。[6] 品牌的属性和表现都是基于认知之上的更高阶的心理活动。积极的品牌联想（例如品牌知识、品牌形象、品牌个性等）是通过顾客和品牌的互动产生的，可以促进购买选择，使其产生偏好，进而逐步产生情绪化的品牌意识和对于品牌的忠诚。[7] 品牌建设需要注意辨识度和宽度。根据 BAV 咨询公司的模型，新建立的品牌往往可以通过高辨识度获得品牌资产，进而通过扩大品牌的宽度来巩固品牌资产。当品牌无法维持辨识度时，将进入衰退周期。

根据调查发现，发达国家的消费者对于中国品牌的态度比发展中国家消费者更为负面。例如，在北美市场中，中国品牌的受信任程度是所有国家品牌中最低的，仅有 6%的北美消费者非常信任中国品牌。然而，调查结果也显示，美国“千禧一代”的消费者更有可能选择中国品牌，说明中国企业可以更多地针对美国年轻消费者进行品牌定位与传播。

（二）基于区域差异的全球化路径

Bennett 指出，[8] 尽管现存文献讨论了“全球”品牌的例子，但是仍然缺乏品牌如何全球化的规范性理论。品牌全球化经常面临“标准化”和“本地化”之争。[9] 即使当前全球化程度已经很高，但品牌距离下游标准化仍有很长的路。[10] 以汽车企业福特为例，通过实行完全标准化，福特公司在全球制造和销售超过 2000 万辆汽车。然而，当福特护驾系列登陆美国和欧洲市场时，两者的版本却只有散热器盖一致。因此，可以推断出一些结构性和长期性因素在制约所谓的完全标准性的全球化。[11] 例如：①地区间资源禀赋差异会导致产品在进入某市场时不可能完全照搬本国的标准；②国家间准入标准根据国情存在巨大差异，如汽车行业中，美国安全标准严格程度不如亚洲和欧洲；③地区环境结构差异，如道路类型、气候、湿度会导致消费者产生不同的偏好；④长期的文化影响会导致客户产生偏好差异，如德国消费者偏爱驾驶的舒适感，而英国消费者偏爱设计的奢华感。

因此，全球市场的概念在一定程度上暗示了标准化，然而过度强调标准性全球化会导致企业在全球品牌建立过程中和实践脱节。[12] Kapferer（2005）在提出品牌全球化概念时，强调结合具体情况选择性全球化。[13]品牌要确定：哪些要素在不同的市场中应该是相同的，从而建立标准化指标；什么要素可以跨越国界，可以在多大程度上跨越国界。[14]总之，企业要取得“标准化”和“本地化”的平衡。为了实现这个目标，Kapferer 将品牌看作系统工程，提出了品牌全球化的 7 种模式：[15]

模式 1 是完全不适应的典型代表，比如奢侈品，因为高度标准化可能会和奢侈品奢华以及定制性的形象产生矛盾和冲突。

模式 2 是认识到产品在不同的区域需要不同的定位策略，例如汽车领域，福特 Fiesta 系列在德国市场是一种小型商务车，而在葡萄牙市场被定义为家庭用车。

模式 3 是认识到需要根据进驻市场进行重要的产品线调整，典型案例是雀巢的品牌全球化模式。

模式 4 是全球品牌在公司间的分拆，例如宝莹由联合利华和汉高共同经营。因此，在同一个品牌名称下会出现不同的产品和产品定位。

模式 5 是基于法律原因，品牌在全球化进程中必须更名。例如英国的 Vauxhall 和欧洲的 Opel，除了名字不同，其他都是一致的。

模式 6 是全球品牌以不同的价格定位销售相似的产品，例如在高端的大众车系中，很多汽车非常接近，甚至很多设计与奥迪入门级非常类似。

模式 7 是借鉴欧洲自行车市场领导者 Cycleurope 的品牌全球化模式，它本身是一家瑞典公司，但通过收购其他国家市场领先的自行车品牌，实现品牌全球化进程。

综上所述，我们可以发现严格意义上的全球化具有巨大的组织优势，因为集中化管理非常简单。随着时间的推移，后全球品牌时代，各个品牌应该“因地制宜”。[16]

二、国际品牌架构模型

国际品牌架构是公司国际营销战略的重要组成部分。品牌架构可以帮助企业通过不同的品牌进入不同的目标市场，实现跨市场整合。[17] 本部分主要从国际品牌架构驱动要素以及国际品牌塑造路径两个方面对国际品牌架构模型进行论述。

（一）国际品牌架构驱动要素

从本质上来看，企业的国际品牌结构由三个因素组成：公司特征、产品市场特征以及潜在市场动态（见图 4-1）。虽然企业过去的发展路径在一定程度上决定了当前品牌战略，但市场动态、经济及政治一体化会给品牌全球化战略的选择带来压力。[18] 因此，品牌结构就像一个有机体，会根据驱动因素而不断演变。

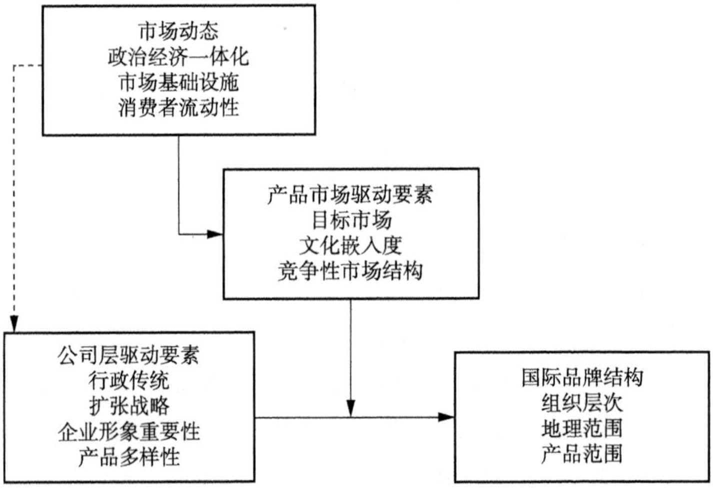

图 4-1　国际品牌架构分析

1. 公司层驱动要素

品牌的框架结构反映了前几代管理指令。

首先，在行政传统上，诸多学者支持自由度较高的公司，其管理者在战略和日常运营方面也有很大的自主权和控制权，反映在品牌结构上，则是该企业很可能着力从本土品牌出发。而组织结构相对集中的企业，如索尼和西门子，更可能构建全球品牌。

其次，公司在决定品牌数量和构成时，扩张模式是一个不可回避的话题，决定了企业是进行内部扩张还是通过收购和战略联盟进行扩张。

再次，公司对企业形象的重视程度影响着国际化品牌的结构。如 IBM 一直被外界视为“蓝色巨人”，其企业声誉和坚实的品质息息相关。而苹果公司更多给人一种充满活力且具有创新精神的形象。

最后，公司产品的多样性或业务之间的关联性和品牌全球化结构息息相关。[19]产品线密切相关的企业或者拥有核心能力的企业往往强调打造单一的企业品牌；相较之下，当企业针对不同客户群体设计不同的产品或服务时，这些品牌往往会选择为个别产品和业务重新打造品牌或业务关联。

2. *产品市场驱动要素*

产品市场驱动要素在品牌架构中具有重要地位，[20]它包括目标市场、文化嵌入度以及竞争性市场结构。

首先是目标市场，当一家公司以全球市场为目标时，全球品牌会为其建立独特的全球身份提供支撑和帮助。另外，企业也可以通过地区划分不同的国际市场，对具有相似兴趣和购买行为的消费者进行细分，通过借助当地媒体及分销商进入细分市场，从而获得成本效益。

其次，文化嵌入度是另一个关键要素，对于全球市场中需求相对一致的市场来说，其是标准化全球品牌推广的绝佳选择。相较之下，对于具有深厚文化底蕴的产品，企业应该考虑如何迎合当地文化，从而减少进入该市场的阻碍。

最后，竞争性市场结构是影响品牌战略的重要因素。当市场完全整合，相似的竞争对手在市场上竞争，如在航空领域使用标准化全球品牌，有助于为企业提供竞争优势。如果在特定市场中存在强大的本地或地区竞争对手，企业需要考虑使用多层品牌结构。例如，可口可乐不仅有全球标准化的可乐，还有几款迎合特定市场口味的本土化汽水。

3. *市场动态*

虽然公司的历史和产品市场塑造了公司的品牌结构，但市场动态在不断改变着市场环境。

首先，世界上许多地区政治和经济关联性增强，这是刺激全球性品牌发展的关键因素。随着政府政策的放宽以及人员和信息跨境流动增多，国际品牌的营销环境变得更加有利。

其次，全球市场基础设施的增长是国际品牌传播的主要催化剂。全球和区域媒体为国际品牌的传播提供了更加丰富的手段，尤其是当这些品牌进入具体细分市场时，全球化媒体通过向消费者灌输对国际品牌及其他国家生活方式的认知，提高消费者对国际品牌的兴趣。

最后，消费者流动性也不能忽视。接触和熟悉多样化产品以及相应文化，会使人们更容易接受其他文化的品牌和产品，这些因素都为国际品牌的传播和发展提供了有利的环境。

4. 国际品牌结构

综上所述，越来越多的企业正在建立明确的国际品牌架构，指导企业全球化品牌的打造，从而提高国际市场品牌战略凝聚力。该架构由三部分组成（见图4-2），其中包括品牌在组织中的级别、品牌地理范围（即全球、国家或区域）以及产品范围（即可使用品牌的产品或产品线范围）。

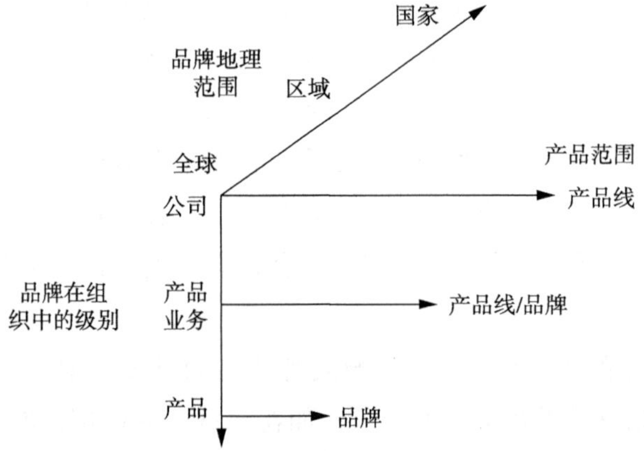

图 4-2　国际品牌架构维度

（二）国际品牌塑造路径

1. 国际性品牌架构设计

管理层需要设计一个高效、和谐的品牌架构，涵盖不同国家的产品线运营。[21]该框架的设计需要满足三个原则：简约性、一致性和认可度。

简约性上，品牌架构应该囊括公司现有的品牌。在富有条理的品牌框

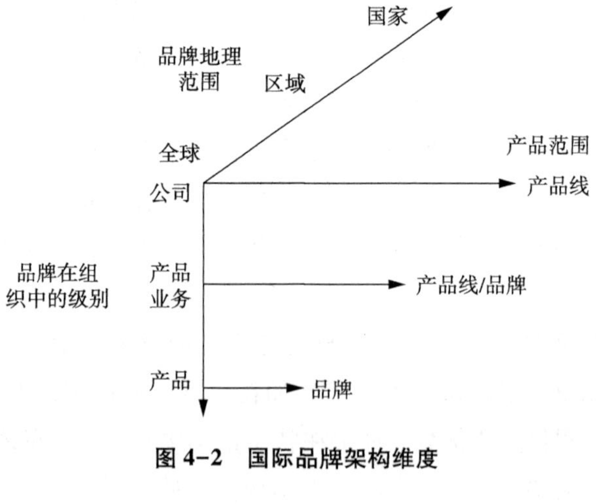

架下，侧重性地增强某些品牌作用。当相似产品以不同品牌名称在不同地区销售时，应该从品牌框架出发，遵从简约性的原则协调相关问题。

一致性上，企业需要考虑从多大程度上平衡品牌名称与不同产品之间的共同身份。虽然为不同产品线建立独特的品牌形象，有助于建立各自的品牌身份，并最大限度降低负面关联的风险，但是使用共同的品牌名称可以巩固此前品牌打下的成果，产生协同效应。所以，在进行品牌架构时，需要取得上述关系的平衡。

认可度上，使用企业品牌背书可以将产品与公司联系起来，并为客户提供保证。在国际市场上，企业品牌背书可以为某些新兴品牌在新的环境中构建品牌身份。需要注意的是，品牌之间的负面影响可能会对双方造成伤害，并对多个产品线产生长期影响。企业需要权衡上述两方面的问题。

2. 战略品牌托管权分配

国际品牌市场风云变幻。[22] 随着市场的发展，企业需要建立明确的国际品牌架构，不要仅仅追求数量，更要提高效率和品牌质量。因此，企业迫切需要制定管理和监控关键战略的程序，确保某些关键品牌的完整性、可见性和价值。

首先，企业可以考虑就品牌托管权进行协商。企业内部和各区域经理之间对品牌定位进行统一，这种策略更加适用于具有强大管理能力的公司。例如，联合利华的低脂人造黄油品牌在英国以 Flora 牌销售，在美国则以 Promise 牌销售。然而，如果有多个品牌需要管理时，上述方法可能会增加企业的管理成本。

其次，选择品牌先锋策略。该策略要求品牌先锋被赋予在全球范围内管理品牌的责任，包括监测品牌在国际市场定位一致性以及授权其他企业使用该品牌。品牌先锋可以是公司内部的高级经理、区域经理或产品开发小组，例如法国区拥有立顿品牌的托管权。该策略的重要意义在于品牌先锋可以向高层汇报，并且有权批准或拒绝相关产品线业务，从而维护品牌完整性。

最后，选择集中托管策略。这个策略适用于各个区域市场特征较为一致，并且区域管理能力有限的情况。在此策略下，品牌手册被看作确保品牌定位和一致性的重要机制。该手册由总部制定，对全球品牌包装、标志等细节做出要求。实现这种策略的难易程度取决于公司组织结构。例如，耐克公司可以严格控制其标志的使用，保证其品牌定位和全球广告的一致性。业务越新，针对特定的全球市场，公司越有可能实行高度集中的控制。

3. 国际性品牌审核架构

品牌架构不是一个静态框架，需要不断进行迭代和修改。建立品牌托管机制有利于品牌在不同市场中管理的一致性。由于外部环境在不断变化，所以企业必须保证定期审核品牌架构。在审核过程中，企业首先需要评估个别战略品牌遵守既定准则的程度，其次需要确定当前品牌架构是否需要全部修改。

第一阶段是合规审核，通过对单个品牌自下而上的审核，评估每个品牌在公司整体品牌架构中的表现。这一阶段的关键步骤是：①收集信息，确定品牌在每个国家的营销策略；②确定品牌在架构中的既定定位的偏差以及产生偏差的原因；③评估品牌的表现，如果潜在的市场状态或产品市场结构发生了变化，品牌在整体架构中的地位也必须做出相应改变。在进行准备工作后，审核应在包括品牌托管人在内的主要参与者的会议中进行。

第二阶段是战略审核，具有战略性、自上而下的特点。确定符合既定准则并进行分组后，高级管理层评估国际品牌架构的整体结构，以确定在不同级别下的适应度。同样，一个关键因素是品牌架构的潜在驱动因素是如何变化的。如果战略审核结果是公司的品牌架构不再适应潜在驱动因素，那么应该修改企业品牌的架构，使其更好地适应市场的变化。

三、基于个体的原产国效应分析

（一）原产国效应的含义

在品牌全球化过程中，企业需要根据不同市场消费者心理和行为的特征差异，对产品进行不同的设计，制定沟通策略，以满足消费者不同层次的心理需求。消费者心理会不可避免地涉及品牌原产国问题。[23]原产国效应指的是消费者会根据品牌的原产国来推断产品属性，影响对品牌的评价和自身的购买行为。

（二）影响原产国效应的因素

1. 国家形象因素

原产国形象是原产国效应产生的基础，也是影响原产国效应的重要因素。以往研究表明，当消费者对某国产品不熟悉时，就会凭借国家形象来推断产品属性。另外，消费者对于产品的评价与该国的经济发展程度成正比。[24]国家形象相对弱势的国家在品牌全球化的过程中可以多为品牌赋予不同形式的信息，采用差异化的营销方式，强化品牌理念等，以提升品牌形象，加快品牌全球化进程。

2. 文化环境因素

文化是由很多复杂、多面的因素构成的。著名跨文化研究学者霍夫斯泰德将文化间的差异归纳为五个基本的文化价值观，分别是权力距离、不确定性规避、个人主义/集体主义、男性化/女性化、长期导向/短期导向。以往研究表明，个人主义的消费者倾向于购买外国产品，而集体主义的消费者偏向于购买本国产品。

3. 产品属性因素

企业的声望可以作为产品价值判断的重要线索。文献指出，对商家或者企业的质量感知可以在一定程度上降低消费者对特定产品的感知风险，进而减少价值判断中对原产国效应的依赖。[25]因此，知名品牌可以部分淡化原产国效应。另外，如果消费者购买的产品比较复杂，或者涉及较新的技术，那么品牌以及原产国效应的重要性将进一步提升，消费者需要品牌或者国家形象的担保来减少感知风险。反之，如果产品的技术复杂程度较低，消费者形成确定的价值判断则较为容易，那么品牌和原产国效应的作用相应降低。

四、基于消费者心理的品牌全球化分析

（一）品牌全球化背景下的消费者心理研究

消费者心理是品牌全球化过程中需要着重把握的一个因素，在品牌全球化过程中，企业要根据不同市场消费者心理和行为特征差异，满足不同层次的心理需求。

通过消费者心理研究，企业可以加深对目标顾客的了解，进而在产品开发、市场推广、经营决策等过程中采取更为有效的决策。随着经济全球化，各个国家间的贸易往来愈加频繁，产品跨越国别流通，促进了不同地区、不同消费群体的融合。在品牌全球化视角下，市场动向纷乱复杂，准确捕捉和预测消费者心理的难度增大，消费者心理研究变得更加重要。

此外，受经济和品牌全球化的影响，有关消费者心理的研究从传统关注消费者认知、消费者心理类别、影响因素等方面，逐渐转向文化作用下的消费者心理、消费者双重身份对品牌评价的影响、消费者民族主义与全球认同感等领域。

从理论角度来看，文化塑造消费者行为，理解目标市场国的独特文化因素和文化背景尤其重要。假设全球市场是趋于同化的，消费者心理和行为就可精准预测。可大量的跨国公司实践经历指出，全球化并没有使各地消费者一起向着文化同质化转变，单一的全球战略过于僵硬而无法因地制宜。如果忽视目标国的文化与习惯，可能导致文化误操作而使口碑受损。

当品牌进行跨国营销时，文化因素直接影响着消费者的价值取向。随着产品的跨国别流通，同类产品的功能差异化逐渐减小，消费者心理模型开始关注品牌的独特特征，企业只能从品牌差异化角度寻求突破。

Shimp 和 Sharma 提出了消费民族中心主义（Consumer Ethnocentrism Tendency，CET）的概念。持有这种主义的消费者，往往对本国产品给予更正面的评价，认为购买外国产品会损害本国经济。[26]相反，如果消费者民族主义感低，对国外产品的评价和购买意愿就大。全球化使消费者在当地认同之外形成了全球认同，不同的生活方式和文化象征跨越地方和国家界限，使得当今大多数人都具有当地和全球两种社会认同感。[27]

随着经济一体化发展，消费者敌意作为一种重要的心理变量受到越来越多学者的关注。Klein 等研究南京大屠杀事件对中国消费者购买日本产品的影响时，提出了消费者敌意的概念。[28]消费者敌意会对用户对于敌国产品的质量判断产生影响，并会降低其对敌国产品的购买意愿。[29] Jung 等定义了四种不同类型的敌意：个人稳定敌意、个人情境敌意、国家稳定敌意和国家情境敌意。[30]其中，稳定敌意源自以往的历史事件，例如日本侵华战争；而情境敌意则是由目前的经济和政治事件激发的。[31]

（二）基于消费者心理的全球化品牌定位

在全球化的趋势之下，各行业都面临着品牌定位问题。从概念上看，品牌定位是把本品牌与竞争品牌相区别，使品牌与消费者产生联系的过程，其本质在于针对消费者心理形成品牌差异。

消费者心智是目前洞察消费者的主要方法。一般认为，消费者会在长期的消费过程中逐渐学习，加深对产品和品牌的理解，产生知识和记忆。这种知识和记忆因为是通过自主学习产生的，对产品价值判断和决策有较强的影响力，比外部的营销沟通更重要。而且消费者心智一旦固化，则通过外部沟通进行改变的难度较大。

只有定位在竞争对手没有占领的消费者心智上，才能够获取品牌定位的成功。成功的定位一般包括以下几个步骤。第一，分析内外部环境，了解竞争对手。第二，进行差异化定位，寻找消费者心智中的空白点，创建新品类，建立品牌格言。第三，寻找信任状，避免消费者的负面认知。第四，传播品牌主张。具体而言，企业可以通过网络营销、媒体宣传等手段强化品牌在消费者心中的定位；企业也可以通过线下的消费者交互和接触，建立更直观的积极形象，影响消费者对企业的感知，直到占领他们的心智。

纵观世界著名品牌的形成过程，其品牌创始之初，一定是带来了全新的技术或者商业模式上的重大创新。此外，企业可通过“讲好故事”凸显全球消费者共性。争夺大众市场是全球化品牌的共同目标；大众的故事如何讲好、讲出特色是全球化品牌的共同难题；在不同市场寻求同质性感知，将企业与消费者相关联，带给消费者自我价值被强化的体验，是全球品牌定位的新战略。

第二节　核心问题及应对策略

一、品牌全球化发展现状

与过去相比，越来越多来自国内的优秀品牌开始在全球范围内受到关注。其中，中国知名的国际化品牌，如华为、海尔、小米等都在全球市场中取得了不错的成绩，其面临的挑战和机遇被各方所关注。在此背景之下，新兴市场的品牌如何突围、如何发展为具有影响力的全球性品牌，成为学界研究热点之一。

中国品牌的全球化之路引起了各层面的重视。2017 年起，每年 5 月 10 日被定为“中国品牌日”。各界对如何提升品牌形象以及品牌全球化意见较为统一，主要观点是国内企业在提升中国制造质量以及拓展国际业务时，应将塑造全球品牌和谋求全球化发展作为核心目标。未来，借助优势打造享誉全球的中国自己的品牌，[32]进而形成中国品牌及产品在国际上的优势，是中国向“品牌强国”强势逆转必须把握的关键。然而，与国际的一流品牌相比，中国品牌全球化还有很长的路要走，知名品牌数量不足、产品品质亟待提升、品牌维护意识不足、品牌溢价能力低、与消费者沟通能力不足等是近年来几个主要的问题。如何直面现状、有针对性地处理品牌全球化中存在的不足，是企业提升品牌全球影响力的关键。

（一）国际知名品牌数量不足

在过去十几年中，中国品牌在世界舞台上表现活跃积极。早期以国企为先行队伍，主导了海外一系列上市，如中石化、中石油、中国移动等，后来一批优秀的高科技民企也纷纷走出国门，比如百度和海尔。近年来，更多的中国企业不断在海外崭露头角，华为、阿里巴巴等品牌更是为其他国家消费者所熟知。[33]

不可否认的是，中国目前已经发展成为世界公认的制造大国，崛起的中国品牌也开始在海外市场拥有一定知名度。《财富》2019 年数据显示，世界 500 强企业中，中国企业已达 129 家，连续 16 年呈现增长趋势，但是，2019 年发布的《世界品牌 500 强》报告显示，中国该年进入榜单的品牌只有 40 个，与排名第一的美国（208 个上榜品牌）相差甚远。同时，从英国权威品牌咨询机构 Brand Finance 于 2018 年公布的数据可以看出，中国品牌价值总量位居世界第二，其 9115 亿美元（合人民币 6.03 万亿元）的总值占全球的 15%，但在比例上依然落后排名第一的美国（2.53 万亿美元，合人民币 16.71 万亿元）较多。基于上述情况，不难发现中国品牌全球化有巨大的发展空间。近年来，随着国家政策支持力度的扩大以及国内诸多企业准确把握机遇，我国全球性品牌建设表现出良好的态势。未来，如何打造具有竞争力的全球化品牌，对于更多的中国企业来说，既是机遇，也是挑战。

（二）产品质量仍需提升

从全球市场层面可以看出，发达国家在总体上仍掌握着各类一流品牌。联合国开发计划署发表的数据显示，当前全球各类名牌产品约有8.5万种，发达国家和新兴经济体占比超90%。发达国家在品牌层面具有绝对的主导地位，这种地位也促使它们长期处于全球产业链的高端位置，而多数发展中国家相应地处于依附地位。

过去较长一段时间内，中国品牌大都以一种“价格低廉，技术含量低”的形象停留在国外消费者印象中。诸多国际知名品牌早期将大量制造业转移至中国，而处于供应链低端的国内产业仅收获微薄的利润。目前，该情况已经有了很大改善，但产品融合度低以及缺乏可持续的品牌生态圈依旧是中国品牌发展的难题。

目前中国属于制造大国，与发展成为制造强国以及品牌强国还有一定的差距。而品牌强国的深层核心，蕴含着科技强国、质量强国等多重因素。[2]这要求多方齐头并进，多管齐下。首先，政府在品牌建设中应该担当好引导者和监督者的角色。其次，必须重视企业在品牌建设和创新中的主体地位，完善市场竞争机制，将品牌做强做大，提高中国品牌的竞争力。最后，基于社会层面，各方应该自觉维护品牌，实现国家、企业、个人协同推进品牌全球化的良好态势。

（三）品牌和商标的维护力度不足

企业在早期进行品牌构思和设计时，不仅要立足于当下需求，还要考虑该品牌在全球化进程中的适应性问题。早先，众多企业因为没有提前做好品牌规划，在进入海外市场后不被当地消费者接受，最后被迫退出市场，这不仅对企业品牌形象和公司业绩造成影响，同时也给国家形象带来严重的负面冲击。所以，早期审慎规划品牌是企业不能忽视的重要问题。目前，仍然有部分国企缺乏对自身品牌的一致性把握和管控，经常因为一些短期利益而做出“自砸招牌”的行为。如何做到树立长远战略目标，在品牌全球化进程中做到主动维护品牌，是企业需要关注的另一个重点。

当前中国企业进驻海外市场，仍然存在品牌及商标保护意识薄弱等问题，何时保护以及如何保护一直困扰各个企业。目前，国内学者指出，中国品牌走向世界，需要“商标”先行，提前采取相关措施，并保证商标已具有法律效力。当前背景下，我国政府正在积极发力，着力保护自主知识产权，严惩侵犯品牌专利、版权和商标的行为。同时，政府应提前对涉外企业进行知识产权预警，协助企业在品牌全球化进程中充分利用国际公约和国际法律维护自身合法权益。

（四）品牌溢价能力低

目前，中国自主品牌集中在中低档层次，所以品牌溢价和市场占有率都大大低于国际知名品牌。中国企业需要转变“以量取胜，以价取胜”的思路，采取品牌经营，以品牌溢价高来获取消费者的口碑和声誉，从而提高利润。

当前品牌溢价的高低主要由消费者意识决定，并不是所有消费者都愿意支付品牌溢价，品牌本身形象、感知质量以及消费联想会成为影响消费者为品牌溢价买单的重要因素。因此，品牌的打造和经营必须建立在高质量基础之上，不断向消费者传递品牌质量可靠的信息，例如小米、海尔、华为等品牌都是基于良好的品质顺利打入目标消费市场的。另外，品牌溢价能力和品牌本身知名度存在巨大联系，此前中国出口产品之所以价格低廉，很大程度是因为处于无品牌或不知名品牌状态。同样是一件中国制造的衬衣，贴上国际品牌，如 Prada、杰尼亚等，价格就会几十倍地上涨，而本土出口的衬衣，即使价格非常低、质量非常好，也常常陷入无人问津的局面。

因此，未来品牌全球化进程中需要更加关注如何打造优质国产品牌，扭转低端品牌形象。本土品牌必须以提升品牌溢价能力、探索提升品牌价值为主要目标。

（五）与消费者沟通能力弱

当前，不仅是品牌全球化进程的关键时期，也是移动互联网广泛传播和渗透的时期。相较于传统品牌的灌输式沟通方式，现在的消费者则更加重视与品牌的平等沟通。结合目前品牌国际化的目标，未来企业如何克服经济、文化、个性偏好等因素与国外消费者进行有效沟通，对诸多有志向实现国际化的品牌企业来说是关键问题。

品牌全球化可以看作是进入全球市场的本土品牌和世界各地消费者进

行交流的过程。基于文化差异，不同地区的消费者表现出强烈的文化敏感，进而体现在对全球品牌的渴望及消费态度上。而当下中国品牌和世界消费者依然存在着无法平衡文化融合和凸显本土品牌特点等问题。

品牌全球化可以借鉴随移动互联网兴起的内容营销、体验营销等方式，挖掘用户和品牌间的利益共同点，从而进行更加巧妙的沟通和对话，从根本上激发全球消费者的参与度和购买欲望。

（六）总体趋势向好，孕育重大机遇

目前，自主品牌意识在国内企业中不断涌现，更多企业意识到了低端生产的危机，[34]正在实现向自主品牌的跨越。例如，国内知名科技企业华为、小米、海尔等开始将自己的设计、生产和销售等环节扩展至全球市场，进而提升品牌全球化供应链运营水平。“以农村包围城市”一直是企业采取的另一项重要战略。一些自主品牌可以在早期将目标市场定位于发展中国家，选择在相对缺乏竞争的商业蓝海中打好基础，推出竞争对手无暇开发且不愿开发的产品。由此可以看出，中国品牌正在为进入下一个阶段蓄力。越来越多进入全球市场的中国品牌正在通过“干中学”，努力提高自身的品牌运营能力，从而找寻到品牌全球化的发展出路。[35]

二、品牌全球化存在问题

目前，许多中国企业，甚至一些知名企业，对于品牌的认识十分有限，与很多国际知名品牌相比，无论是品牌建设的意识还是具体的行为方式都不够成熟，这被称为“巨婴症”现象。[36]中国巨大的市场为这些企业提供了太多的“营养”和机会，导致很多企业还没有发育出完善的“大脑”——品牌之时，规模和体量已经非常庞大了，这是诸多企业与品牌崛起迅速、陨落也迅速的重要原因。

与世界诸多一流品牌相比，国内品牌的全球化存在的问题依然很多，且主要集中在缺乏品牌建设的长期规划、定位不清等方面，而这些问题无疑会损害品牌声誉并进一步降低当地市场受众的品牌忠诚度。与此同时，当国际消费者对于产品不够了解时，前期培育品牌所暴露出的弊端就会产生巨大的“晕轮效应”，影响消费者对于产品的认知和购买决策。[37]

到目前为止，中国企业距离大规模打造具有全球影响力的品牌还有一

定的距离，需要国家以及企业进行不断的深耕。

（一）品牌意识淡薄，品牌定位不当

诸多国内企业，尤其是中小型企业的品牌意识不强，未能深刻认识到品牌在企业发展中的重要战略地位，[38]认为创立品牌是诸多大型企业的职责，自身则仅仅满足于在地区市场中苟安即可。[39]另一个突出的问题是众多企业在进入国际市场后对品牌和商标关系认识不到位，导致在国外发展早期不重视商标保护，从而被其他公司抢注商标。一旦公司发展到一定规模后发现自己使用了“侵权”的商标，轻则花费大量资金，重则另起炉灶，导致品牌全球化推进前功尽弃。而这些问题正是对国际惯例、规则以及经营理念认识的缺乏所导致的，使得本土品牌在进入国际市场时处于劣势地位。[40]

品牌在进入国际市场之前，必须明确品牌的定位问题，即目标消费者有哪些？企业能为目标消费人群提供什么产品？品牌定位在于塑造“差异性”。以国外饮料行业为例，可口可乐主打经典和正宗；而百事可乐则转向针对年轻人，以时尚、年轻为定位；其他饮料甚至提出“非可乐”的差异性定位，从而在激烈的竞争中占得一席之地。而中国品牌在进行定位时，往往存在差异化不明显、寓意趋同等问题。以白酒行业为例，很多白酒定位都倾向于“喜庆吉祥”以及男性魅力，导致消费者在进行选择时印象不深，难以产生深刻联想。这些品牌的定位不当，实际上正是企业在进行品牌建设的过程中缺乏科学规划的结果。由于品牌缺乏清晰诉求，企业在全球化进程中成本增加，从而造成产品销售困难的局面。[41]

（二）营销观念落后，缺乏推广手段

目前，中国企业在面向国际市场的竞争中，主要采取两种方式：一是为其他国际知名品牌做贴牌生产，以代工赚取差价；二是通过海外并购，直接利用原有品牌的知名度。但上述方法实则不利于中国品牌的全球化探索。例如华为深耕海外市场多年，已经成为全球电信设备制造巨头，但其在品牌推广上却依然行事低调。

由于对品牌全球化的浅显认识，中国企业早期往往不愿意探索海外市场。但品牌国际化的实质应该是以自主品牌被国际消费者接受和熟知为基础，以建立品牌国际影响力为前提的。同时，中国品牌的全球化进程中过

于倚重固定消费群体，导致品牌很难被国际消费者知晓。例如：海底捞在进行品牌国际化时，依然侧重于“中国城”的探索和选址，其结果自然是难以打开其他市场。[42]因此，要想在海外建立品牌影响力，中国品牌必须重视合理的推广和营销。

（三）缺乏国际视野，价值沟通困难

此前，有学者认为企业品牌的全球化推广不仅仅是一个基于时间、地理限制的品牌输出过程，心理距离跨越的影响往往更加深远。众多研究验证了这一论断，认为通过与消费者沟通可以提升消费者对品牌的价值认同，从而增强其对该品牌的偏好。[43]

20 世纪 80 年代，日本企业开始寻求品牌全球化扩张，索尼公司创始人盛田昭夫就提出“全球化思考，本土化运作”的策略，而其核心就是要塑造美国本土消费者对于这种全球文化的认同，通过产品获取和体验理想的生活方式。[44]这要求品牌在推广过程中要实现满足本土消费者诉求以及寻求多方价值观认同的平衡。[45]基于自身的品牌全球化理念，建立起与母国的信任和沟通机制，从而有效树立起企业正面形象。

因此，中国企业还有很长的路要走。在过去中国品牌全球化的大潮中，由于难以达成价值沟通以及文化共通而被迫退出海外市场的企业不胜枚举。这也提醒中国企业仍然需要提升品牌全球化整合和运营能力，不断修炼内功，为日后建立具有影响力的国际品牌奠定基础。

（四）推广系统性差，缺乏战略思维

在利润导向的大环境下，企业看重盈利而不是品牌的建立，这种“唯利是图”的推广思维，将极大影响中国企业建立全球性品牌。

品牌的全球化推广是基于国内市场的稳定展开的进一步探索，而国内企业普遍存在侥幸心理，认为有限次数的推广活动就足以打响品牌知名度，但这种想法极度不适应市场化和规范化的发达国家。一方面，品牌全球化不可能一蹴而就，中国品牌要“走出去”，必须进行长时间的品牌建立和维护；另一方面，企业品牌建设是系统性的，需要从多个层次打造传播机制，在进行品牌推广时一定要明确向目标消费者阐述“我是谁”这一重要问题。除此之外，企业应履行社会责任，如积极参与帮扶社区弱势群体、支持当地文教事业等活动，从而打造良好的企业形象。[46]

三、品牌全球化应对策略

品牌的国际化往往是企业走出去的结果，也是企业走出去的最大凭借，两者是相辅相成的。在企业国际化的初期，产品的质量和价格往往会成为影响购买的主要因素，但是随着国际化的深入以及企业的做大做强，就会逐渐过渡到以品牌为主的输出上，而不再是单一的产品输出。甚至可以通过海外直接投资实现在本地化的生产与销售，直接通过品牌的授权获得利润。中国企业和中国品牌的国际化箭在弦上，不得不发，只有坚持走品牌的道路，才能形成中国商品的长期可持续的竞争优势。参考刘红燕等人的研究，中国企业可以通过以下战略建设品牌。[47]

（一）树立品牌意识，积极参与品牌建设

目前，很多中国企业在品牌建立过程中仍存在很多误区，例如认为企业应该先有产品，之后才有品牌。然而，建立一个品牌是一个漫长而复杂的过程，中国企业需要把品牌意识渗透到企业经营的方方面面，建立长远的品牌战略。

随着经济全球一体化，中国企业必须站在全球的角度来审视跨国公司的生产链，并结合自己的优势在复杂的全球生产链中找到适合自己的位置。[48]另外，受到经济全球化、信息网络化的影响，当前企业的竞争环境发生了巨大变化，竞争对手无处不在。不同产业的整合让技术和行业间的边界越来越模糊，企业或产品的生命周期往往取决于自身对环境的适应性及面对环境的协同进化力，而强势的品牌可以摆脱产品生命周期的束缚。因此，企业只有树立全球的品牌意识，才能在瞬息万变的环境中获得竞争优势。

（二）推动制造转型，重视自有品牌培育

目前，中国国际化的企业很多还停留在 OEM 或者 ODM 阶段，而真正的国际化品牌已经进入了 OBM 时代。OBM 的实质就是 OEM 向企业链条下游延伸，也就是品牌销售扩展，从而获得属于自己品牌的客户和影响力。要进入 OBM 阶段，企业自身的创新力和核心技术非常关键。例如，成立于 1978 年的“格兰仕”，就是沿着“技术引进—消化吸收—自主创新”的路线，获取后发优势，并通过和产业链上下游合作伙伴的资源共享，不断

迭代和创新，从 OEM 企业转型升级为 OBM 企业，通过建立自有品牌成为“中国制造”在国际市场上的一块金字招牌。只有保持长远的眼光，舍得投入资本，建立自有品牌，才能真正为企业带来利润的增长点。

（三）坚持技术创新，打好全球品牌基础

一个强势品牌的背后离不开优质的产品作为基础，而优质的产品离不开技术或者工艺的创新。对于中国企业而言，首先要善于模仿创新，学习先进企业的管理和技术经验，其次通过深刻洞察当地消费者的消费习惯和行为偏好开发符合当地需求的产品，最后通过消化吸收、总结经验，开展自主创新。例如，被称为“非洲之王”的中国手机品牌传音（TECNO），在深入了解市场需求后，针对非洲消费者推出支持多卡多待、拥有超长续航能力的多款功能机。传音手机还专门为黑皮肤的非洲消费者开发了特殊的自拍功能。在种种因素的推动下，传音手机在短短 10 年间便有了“非洲之王”的称号。至今为止，没有一个手机品牌能够在非洲超越传音。另外，小米手机也是模仿创新的典范，不仅节约了研发费用，还获得了后发优势，在国际市场上有不俗的表现，值得其他中国企业学习和借鉴。

在模仿创新的同时，中国企业要坚定不移地走自主创新之路。资金匮乏的中小型企业可以考虑通过联合研发的方式，与大学、科研机构、产业链上下游合作者等一起建立“资源+技术+资金”的模式，更好地实现资源的整合；而经济实力相对雄厚的大型企业可以考虑在国际市场建立研发机构，充分利用全球的研发和创新资源，实现资源互补，不断对自主产品进行改进创新，通过满足不同市场消费者的需求获得品牌竞争优势。

（四）善用动态联盟，注意合作风险控制

中国企业在建立国际品牌的过程中，可以有效借助国际联盟的方式，不断整合各方资源，进而实现品牌的国际化。例如，华为在国际化过程中，与多个跨国公司在标准、技术、市场和供应链方面开展合作，逐渐建立起自己的品牌优势。通过与合作伙伴建立联合研发机构，提高自己的技术创新能力；通过引入国外标准，让企业管理流程标准化；通过与上下游供应商合作，实现供应链联盟；等等。总之，华为通过把自己不断纳入跨国公司的全球网络，不断在全球供应链中提升自己的能力，获取技术优

势，进而在不同市场上建立和发展自己的品牌。中国企业可以借鉴华为的发展经验，将企业纳入全球价值链，通过为跨国企业提供配套生产、服务等，进入国际市场，并在跟跨国企业合作过程中，不断提升自己的技术水平和产品品质，进而逐渐实现品牌的国际化。另外，对于希望通过联盟或并购方式进入国际市场的中国企业，需要做好尽职调研，关注双方企业在文化融合、管理以及品牌定位方面的统一性等问题，充分认识到并购存在的风险，提前做好不同预案，避免由于文化差异造成“水土不服”。[49]

（五）追求品牌高度，创品牌形象差异化

“物美价廉”的品牌形象让中国品牌在全球化早期尝到了甜头，但随着全球化进程的加深，处于价值链低端会让中国企业在海外市场缺乏产品竞争力。因此，中国品牌应该在国际大市场中的细分市场谋求发展，主动追求品牌高度即成为所谓的名牌，这样才能获取消费者的认可。不同国家消费者对品牌高度的感知是不一样的，有些大众品牌在进入另一个市场时可以重新被定位为高端品牌。例如，星巴克在欧美市场主要面向的是大众群体，而在中国市场则被定位为高端品牌。因此，企业在进入不同区域市场时，需要根据当地消费者偏好，寻找差异化定位，塑造品牌形象，提升产品附加价值，力争在新的市场中达到新的高度。

对于想要建立品牌的国际化企业，树立独特的品牌形象具有重要意义。在产品同质化越来越严重的今天，独特的品牌形象对品牌资产的获得起着至关重要的作用。中国企业在进入国际市场时，需要努力找到一个有别于竞争对手的差异化切入点，例如生产工艺、产品效用、性价比、独特的体验等。企业还可以赋予品牌不同的文化内涵，例如中国文化内涵，从而带给消费者不同的个性体验。

（六）多方协同共进，提升品牌产地形象

近年来，中国经济飞速发展，世界地位不断提高，国内一些知名企业，如海尔、华为、腾讯、联想、阿里巴巴等在国际市场上树立了良好的品牌形象，但是更多的中国企业还处在品牌国际化的初级阶段。在国际市场，中国产品往往是“廉价”的代名词，无论在品牌价值、品牌美誉度还是品牌信任度等方面都与源自欧美及日韩的品牌存在较大差距。此外，由于国内假冒伪劣产品盛行，中国被很多国外消费者认为是抄袭大国、山寨大国，

从而影响了中国产品在国际市场的品牌形象，限制了中国品牌的国际化。

中国政府和企业需要意识到，国家形象和企业形象息息相关。在未来，国家、行业和企业需要协同作战，共同塑造良好的“国家品牌形象”和“企业品牌形象”。原产国效应对于企业来说属于公共的外部性资产，只有通过与友商、行业协会以及国家相关部门紧密合作，整合资源，才能完成原产国效应和企业品牌之间的良性互动，相互促进。企业需要摒弃机会主义的思想，真正把声望和名誉作为做大做强的基础，把建设国家品牌形象纳入企业发展的长远战略中，才能够走好中国企业国际化最重要的一步。而行业协会可以起到企业和国家相关部门之间的桥梁作用，把企业和国家相关部门联合起来，通过合作，推动中国国家形象和企业品牌形象的相互促进和协调发展。

四、总结

历经近二十年的艰辛探索，先行企业已逐步完成全球布局，优化运营是未来进一步提升全球竞争力的关键。目前，中国品牌的国际化传播取得一定成果，诸如华为、海尔、联想、小米等品牌逐渐被国外消费者认可，近年不断攀升的世界百强品牌影响力也是很好的佐证。

总体而言，中国品牌在与世界品牌的品牌战中仍处于劣势。打造世界级品牌是中国企业未来参与全球竞争的头等任务。与此同时，中国品牌的国际化传播也存在问题：品牌意识淡薄，定位不当；品牌营销观念不足，缺乏有效海外推广；品牌缺乏国际视野，难以和国外消费者实现价值沟通；品牌推广系统性差，缺乏打造品牌的战略性思维。中国品牌的全球化传播之路必定是一条不断内省和完善的学习之路。

第三节　中国知名企业案例

一、华为公司品牌全球化历程与措施

（一）华为品牌全球化历程

华为成立于 1987 年，是全球领先的信息与通信技术解决方案供应商。

华为品牌的国际化经历了探索期、拓展期和全面布局期。

1. 全球化探索期

最初华为感受国际化市场水温的地点是中国香港。1996 年，华为与和记电讯合作，签订了价值 3600 万美元的以窄带交换机为核心的“商业网”产品合同，以具有优势的价格获得了国际化第一步的成功，帮助客户在与香港的电信业务竞争中取得差异化优势。[50] 在香港市场获得初步成功的同时，华为的海外市场探索的第二步也已经迈出，就是挺进了俄罗斯。1996 年，华为公司建立了俄罗斯代表处、白俄罗斯代表处和南斯拉夫代表处。1997 年，伴随着莫斯科电信展的成功举办，华为和俄罗斯贝托公司开展合作，生产数字程控交换机及其他通信设备。随着经济危机的到来，俄罗斯市场面临大规模萧条，在竞争对手和友商纷纷裁员过冬的局面下，华为选择了逆水行舟，持续耕耘、积极开拓俄罗斯市场。2001 年，华为在俄罗斯市场的销售额超过 1 亿美元，几乎占华为海外销售的 1/3。除此以外，进攻拉美市场成为华为海外开拓的第二场战役，其投资 3000 多万美元在拉丁美洲最大通信市场巴西建立合资企业，并通过“以国家品牌提携企业品牌”的方式开展多项合作，在拉美市场占据了一席之地。

2. 海外局部拓展期

华为从 1996 年起，就分别在埃塞俄比亚、印度等次发达国家设立研发中心、拓展市场，此后凭借其硬实力进军泰国市场，在美国的通信走廊达拉斯开设研究所，不断深入东南亚地区。从 2000 年起，华为开始开拓欧洲市场，同时向北美、西欧、东太平洋等发达国家迈进，通过不断更新重组，在当时获得近 3.28 亿美元的销售额。华为通过与德国西门子成立合资企业、赢得为荷兰运营商 Telfort 提供 UMTS 网络设备的合同等方式，基本攻下了欧洲和美国的高端电信运营市场，不断进军欧美发达国家的主流高端市场，真正从全球视角审视品牌发展。

3. 全球市场全面布局期

尽管华为在美国被以“威胁美国国家通信安全”为由禁止进入 ICT 市场，其依然面向全球均衡布局，2005 年，华为海外销售额达 32.8 亿美元，首次超越国内市场，并于 2008 年被《商业周刊》评为全球十大最有影响力的公司。自 2010 年起，华为凭借优质的产品的解决方案和数据计算能力与多个全球领先厂商达成战略联盟或全球合作伙伴关系，在世界范围内部署基站、打造5G精品网，被全球700多个城市、228家世界500强企业（含58家世界100强企业）选择为数字化转型的伙伴，从而在全球市场上实现了品牌提升。

（二）华为品牌全球化关键举措

华为在全球市场尤其是终端市场取得的成绩，与其良好的品牌战略密不可分。华为品牌的全球化是从B2B层面开始的；2012年后，华为面向消费者的产品开始在全球拓展，加大了在B2C领域的传播力度；2013年初，华为推出全新品牌理念Make it Possible（以行践言），提出了“铁三角”概念，即以“品牌、渠道、产品”为主的理念。在这一过程中，华为扩大其在全球价值链上的活动范围，逐步完成了国际化升级转型。[51]

1. 硬核加持：锻造工匠级专业精品

回顾华为近些年的品牌建设历程，不难发现其对产品的不断推陈出新，主要得益于对研发创新的重视和资金的不断投入。在发展中，华为意识到“技术上受制于人”将成为未来发展的掣肘，因此高度重视自主芯片研发，并将其视作“核心技术”。从研发P1手机到打磨海思芯片，华为始终走在科研创新的最前沿，每年至少投入销售收入的10%用于研发。

同时，华为对产品质量精益求精，拥有一套全方位严苛的质量管理体系，制定了高标准、高要求的管理制度，这种基因渗透到每位员工的工作中，形成独特的企业质量文化。这也使其获得中国质量领域最高政府性荣誉“中国质量奖”第一名的殊荣。

2. 渠道为王：建设多元化渠道体系

2011年，华为的渠道拓展没有被中国营销模式固有思维所束缚，而是通过多样化渠道建设使线上与线下渠道相辅相成。华为于2012年就敏锐地展开电商布局，通过大数据匹配分析推出Mate手机并奠定了其在线上渠道的销售基础。在线下渠道，华为分别与中国、俄罗斯、英国等国的零售商建立联系、开展合作，拓展社会化公开渠道，与运营商建立长期伙伴关系，并设立零售阵地。2013年，华为对运营商依赖度从前一年的80%降至50%。摆脱了运营商的桎梏，华为不再仅仅扮演生产者的角色，而是考虑如何将自己的产品传递到消费者的手中。

3. 多措并举：开展全方位品牌营销

华为终端业务在发展自主品牌时最大变化是直面消费者。面对需求迥异的广大消费者，华为一改之前“神秘低调”做派，通过体育营销、广告营销、展会营销、双品牌战略等方式“高调”宣传，助力转型。华为很早意识到足球对于欧洲人的影响力以及海外辐射作用，因此通过赞助多场足球联赛、冠名超级杯等方式获得欧洲消费者；华为以《芭蕾脚》《放下手机看看我》等主旨鲜明的广告进行营销，将广为世人所接纳的普世价值观传递给消费者，实现成功的广告营销；在美国 CES、巴塞罗那世界移动通信大会等展会上对自家产品和技术的推广宣传帮助华为提高了国际认知度；“华为+荣耀”的双品牌战略也在产品定位与品牌建设上更新打法，最终成长为一个有影响力、有社会责任感的全球品牌引领者。

4. 双品牌战略

2018 年第一季度，中国智能手机厂商出货量排行榜 TOP5 中，华为+荣耀出货量 2120 万部，排名第一。华为的双品牌战略是其成功的关键要素之一。2012 年，互联网手机的概念悄然兴起，发展速度迅猛。随着小米的出现，传统手机行业遭到猛烈冲击。为了顺应这股大潮，华为开始暗中孕育子品牌。2013 年，华为子品牌——荣耀正式诞生，意味着“华为+荣耀”双品牌战略的正式实施。华为面向的是中高端市场，以商务人士为目标消费者。通过大力拓建线下渠道、不断扩大品牌影响力的传统方式发展用户，在中高端市场站稳脚跟，获得全球商务人士的认可；而荣耀更多的是面向互联网，锁定年轻用户，不断推出创新技术，致力于打造属于年轻人的科技潮品，利用互联网的商业模式来发展业务。荣耀主要通过超高“质价比”对抗小米等国内品牌手机。2020 年 11 月，受到芯片禁令的影响，华为宣布剥离荣耀。自此之后，荣耀开始在产业链上往上攀登，进军高端手机市场，旨在超越华为、对标苹果。

从华为在手机市场自建品牌的经历可以看出，华为在建立自主品牌时，在品牌建设、研发投入上花费众多，并且放弃了巨大的低端机市场；通过渠道、品牌、产品的建设，华为摆脱了运营商定制机的束缚，以华为自有品牌形象立足于全球市场。

二、海尔品牌全球化历程与措施

（一）海尔品牌全球化历程

海尔创立于1984年，是一家全球领先的提供美好生活解决方案的服务商，也是中国第一家进入世界500强的家电企业。创业之初，海尔凭借扎实的产品质量，以及非常高的品牌辨识度，迅速在国内市场声名鹊起，成功地扭亏为盈，成为国产家电品牌的领军者。为了在全国范围内形成更高的品牌辨识度和认知度，海尔联手北京红叶电脑动画制作技术有限公司制作了《海尔兄弟》的动画片，成为20世纪90年代成长起来的少年儿童共同的记忆。随着动画片的热播，海尔的品牌认知度迅速在国内蹿升，集团开始考虑进军国际市场。从1999年在美国南卡罗来那州建立工厂到如今成为世界级品牌，海尔品牌全球化历程可以分为要素国际化阶段、战略国际化阶段和全球化品牌战略阶段。海尔在20世纪90年代末进入国际市场，充分利用国门以外的要素资源，从资金、技术、劳动力和市场各个方面充分挖掘海外经济体的潜力，提出了“国门之内无名牌”“不是出口创汇，而是出口创牌”“下棋找高手”“先难后易”等通俗易懂的观点，通过先在发达国家获得市场占有率、打响名气，再转向发展中国家的前瞻性决策发展品牌。在此基础上，海尔大刀阔斧地从国际化视角出发来改变集团的战略，使集团的战略直接拥有了国际视野和落地能力。海尔在2005年进入全球化品牌战略阶段，收购了三洋电机，并购了新西兰高端家电品牌斐雪派克（Fisher & Paykel），走出国门，走向全球。

（二）海尔品牌全球化关键举措

海尔的品牌全球化离不开其在海外市场开拓、本土化布局与探索创新合作模式上的正确战略决策。在海外市场开拓方面，海尔制定了“走出去、走进去、走上去”的“三步走”战略。“走出去”是世纪之交许多国内企业和品牌共同的战略思维。在国内消费和耐用品市场尚不成熟的情况下，国际市场的成熟度、巨大的潜力、出口创汇所带来的优势以及国家的优惠措施等，无一不吸引着中国企业去闯荡海外市场。在这点上，海尔只是众多试水者中的一员。但是，海尔的国际化过程却表现出集团的独特思维和更具有长远眼光的战略思考。海尔的国际化直接采用了FDI模式，在美国设厂，吸引海外技术和劳动力，进行海外生产，而非大多数中国企业常用的直接的产品出口模式。当时，媒体和公众对于海尔的这一行为不太理解，认为美国的劳动力价格过高，海尔的这一举措无疑是放弃了中国品牌赖以生存的核心优势：价格。为了回应质疑，海尔提出了“走出去、走进去、走上去”的理念，认为品牌的国际化并非销售高性价比产品这么简单，而是需要整合全球资源，吸纳全球经验，集中全球人才，形成合力，从战略高度提升企业的可持续竞争力。应该说，在当时能够拥有“走进去”和“走上去”目标的中国企业数量并不多，而正是这两个目标的提出，保障了海尔在后来能够不断提升技术、市场和品牌发展水平。随着21世纪互联网和电子商务的发展，海尔再一次充分发挥了在地优势。在互联网大数据助力下，调研并整合消费者资源，满足消费者不断增加的个性化需求，使得迎合当地用户主流需求的本土化产品进入当地市场的主流销售渠道，实现中高端创新产品的市场引领，在2019年第10次蝉联全球大型家用电器品牌零售量第一的宝座。海尔的“先难后易”的国际化路径为海尔之后的长期发展奠定了基础，“走进去”和“走上去”的理念也成为追随海尔集团的不少中国企业国际化的范例，影响了一批具有中国特色的国际品牌的形成。

借助美国市场的成功经验，海尔继续在全球推广业务。在国际化布局方面，海尔紧跟国家“一带一路”政策，对“一带一路”沿线国家进行全球本土战略布局（Glocalization），业务横跨亚洲、非洲、欧洲、北美洲和中东等地。在这些国家，海尔制定研发、生产和营销三位一体的海外创牌战略，在当地进行品牌调研，通过大数据与消费者开展交互，使本地开发设计和制造相融合，最后运用缝隙化和差异化战略迈向欧洲等地的中高端市场。在创新探索方面，海尔依托“一带一路”政策，在沿线国家建立本土化产业园与经济贸易区，搭建物流链，完善当地配送体系，帮助基建建设，从而将这些硬件转化为可视化的产品与服务，并且在各个国家的本土化布局过程中推广可复制模式。此外，巴基斯坦的社会服务组织“EH-SAAS”、旁遮普大学的海尔洗衣体验店都以公益形式帮助其履行社会责任，提高其本土知名度。

在持续创业创新过程中，海尔始终坚持“人的价值第一”的发展主线。根据“七七”原则，70%的国际化都以失败告终，而在这70%的失败的国际化案例中，70%的失败又可以归结为人和文化上的失败。海尔解决人的问题的办法就是以人为本，对于国际化过程中所产生的文化和价值观的冲突，始终把人的需求放在首位，引领企业决策。正所谓“一月照万川，万川总一月”，着眼于人的需求往往能够直击问题本源。这里的“人的需求”既包括消费者的需求，也包含企业员工和其他利益相关方的诉求。虽然各个国家存在着巨大的文化差异，但是人的价值和诉求是具有高度统一性的。以人为本的理念驱动下所形成的各地的差异化的制度和管理，为海尔的未来发展扫清了障碍。

得益于全球资源的更合理配置，以及从国际化中积累的经验，海尔从2005年开始进入了全球化品牌战略阶段，这一阶段的显著特征是逐渐形成了多品牌策略。目前，海尔集团旗下拥有的国内外品牌包括海尔、三洋（AQUA）、卡萨帝、GE Appliance、Fisher & Paykel、意大利 Candy 等。这些品牌各有特色，定位上错落有致，品牌联想上也各不相同。目前，中国品牌国际化的过程中，很少采用多品牌策略，特别是在这些品牌集中于一个或者几个相邻行业的情况下。在品牌战略上，海尔又一次做出了不同于其他中国企业的尝试。但是，当我们研究这些品牌针对的消费者细分时就会发现，看似纷繁的多品牌策略，其核心还是以人为本，以消费者的需求为驱动。在海尔这一主品牌形成高原之后，收购或者开发的新品牌可以借助已有的成功技术和消费者信息，迅速在一个细分市场上形成优势，例如卡萨帝所形成的在高端市场的优势，如果采用单一品牌战略就很难维持，而卡萨帝所带来的在高端市场的优势又可以带动整个集团进一步发展技术和市场能力。海尔的以人为本和多品牌战略成为其与众不同的全球化关键举措。

三、联想集团品牌全球化历程与措施

（一）联想品牌全球化历程

联想是一家全球化科技公司，由 11 名中科院科技人员创办而成。作为行业内多元化发展的领军企业，联想聚焦全球化战略，其经营模式堪称典范。联想每年为全球用户提供数以亿计的电脑、智能手机、平板等智能终端设备，在全球范围内居领导地位。

联想集团的国际化历程离不开“并购”二字。具体来看，其演化过程可以划分为四个阶段：一是并购 IBM PC 事业部并且初次创立品牌标识的基础阶段；二是重置企业业务结构的关键阶段；三是第二任 CEO Bill Amelio 对企业发展做出新战略调整以提高国际竞争力的冲突阶段；四是开展“双拳”战略以加快全球布局的协同阶段。

联想在基础阶段的重点部署主要分为两部分：一是重点突破的国家及地区的选择，并评估和判断这些国家及地区范围内的竞争对手存在的软肋和不足；二是开展海外业务的方式的选择，即对强势品牌进行并购，以及建立自有品牌和销售渠道。在关键阶段，为更好地应对世界范围内的市场竞争，联想扩大了董事会规模、调整了高管团队结构，以优化自身结构和战略；为更好地实现业务融合及文化融合，联想构建了公司内良好的英语学习环境，并且引进了国外优秀的团队管理经验，从而使其自身的软实力得到不断的提升与增强。在冲突阶段，两任董事接受了中西文化差异所带来的个体决策、行为差异这一现实情况并以尊重、理解等领导者特质换得了团队整体更强的凝聚力和向心力。除此之外，联想还凭借其前瞻性的眼光，成为第一家设立“首席多元化官”这一职位的中国企业。在协同阶段，多项并购的达成使联想的“双拳战略”有的放矢，借助互联网时代的东风在世界范围内成功布局。

（二）联想品牌全球化关键举措

（1）并购美国 IBM PC 事业部。在当时的市场环境中，国外品牌盛行，市场竞争不断加剧，这使得联想的中国 PC 端业务利润被逐渐压缩。为了弥补缺失的核心技术，提升品牌知名度，联想选择对美国的 IBM PC 事业部进行并购。联想 2003 年 12 月着手对 IBM 进行尽职调查，于 2004 年 12 月 8 日正式宣告收购 IBM 的全球 PC 业务，包括台式机业务、笔记本业务、客户和分销渠道与“Think”品牌及相关专利等。最终，在当时 2.2%的自身市场份额和 IBM 5.5%的市场份额的加总优势下，联想一跃成为全球排行第三的 PC 制造商，年收入规模超过 130 亿美元，成功进入世界 500 强企业，提升了国际影响力和欧美市场的后勤保障和供应链能力。虽然这一举措给联想带来了短期的盈利问题，但是也带来了长期的品牌和商誉价值。在 IBM 所拥有的国际资源基础之上，并购后的新联想借此打进国际化市场，进一步提升了联想在国外的知名度。

（2）收购德国 Medion 电子厂商。联想集团于 2011 年 6 月 1 日宣布，将以 4.59 亿~6.66 亿美元的价格，对德国 Medion 公司 55%~80%区间内的股权进行收购。这一举措将助推联想集团在消费电脑，以及高增长、快发展的移动互联网领域的拓展取得更好的成效。在综合考虑 Medion 在前端的渠道零售能力、销售能力以及服务等方面所具有的优势，能够与自身的生产与供应链能力形成互补后，联想做出了收购决定，最终实现了两者在采购、软件开发、全球供应链网络、分销渠道、产品和业务模式创新等方面的协作。除此之外，联想在节约成本开支与扩大全球规模方面也与之产生了更优的协同效应。这一举措打造了一个端对端的消费业务平台，加速了 PC 业务的发展。联想集团公布的 2010/2011 财年业绩显示，联想集团业务首次突破 210 亿美元，其中个人电脑销量以 28.2%的增长率超越全球市场平均 7.4%的增长率，且在德国和西欧市场的市场份额和利润都有所提高。

（3）与日本 NEC 成立合资公司。联想收购 Medion 的举措，增加了其竞争力和运营经验。彼时联想是全球第四大 PC 厂商，NEC 则是日本头号 PC 厂商，联想对自身与 NEC 的优劣势进行了分析与考虑，考虑到两者强强联合，联想可以进一步增强 PC 业务的优势，并且能进军日本这个全球第三大个人电脑市场，而 NEC 也能依靠联想在全球的竞争优势获得提升。双方在成立合资公司后，联想和 NEC 品牌仍然存在，两者仍然沿用现有的销售和渠道支持，合资公司将依靠联想的供应链能力和 NEC 的研发能力，开发出更适合日本市场的产品。合资公司的组建，增强了联想与 NEC 在产品组合、市场地位以及分销渠道等方面的竞争优势，同时也助力这两家企业一起拓展商用及消费电脑业务，实现了联想与日本 NEC 的共赢发展。

（4）收购巴西 CCE 公司。联想集团通过“现金+股票”的形式，以 1.48 亿美元收购了 CCE 公司全部股份。依靠 CCE 公司对巴西本土市场的了解和联想强大的供应链能力，两者实现了共赢。2015 年联想集团宣布，在 2015 年第一季度，联想成为巴西个人电脑市场的主要企业之一。

（5）收购摩托罗拉移动智能手机业务。考虑到摩托罗拉在成熟市场拥有的专利技术，联想于 2014 年 10 月对摩托罗拉进行了收购，耗资 29.1 亿美元。但收购结果不尽如人意，在收购摩托罗拉两年后，联想的智能手机排名由原先的第三降到了第八，并于 2009 年后首次出现亏损，2017 年财报显示亏损 4.63 亿美元。这一亏损也证明了海外并购、公司合资等战略途径所带来的红利与优势正在不断减弱，通过单纯的并购，企业已经不能获得最领先的技术，不再能仅仅凭借加总的方式来达到“一加一大于二”的成效。与此同时，全球化进程的放缓与外汇管制的逐渐收紧使得公司的收购与合资不得不面临海外贸易风险。

（6）收购 IBM 公司的 X86 服务器业务。联想于 2014 年 1 月 23 日对 IBM X86 服务器硬件及其相关服务的维护业务进行了收购，价值 23 亿美元。此前尽管在中国服务器市场久居首位，但在世界市场的范围内，联想从未进过前四名，收购 X86 等低端服务器业务，能够帮助联想公司在市场占有率上与惠普、戴尔等企业展开势均力敌的竞争。经过这次收购，联想获得了除了 PC 以及智能手机和平板电脑等移动互联网消费业务外的新的增长点，增加了其在 PC 服务器市场中的份额，成为市场中的第三大服务器厂商。

四、小米公司品牌全球化历程与措施

（一）小米品牌全球化历程

小米公司成立于 2010 年，其 LOGO 为“MI”（Mobile Internet）。在国内手机市场从功能机向智能手机转型时期，小米手机依靠高性价比的产品获得高速增长。随着国内智能手机市场的逐渐饱和，2014 年开始，小米开始拓展海外业务。[52] 2020 年第一季度，小米国际业务营收已达到 248 亿元人民币，同比增长 47.8%，近乎奇迹般地创造了五个季度以来的高峰，并“一枝独秀”领跑单季度手机出货增长率，在“全球 Top 5”的品牌角逐中，成为唯一取得同比正增长的智能手机品牌。

目前，小米主要通过两种方式进入海外市场：一是在当地建立工厂进行组装然后销售，二是直接出口产品。小米的品牌国际化发展主要经历了以下三个阶段：

1. 起步阶段

从 2013 年起，小米就聘请了有着丰富跨国企业管理经验的职业经理人来负责小米的国际化业务。经过反复调研和内部协商，小米最终确定以东南亚地区作为小米开展品牌国际化的起点。2014 年，小米首先与新加坡当地企业达成产品分销协议，正式进入新加坡市场。此后，小米又接连进入印度、马来西亚等国。2014 年 7 月，小米公司在印度发布了首款智能手机——Mi3，随即该款智能手机在印度当地引发抢购热潮。同年 10 月，小米公司在印度手机总销量已经超过了 60 万部。

在这个阶段，小米公司以小米手机产品为主，通过直接出口和间接出口的市场进入模式逐渐打开海外市场，销售渠道主要是线上平台。同时，小米公司通过与当地经销商的合作，降低了进入壁垒，迅速打开海外市场。

2. 探索阶段

小米公司凭借其超高性价比的产品迅速打开了国际市场，与此同时，专利纠纷等相关问题也接踵而至。2014 年，爱立信对小米公司提起诉讼，认为小米公司的移动设备使用了爱立信的技术，并要求小米支付专利使用费。这一事件直接导致印度高等法院颁布禁令，限制小米公司在印度市场销售手机。虽然最后依靠高通公司的专利授权，小米公司获得了在印度市场的喘息之机，但是这一事件给小米公司在印度的发展带来了很大的影响。

2015 年，试图进入巴西市场的小米再次陷入困境。一方面，巴西政府对进口电子产品实施的高税率政策让小米产品在当地失去性价比优势；另一方面，当地政府对电商的严格控制以及同行的激烈竞争，最终导致小米不得不退出巴西市场。2016 年，小米公司的海外产品整体销售量明显下滑，国际化之路一度受阻。

3. 全面发展阶段

2017 年，小米开始尝试进入拉丁美洲市场和欧洲市场，这一年也成为小米公司国际化的重要转折点。[53]在西班牙，小米选择与英迈（Ingram Micro）和阿里巴巴的全球速卖通合作开展线上业务，而在线下，则通过跟家乐福等大型零售商合作，让消费者可以便捷地购买小米的产品。西班牙最终成为小米打开欧洲市场的突破点。

与此同时，小米的海外市场进入模式也发生了转变，不再局限于简单的产品出口，而是开始结合当地情况，在印度和印度尼西亚开设工厂，进行本土化生产。小米通过本地设厂的方式，为当地提供了就业岗位，同时也解决了供应链不完整的问题。与此同时，小米在产品、渠道和服务等方面都进行了优化。例如，小米公司开始在各个市场尝试推出小米智能家居的相关产品，并结合当地市场用户需求和偏好，开发本土定制产品。2017年开始，基于国内“小米之家”的经验，小米开始在海外市场开设线下体验店。

（二）小米品牌全球化关键措施

按照国家的经济发展程度，小米公司的海外市场可以分为新兴市场和发达国家市场，小米公司通过针对不同市场的不同举措实现其国际化战略。

1. 印度市场

小米于2014年进入印度市场，短短三年时间就成为印度智能手机市场销量第一的品牌。小米在印度市场的成功经验可以总结为以下几个方面：

（1）以超高性价比的产品作为敲门砖。

2000年以来，虽然印度经济发展速度整体上超过了3.5%，部分年份更是超过了10%，但在国家经济发展的同时，印度国内存在非常严重的发展不平衡问题。且印度国内长期存在复杂的种姓和宗教问题，导致大多数印度消费者的购买力有限，在产品购买决策过程中，倾向于选择性价比较高的产品。另外，印度的手机市场较为分散，缺乏整合度和统一性。小米的部分手机产品正好符合印度消费者的期望。首先，部分小米机型的价格具有非常强的竞争优势，而小米在印度市场的定价策略也选择了平民路线。其次，小米在进入印度市场时，根据印度消费者的需求，对手机进行了部分调整和改良。可以说，小米公司的产品性价比高，且低端机型比较适合印度市场，因此能够迅速立足。

（2）立足后迅速开展在地化。

由于进入印度市场的初期销售非常顺利，小米产品在印度市场出现了供不应求的局面。针对这一新出现的问题，2015年，小米公司决定在印度直接投资设立手机生产线，联合当地制造商共同生产“印度制造”的小米部分机型。与此同时，小米公司为了应对印度国内复杂的种姓和宗教差异，将雇佣人员本地化作为重要的人力资源战略，用符合印度当地文化的方式来管理当地员工。同时，派遣中方的核心技术团队前往印度，有机地把中国和印度团队捏合在了一起，发挥了中方的产品和技术优势以及印度当地的综合管理优势。这一举措为小米在印度的后续发展铺平了道路。例如，对于手机软件，小米公司为印度用户提供了非常完善的个性化定制服务。在印度本土研发的 MIUI 新版本中，存在多种具有印度特色的定制功能，为印度消费者在不同场景下使用手机提供了备选方案和最友善的界面，曾经一度被誉为最贴近印度普通老百姓生活的操作系统。

（3）更接地气的销售策略。

在国内，小米手机销量的大部分通过互联网平台实现，特别是一二线城市，即便是在地化的分销商，也很大程度依赖于线上管理并采用智能物流。然而，印度的情况与此不同。印度的有线网络覆盖率较低，因此消费者高度依赖于无线互联技术上网。如果消费者并未购买手机或者未安装手机端的电商平台，则无法通过移动互联网购买小米的手机。因此，印度消费者更多选择在实体渠道购买手机。小米公司制订了更接地气的销售方案，在仍然依靠亚马逊和自建平台来开展线上手机销售的同时，增设了 40 家线下实体直营店及 2500 家第三方经销商，铺开在地化的线下销售渠道。通过此类线上与线下相结合的策略，小米公司高速地在印度市场进行渗透，获得了较大的市场份额。

（4）打造小米生态系统。

生态系统是互联网公司一直以来追求的目标，通过生态系统的构建形成的可持续竞争力能够帮助企业的各个门类的品牌获得青睐。小米公司也不例外。小米联合了顺为资本，试图在印度当地通过战略投资建立服务于公司、消费者和相关友商的先进产业链，涉及互联网金融、网购、娱乐、游戏等多个相关领域的技术储备，斥资打造以智能手机为载具和最关键枢纽的印度小米产品生态系统。在此背景下，小米在印度市场的产品组合逐渐丰富，增加了互联网服务收入，同时也提高了印度消费者对小米产品的忠诚度，实现了盈利策略的多元化，减少了过于依赖单一产品所带来的经营风险。[54]

2. 西欧市场

欧洲人口密集，尤其是西欧地区，93 万平方千米的土地上，居住着 1.41 亿多人口，聚集着英国、德国、法国、意大利等众多发达国家，也是世界上经济最为发达的地区之一。这些国家居民普遍收入较高，更加注重产品的质量和性能，而对于价格并不敏感。因此，小米在西欧市场的战略完全不同于印度市场，着重推出了小米旗下的高端旗舰款手机产品，并在更大的深度上引入生态链产品，用智能物联的概念和产品优势吸引欧洲消费者。小米在欧洲的定位是高于国内和印度市场的。

2017 年起，欧洲刮起了小米旋风，不论是在法国、西班牙、希腊等西欧国家，还是波兰、奥地利等东欧国家，或是俄罗斯等独联体国家，小米都获得了一定的认可和大量订单，广受欢迎和好评。截至 2020 年，小米在法国建立了最重要的配送中心，并有计划在比利时和波兰两国建立智能仓库，辐射所覆盖的西欧和东欧市场。根据网上公开的数据，2018 年第四季度，小米手机出货量在欧洲市场处于第四位，排在三星、苹果、华为之后，经过多年努力，市场份额达到了 6%。更值得一提的是，与 2017 年同期相比，2018 年小米产品的市场份额增长了 62%，增长速度位居第一。

（1）打造品牌效应。

小米公司针对西欧市场更注重品牌和产品体验的用户特点，主攻高端智能机市场。不仅广泛在当地开设了“小米之家”，塑造产品体验体系，同时也销售便携式音箱、电动滑板车等其他高端电子商品。可以说，小米致力于通过提升产品档次、改善品牌形象，获取欧洲消费者的青睐，从而推动在欧洲市场的进一步国际化。在 2018 年，小米在法国的第一家授权店开业，店址选在了著名的香榭丽舍大街。开业的第一天，众多法国的小米粉丝和消费者不受恶劣天气影响，冒着冰雹，在店外排起了长队等候进入店内，热情高涨。小米公司在当地召开的新闻发布会也吸引了各路人士捧场，其中有著名的意见领袖和媒体工作者。有了法国的经验，小米相继进入了俄罗斯、波兰、白俄罗斯以及西班牙等欧盟国家，并且在这些国家均取得了不错的成绩。

（2）与当地运营商开展战略合作。

与中国市场不同，欧洲用户一直以来是在当地运营商处购买合约机，很少会在线上购买裸机。因此，小米公司选择与当地运营商开展战略合作，组建全球策略联盟。通过当地运营商天然的经营优势，小米公司的手机产品没用多长时间就覆盖了欧洲的很大一部分市场。

小米公司通过实施国际化战略，在全球市场取得了快速的发展。研究小米公司的国际化战略能够帮助我们更加深刻认识到，品牌国际化和全球化的过程中存在各种风险和不确定性，中国品牌的全球化整体而言是非常具有挑战性的，但又是箭在弦上，不得不发的。具体而言，小米公司的国际化战略主要分为以下三个方面：

第一，重视本土化。企业想要顺利实现其制定的国际化目标，让企业的品牌和产品更好地融入海外市场是重中之重，例如当地的气候、消费者偏好和产业政策法规等因素都是企业必须考虑的。小米公司在实践中不仅关注对目标市场的总出口量，而且对于相对陌生的客户加强了洞察，增加了调研投入。这对出海的中国品牌具有很强的指导意义。小米公司根据调研的结果，制定产品设计和消费者沟通策略，充分融入当地政策环境和社会文化，把本土化经营作为国际化战略的重要抓手。对于本土化的重视，助力小米品牌在印度及欧洲获得了消费者认可。

第二，专注国外市场消费者的用户体验。小米公司产品成功的核心就是在手机上建立了优质的用户体验。优质的用户体验并不是单纯靠技术就能够实现的，而是需要不间断地、主动地与用户进行有效的互动和沟通，减少用户的消极体验并有创造力地增加积极体验。在国内市场，这种有效沟通的难度相对较小，而在海外，企业因为语言文化的关系，往往缺乏与消费者直接沟通的深度。为了改善在印度和欧洲市场的消费者体验，小米主动接触消费者，想方设法克服语言和文化障碍，理解目标市场消费者痛点，为不同市场定制互联网服务和相关增值服务，改善产品体验。例如，印度消费者对于文化产品的需求比较独特，在印度市场的小米音乐和小米视频，就需要与当地内容提供商开展充分合作，以提供消费者感兴趣的内容。同时，通过算法的优化和针对消费者个人的学习，小米品牌能够在海外市场做到个性化推送，及时送达符合当地消费者需求和预期的信息和文化产品。欧洲消费者经常在欧盟内部迁徙和移动，对于手机和网络的适配性要求很高，小米在充分了解了消费者使用习惯后，对于手机的自动入网功能进行了提升。

第三，海外市场产品及销售渠道的多元化。小米品牌在国内的品牌延伸较为顺利，在各类电子产品中均有小米品牌的身影。在海外市场复制这样的多元化、生态化经营方式时则需要格外谨慎。小米在全球化之初，主要以手机产品作为矛头开拓市场。在逐步洞察了海外消费者的需求之后，小米在合适的市场上开始了多元化、生态化经营。例如，在地势平坦的欧洲城市，小米推出了电动滑板车，方便消费者的最后一公里的出行。在地域相对广阔但公共交通不足的美洲大陆，小米则重点推出电动摩托车。这一案例充分展示了小米在海外市场的多元化、生态化经营并非盲目地生搬硬套或者简单地复制粘贴。此外，小米充分与海外的经销商合作，增加了海外销售渠道的厚度和柔性。例如，小米公司和印度最大的电商企业Flipkart开展合作；在西班牙，小米公司与家乐福、MediaMart和沃尔玛开展合作。在海外市场，小米公司共和全球50多家各级渠道公司建立了合作关系。销售渠道的多样化在降低运营成本的同时也让顾客能够在各种模式下接触到小米品牌，扩大了小米品牌的影响力。

五、总结

在国际市场上，中国具有明显的成本优势，产品质量也逐步提高，但是有国际影响力的品牌不多，中国品牌全球化具有必要性和紧迫性。近年来，国家政策向好，诸多企业展现出高涨的热情。华为、腾讯等成熟企业在国际市场上“攻城拔寨”，小米、字节跳动等新兴企业也开始崭露头角。我们希望通过对于品牌理论、知名品牌的历史、中国品牌全球化的故事以及复杂多变的国际环境进行分析，能为已经出海或者即将出海的中国品牌提供一些信息和战略建议。只有中国企业勇敢“走出去”，才能实现中国品牌全球化的顺利“破局”。

参考文献

［1］何佳讯，吴漪．品牌价值观——中国品牌全球化定位的新战略［J］．清华管理评论，2016（4）：30-38.

［2］AAKER J L. Dimensions of brand personality［J］. Journal of Marketing Research，1997，34（3）：347-356.

［3］FISCHER M，VÖLCKNER F，SATTLER H. How important are brands? A cross-category，cross-country study［J］. Journal of Marketing Research，2010，47（5）：823-839.

［4］THOMSON M，MACINNIS D J，PARK C W. The ties that bind：Measuring the strength of consumers' emotional attachments to brands［J］. Journal of Consumer Psychology，2005，15（1）：77-91.

［5］ROEHM M L，BRADY M K. Consumer responses to performance failures by high - equity brands [J]. Journal of Consumer Research, 2007, 34 (4): 537-545.

[6] HUANG R, SARIGÖLLÜ E. How brand awareness relates to market outcome, brand equity, and the marketing mix [A] //Fashion branding and consumer behaviors [M]. Springer, 2014: 113-132.

[7] CHAUDHURI A, HOLBROOK M B. The chain of effects from brand trust and brand affect to brand performance: The role of brand loyalty [J]. Journal of Marketing, 2001, 65 (2): 81-93.

[8] BENNETT R. International marketing: Strategy, planning, market entry & implementation [C]. Kogan Page, 1998.

[9] EDMISTON D. The new emerging market multinationals: Four strategies for disrupting markets and building brands [J]. Journal of Consumer Marketing, 2014, 31 (3): 228-236.

[10] HOLT D B, QUELCH J A, TAYLOR E L. How global brands compete [J]. Harvard Business Review, 2004, 82 (9): 68-75.

[11] QUELCH J. The return of the global brand [J]. Harvard Business Review, 2003, 81 (8): 22-23.

[12] CRAIG C S, DOUGLAS S P. Building global brands in the 21st century [J]. Japan & The World Economy, 2000, 3 (12): 273-283.

[13] KAPFERER J - N. The post - global brand [J]. Journal of Brand Management, 2005, 12 (5): 319-324.

[14] GELDER S. Global brand strategy: Unlocking brand potential across countries, cultures & markets [C]. Kogan Page Publishers, 2003.

[15] KAPFERERJ-N. Is there really no hope for local brands? [J]. Journal of Brand Management, 2002, 9 (3): 163-170.

[16] 张维迎. 品牌价值与中国企业的国际化战略 [J]. 中外管理导报, 2002 (6): 11-134.

[17] STEENKAMP J - B E, BATRA R, ALDEN D L. How perceived brand globalness creates brand value [J]. Journal of International Business Studies, 2003, 34 (1): 53-65.

[18] HANKINSON G, COWKING P. The reality of global brands: Cases

and strategies for the successful management of international brands [M]. McGraw-Hill, 1996.

[19] AAKER D, JOACHIMSTHALER E A. The lure of global branding [J]. Harvard Business Review, 1999, 77 (6): 137-144+217.

[20] 凯文·莱恩·凯勒．战略品牌管理 [M]．李乃和，等，译．北京：中国人民大学出版社，2003.

[21] 韩中和．品牌国际化战略研究 [J]．国际商务研究，2002 (4): 24-28.

[22] DOUGLAS S P, CRAIG C S, NIJSSEN E J. Integrating branding strategy across markets: Building international brand architecture [J]. Journal of International Marketing, 2001, 9 (2): 97-114.

[23] 张鹏，曲维义．论中国品牌国际化的制约因素 [J]．科技和产业，2010，10 (3): 45-46+77.

[24] 秦春雷，施曼．原产国效应对中国品牌国际化战略的启示 [J]．河北学刊，2014，34 (1): 140-143.

[25] SCHOOLER R D, et al. Strategy development for manufactured exports of third world countries to developed countries [J]. Journal of Global Marketing, 1987 (1): 53-68.

[26] SHIMP T A, SHARMA S. Consumer ethnocentrism: Construction and validation of the CETSCALE [J]. Journal of Marketing Research, 1987, 24 (3).

[27] The identity salience model of relationship marketing success: The case of nonprofit marketing [J]. Journal of Marketing, 2003, 67 (2): 89-105.

[28] KLEIN J G, ETTENSON R, MORRIS M D. The animosity model of foreign product purchase: An empirical test in the people's republic of China [J]. Journal of Marketing, 1998, 62 (1): 89.

[29] HUANG Y A, PHAU I, LIN C. Consumer animosity, economic hardship, and normative influence: How do they affect consumers' purchase intention? [J]. European Journal of Marketing, 2010, 44 (7-8): 909-937.

[30] JUNG K, ANG S H, LEONG S M, et al. A typology of animosity and its cross-national validation [J]. Journal of Cross-Cultural Psychology, 2002, 33 (6): 525-539.

［31］ LEONG S M，COTE J A，ANG S H，et al. Understanding consumer animosity in an international crisis：Nature，antecedents，and consequences［J］. Journal of International Business Studies，2008，39（6）：996-1009.

［32］ 宋蒙蒙，乔琳．中国品牌全球化发展策略探析［J］．学术交流，2018（11）：119-125.

［33］ 张立平，陶景洲，闫长明，等．高峰对话二：中国品牌全球化的挑战与对策［J］．人民论坛，2017（3）：36-37.

［34］ 李文锋．中国品牌全球化现状及出路：基于多纬度的分析［J］．国际贸易，2017（7）：32-37.

［35］ LEUNG K. Globalization of Chinese firms：what happens to culture?［J］. Management & Organization Review，2014，10（3）：391-397.

［36］ 汪涛，王源富，黄净．品牌国际化中如何实现有效的沟通——基于社会运动理论的多案例研究［J］．外国经济与管理，2017，39（6）：39-53.

［37］ ZHANG Y L，KHARE A. The impact of accessible identities on the evaluation of global versus local products［J］. Journal of Consumer Research，2009，36（3）：524-537.

［38］ 大卫·乔布尔．市场营销学原理与实践［M］．北京：机械工业出版社，2003.

［39］ 何佳讯．品牌经营的3C模式［J］．公关世界，2001（2）：20-21.

［40］ 王艳红．中国企业品牌的国际化问题研究［J］．企业活力，2009（6）：49-51.

［41］ 里斯·特劳斯．定位［M］．王恩冕，于少蔚，译．北京：中国财政经济出版社，2008：23.

［42］ 王成荣．全球化背景下的中国品牌塑造［J］．企业文明，2018（3）：15-19.

［43］ BATRA R，RAMASWAMY V，ALDEN D L，et al. Effects of brand local and nonlocal origin on consumer attitudes in developing countries［J］. Journal of Consumer Psychology，2000，9（2）：83-95.

［44］ 刘维公．全球文化与在地文化的连结关系：论日常生活取向的文化全球化研究［J］．台大社会学刊，2000（28）：189-228.

[45] STEENKAMP J B E M, et al. How perceived brand globalness creates brand value [J]. Journal of International Business Studies, 2003, 34 (1): 53-65.

[46] 张平淡，许正良，张庚淼．品牌管理 [M]. 北京：中国人民大学出版社，2012.

[47] 刘红燕，周月容，汪治．提升中国企业品牌国际化的策略思考 [J]. 中国商论．

[48] 祝合良，王平．中国品牌发展的现状、问题与对策 [J]. 经济与管理研究，2007 (8)：23-28.

[49] 赵红军．中国企业品牌国际化提升策略研究 [D]. 北京邮电大学，2013.

[50] 于鹏飞．华为手机品牌国际化战略研究 [D]. 西北大学，2019.

[51] 彭可．华为公司品牌国际化战略研究 [D]. 江西财经大学，2018.

[52] 刘雅萍．小米公司国际化战略研究 [D]. 兰州财经大学，2019.

[53] 孔筱涵．小米公司进入欧洲市场营销策略研究 [D]. 辽宁大学，2019.

[54] 李嘉祺．小米科技公司电子商务国际化战略研究 [D]. 南京大学，2018.

第五章 中国知名企业组织项目管理研究

传统时代，大部分企业都是科层级组织，层级鲜明；在当今时代，这种组织形式将很难发挥作用。层级多会导致层级之间存在管理隔阂，部门之间也存在部门隔阂，这两种情况同时存在将会形成孤岛效应，这样的组织做项目的效率很低，绩效也不好，这些问题的根源不是技术因素，而是由于层级过多，决策效率下降，宝贵的资源被浪费在内耗中，长久下去企业将失去竞争力。

上述现象都是工业时代的管理经验造成的。工业时代走的是线性流程，配合流水线的生产模式，适合工业时代的生产，追求的是极限的工效和稳定的品控。这种情况必然会导致企业的竞争力下降，企业面临转型。如今很多企业都在朝着平台型组织转变，采取以项目为单元的扁平化管理模式。公司随之将会演变成一个创业平台，以项目为单位的小团队将成为整个业务系统的主要构成。如今项目型的组织需要协作，一个项目需要很多专业的人员参与配合，还需要和很多分包商合作，这样的模式下，项目需要协作网络状的沟通模式，组织项目管理模式应运而生。

国内外众多学者和企业家都特别推崇项目管理。美国项目管理协会（Project Management Institute，PMI）前主席保罗·格雷斯提出，“当今世界，一切都是项目，一切都可以看作项目”。我国著名数学家华罗庚指出，“中国的企业要靠两条腿走路，一是科学技术，二是项目管理”。华为总裁任正非指出，“华为最终的改革要从以功能为中心转向以项目为中心。各级干部要有成功的项目实践经验，要能从优秀的项目经理中产生干部。将军是打出来的，必须从实践中产生，必须从成功的实践中产生，必须从项目管理中产生”。海尔集团 CEO 张瑞敏提出，要“做好项目化管理，组建无边界的战略商务单元”。联想集团创始人柳传志指出，“事为先，人为重。所谓‘事为先’，就是先看项目，看这个行业，然后着重看人”。

鉴于此，本章将围绕组织项目管理展开讨论。本章共分为三节。第一节阐述组织项目管理的内涵、系统模型等相关理论；第二节对组织项目管理核心问题进行分析，并提出应对策略；第三节选取华为公司、海尔集团和联想集团三家中国知名企业组织项目管理案例进行分析，重点介绍华为公司组织项目管理的成功实践，以期为中国企业在组织项目管理方面提供有价值的参考。

第一节 相关理论

一、组织项目管理的内涵

组织项目管理（Organizational Project Management，OPM）从字面上来看，由“组织”和“项目管理”两个部分构成。随着项目管理内涵与范畴的不断丰富与延伸，项目管理者的焦点正从单项目管理转向群组项目管理，开始审视项目与更广泛的组织之间的关系。Drouin 和 Besner 指出，项目是企业掌握业务、实施变革创新和发展竞争优势的重要场所。[1]

美国项目管理协会（PMI）将组织项目管理定义为一种战略执行框架，组织通过单项目、项目集和项目组合管理来实现更优的绩效、更佳的结果以及可持续的竞争优势。[2] Aubry 等将组织项目管理视为一个新的管理领域，企业利用项目来实现战略目标，不断调整动态结构，以实现价值的最大化。[3] Sankaran 等在其基础上强调了集成（Integration）的概念，从整体的视角出发，提出组织项目管理是在整个组织层级或有效人员网络中整合所有项目管理相关活动。[4] 他们认为组织项目管理能够整合优化业务和资源，简化组织活动，尽可能地在组织内部、跨组织和组织外部以最有效和高效的方式促进项目交付，实现集成的成功。桂维民等将组织项目管理界定为基于组织整体发展战略，分析、识别、评价所有项目并实施的相应管理策略，其强调了组织项目管理的战略性、整体性、动态性。[5] 李蒲健指出，组织项目管理不同于单项目管理与群组项目管理，已超越了项目层面的战术性管理，是从企业层面出发的战略性布局，以企业价值最大化为目标导向，通过建立企业级的项目管理体系，对全局资源进行优化配置，及时把握内外部环境变化，动态调整经营和管理策略，最终实现企业的战略目标。[6]

二、组织项目管理的系统模型

组织项目管理的系统模型由三位国际项目管理知名学者 Ralf Müller 教

授、Nathalie Drouin 教授和 Shankar Sankaran 教授提出，得到国内外学界、业界项目管理人士的认可。[7]该模型将组织项目管理分为 7 个圈层，从外层至内层分别是组织哲学、组织项目管理方法、组织项目管理治理、业务集成、组织集成、项目治理和项目管理（见图 5-1）。7 个圈层涵盖了整个组织的范围，从组织的单个项目到组织的边界，即组织与市场的接口。接下来将具体阐述各圈层内涵及其元素，以及圈层之间的内在逻辑联系。

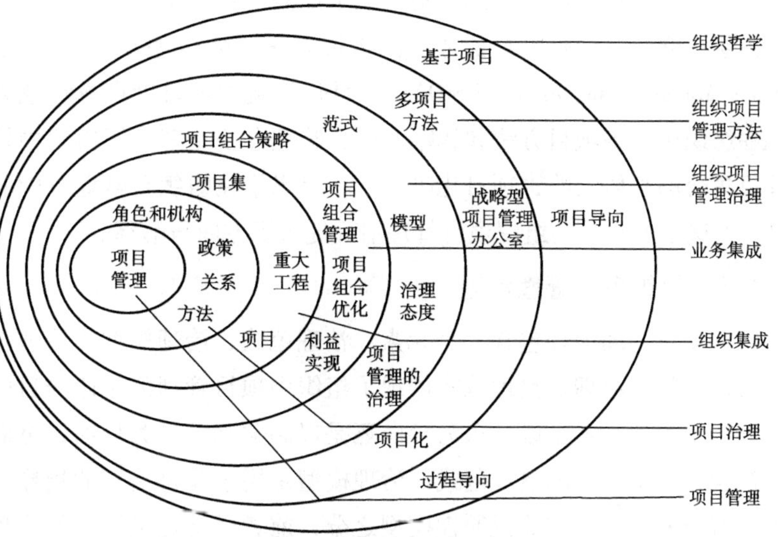

图 5-1　组织项目管理的系统模型

（一）组织哲学

组织哲学作为洋葱模型的最外层，向利益相关者描述了组织的外观，定义了组织如何向市场展示自身，以及如何与合作伙伴、供应商和客户交互，传递了组织对其业务的理解。

组织哲学可以通过三种不同的组织形式具体化：过程导向、项目导向和基于项目。过程导向的组织通常由职能线构成，根据生产流程在永久性组织实体中完成工作。此类组织形式中项目很少，当市场环境相对稳定时，可通过建立规模经济等方式优化生产效益。[8]在更具活力的市场中，项目导向的组织更为典型。这些组织将项目管理作为运营战略，使用临时性组织作为向客户交付价值的战略选择，通过扁平化的结构和强大的客户导向来获得竞争优势。[9]基于项目的组织是以项目为生产单位，需要配合项目特定的控制系统。[10]

已有学者通过研究发现，组织形式越偏向于项目导向或基于项目，组织对客户需求的响应就越具有创新性和灵活性，但这在一定程度上将以牺牲规模经济为代价。[8]组织哲学中项目意识的程度将影响组织项目管理方法的选择。

（二）组织项目管理方法

组织项目管理方法层的元素是组织中最高管理层选择多项目管理的原则。当组织的项目意识越强时，多项目方法、战略型项目管理办公室（Project Management Office，PMO）、项目化等组织项目管理方法就越可能出现在组织中。多项目方法和战略型项目管理办公室解决了组织中针对所有项目集合的总体策略，项目化决定了项目思维在组织日常业务中的渗透程度。[11]这三个元素为组织项目管理治理提供了方向与解释。

（三）组织项目管理治理

组织项目管理治理包含 4 个元素：治理范式、治理模型、治理态度及项目管理的具体治理。治理范式体现了组织中项目管理的手段与目的，需要明确组织治理方式是以股东为导向还是以利益相关者为导向，进而选择基于流程或基于结果的治理范式。治理模型是用于项目治理的指导方针和标准，有说明性模型与非说明性模型之分，前者通常提供详细的过程和活动，后者主要强调治理原则。治理态度指治理者在治理过程中向被治理者呈现的态度、方式，典型的治理态度包括三种：①权威性，即治理者直接给予明确的指导、控制；②自由主义，即治理者采用引导手段；③新自由主义，即治理者通过价值体系的建立促使被治理者自治。[12-13]项目管理的具体治理主要涉及组织中项目管理专业能力和实践的治理。这一圈层将为组织的业务集成提供指导。

（四）业务集成

组织采用的组织项目治理方法将决定组织如何将其项目与其业务保持一致，从而制定项目组合策略，进行项目组合管理、优化，从而实现收益。而项目管理的治理决定了如何在项目级别治理项目。

（五）组织集成

在组织集成这一圈层，需要协调所有与项目相关的活动，由最高管理层在业务集成层面上授权，为这些活动配置充足的资源。具有共同目标的项目将被视为项目集进行管理，而重大项目可能有必要设立特殊实体进行管理。

（六）项目治理

项目治理圈层的元素取决于在组织集成圈层作出的决策。项目治理是在战术层次建立治理结构，包括：设立项目委员会、项目管理办公室等角色、机构，制定审查等项目管理政策，管理项目涉及的各方之间的关系（从非正式关系到正式的合同），以及适当的项目管理方法。

（七）项目管理

最内层的项目管理是洋葱模型的核心，指单个项目的管理，被定义为“将知识、技能、工具和技术应用于项目活动以满足项目要求”，其项目管理（目标驱动型项目管理，项目管理 1.0）的成功与否传统上通常通过时间、成本、质量等进行衡量，但是在 VUCA 时代，更应该是价值驱动型项目管理（项目管理 2.0），即项目成功与否并不在于成果是否交付、是否得到相关方验收，而在于项目交付时相关方对可交付成果的价值感知与价值认同，以及项目投入运营后可交付成果为组织和社会创造的价值。[14]这一点在新出版的《项目管理知识体系指南》（PMBOK）中也体现得非常明显，如图 5-2 所示。

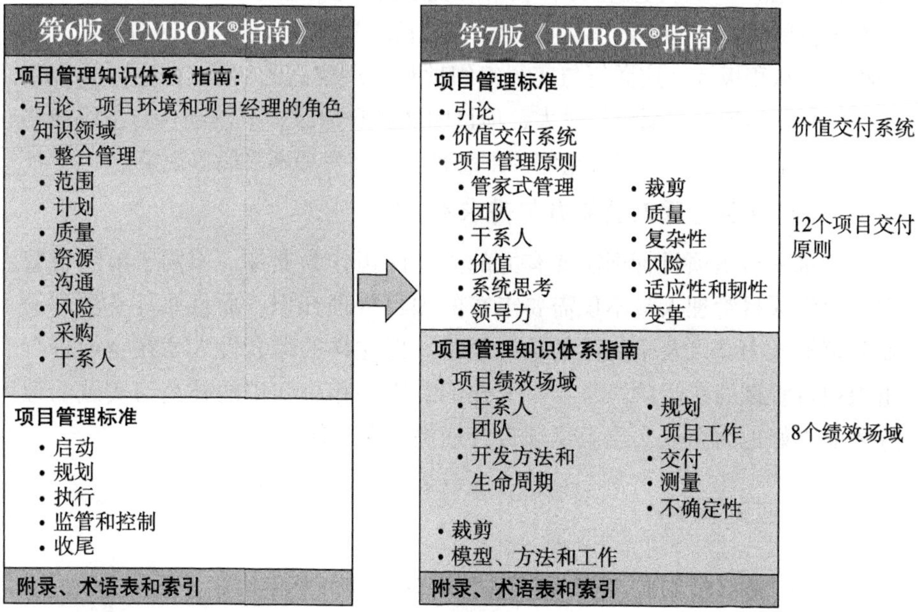

图 5-2 《项目管理知识体系指南》新旧版本对比

第二节 组织项目管理核心问题及应对策略

一、核心问题

（一）组织项目管理体系与组织战略不一致

在当今复杂多变的商业环境下，越来越多的企业按项目进行管理或以项目的形式开展经营活动，但许多企业对项目可能仅有单纯的重视，却尚未探索到能够真正帮助实现战略目标的组织项目管理体系。他们的项目管理可能是与其发展战略相脱节的，没有根据组织战略进行项目的选择，并将项目目标与组织战略紧密结合。[15]也有许多企业的项目相对孤立，没有从全局性的视角进行统筹整合，只是简单地将组织目标分解为项目任务，缺乏整体资源规划部署。而有效的组织项目管理的基本要求就是与组织发展战略相一致，通过项目的实现与整合提升企业价值。

（二）组织权力配置不平衡

在实施组织项目管理的过程中，组织集权度模式的探索始终是企业面临的一大难题。[16]一些企业坚持将权力过度掌控于企业层面，不愿将决策权下放至项目层面，可能导致项目执行效率低下，影响项目层面的创新能力，降低项目团队积极性，这样便与实行组织项目管理模式的初衷相悖了。[17]也存在一些企业的项目层话语权过大，项目团队各自为政，致使项目与组织战略发展步调不一致，甚至出现组织内部恶性竞争、发展不平衡等现象。[18]

（三）项目管理人员能力与需求不匹配

高水平组织项目管理需要有力的人才队伍作为支撑。不同于单项目管理，组织项目管理人员不仅需要丰富的项目管理知识，而且要具备深刻的业务理解能力，以及全局性的统筹思维。但这样的综合性人才在企业进行组织项目管理的初步阶段是相对欠缺的，需要相应知识的补充与实践的锻炼才能更好地为企业实现组织项目管理提供人才保障。

二、应对策略

（一）根据组织特征建立适配的项目管理办公室

项目管理办公室是兼具操作性与战略性功能的角色，需要对所辖项目进行集中协调管理，是企业实现组织项目管理的重要平台。[19-20]项目管理办公室的职责主要包括：基于企业战略要求进行项目选择，统筹配置资源，分析、评估项目，为决策者提供决策支持，确保项目与企业战略相一致；从项目启动至评价阶段，全流程跟踪、控制项目；建立并推广项目管理标准规范，提升组织项目管理成熟度；收集项目信息，并建立信息知识共享平台；为项目团队提供咨询服务等支持工作。但具体选择建设何种角色形态的项目管理办公室，需要各组织根据自身现行组织结构、业务结构、行业特征、企业性质、组织项目管理成熟度等因素进行综合考虑，以期实现组织战略与价值最大化。

（二）根据组织项目管理成熟度建立适宜的集权度模式

不同企业的组织项目管理水平处于不同阶段，其管理成熟度存在差异，集权度应随之灵活调整。当组织项目管理成熟度较低时，建议采用集权式或适当集权式，高层管理者掌握主要决策权，监管项目运行，保证组织绩效；当组织项目管理水平逐渐提升时，高层管理者应逐步下放决策权至项目层面，给予项目团队一定自主发展空间；当组织项目管理成熟度较高时，建议保持适度分权水平，充分发挥项目团队的创造性、灵活性。

（三）注重项目管理人员培养与知识共享

设计项目管理人员培养计划，定期进行相应培训。同时，关注组织项目管理人才梯队建设，保证充足的储备人才数量。另外，搭建组织项目管理知识体系，将项目成果、经验在共享平台发布，便于组织成员进行交流学习，持续提升组织项目管理能力。

第三节　中国知名企业组织项目管理案例

一、中国知名企业项目驱动型的组织变革案例

华为、海尔和联想三家中国知名企业都创办于20世纪80年代，创始人任正非、张瑞敏、柳传志都是出身军营的“40后”企业家，他们在构建企业组织项目管理体系的过程中都融入了军事思想，而“项目管理”这个概念本身就起源于军事战场。三家企业在组织项目管理方面建树颇多，企业从上到下都非常重视项目管理的思维和方法，逐步构建了项目驱动型的

组织变革模式。华为、海尔、联想项目驱动型的组织变革如图 5-3 所示。

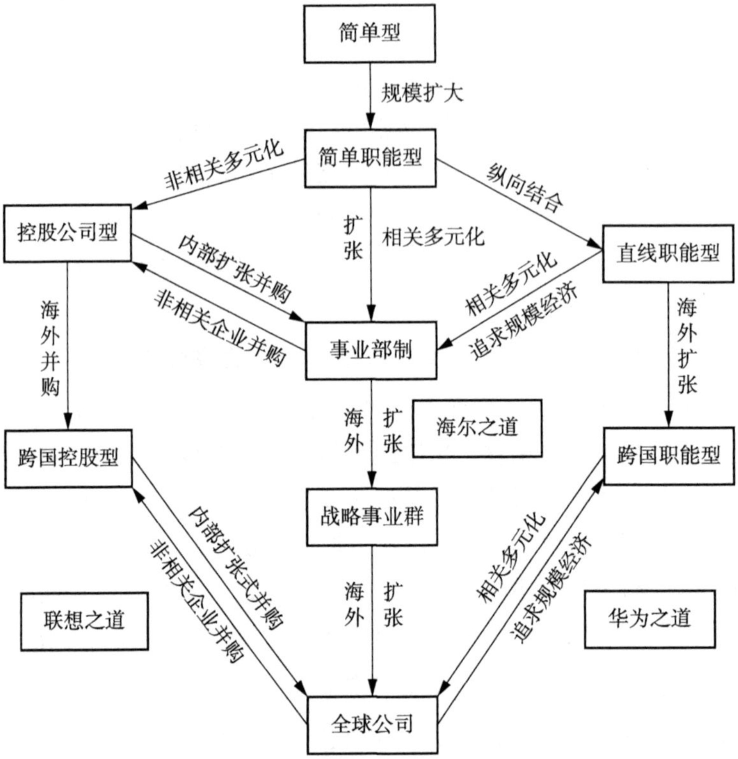

图 5-3 华为、海尔、联想项目驱动型的组织变革[21]

可以看出，华为从小到大，经历了从直线职能型到跨国职能型，再到全球公司的变革，组织经历了由部门制到流程化，再到项目制等变化，所形成的是一种跨国职能型集权模式，其基本特征是聚焦主业、中央集权、集体作战、灵活机动、重视一线，其主要特点是严格的控制与在某些领域的聚焦，这也符合华为“以细分市场实现技术突破”的发展战略。

近年来，华为进一步推进项目驱动型组织变革，在中央集权基础上，逐步实现“机关手放开，一线放开手；机关管好钱，一线用好权”“钱要体现公司意志，权要听得见炮声”的运作优化目标。海尔是从简单型到简单职能型，再到直线职能型，然后再形成事业部制，进而形成战略型事业群，近年来又形成了网络化或者是创客平台，这一过程也呼应了海尔“以售后服务实现产品增值”的发展战略。联想则延续了其长期坚守的“以渠道管理实现产品增值”战略，不断向控股和跨国控股的方向发展。

在上述三家企业中，相对而言，华为在项目管理领域做了大量研究，有大量的成功实践，项目管理已成为华为的根能力、根技术，也是华为业务竞争力的法宝之一[22]，因此，本章在下一节重点选取华为公司组织项目管理案例进行分析。

二、华为公司组织项目管理案例

华为提出的以项目为中心就是指组织项目管理，通过成熟的组织项目管理方法、流程和最佳实践，充分发挥代表处的灵活性、主动性，使代表处的经营活动标准化、流程化，使经营管理向可预测、可管理和可自我约束的方向发展，从而提升运营效率和盈利能力。[23]

（一）组织项目管理实践的总体情况

虽然华为公司在项目管理方面已展现较高水平，但华为总裁任正非认为，项目管理应当作为公司最重要的一种管理方式，并带领着华为公司在组织项目管理实践的道路上不断深入探索。

任正非 2014 年 11 月 6 日在华为第四季度区域总裁会议上发表讲话。在使用干部方面，任正非称华为公司目前项目管理水平还很低，浪费较大，这是过去以功能部门为中心带来的弊病。

华为接下来将试点以项目为中心的管理，逐渐使作战团队拥有更多权力，将监管前移，来配合授权体系的产生。任正非总结了华为未来胜利的三大保障：①项目领导班子，即有一个能听得进批评的坚强有力的核心领导集团；②卓越的项目团队，即有庞大的善于学习的奋斗群体；③项目制度和规范，即有严格有序的制度和规则。

在此次讲话中，任正非再次提出要“让听得见炮声的班长（项目经理）来呼唤炮火”，称项目指挥权应该在区域，让 BG（Business Group，指华为的一个业务集团、项目团队）作为资源中心支撑作战。

任正非表示，在人才培养方面，要善于发现人才并加快干部的循环流动，同时还要鼓励正气上升，让更多的人成为英雄。要给英雄以更多锻炼，送去艰苦的地方奋斗，取得成绩后再送去重大项目或项目管理资源池培训，让英雄走上成为将军的正确之路，带领更多人去取得更好的业绩。任正非的讲话实际上就是倡导华为推行以项目为中心的管理模式，向奋斗在一线的项目经理和项目团队放权，发挥他们的积极性和创造性。

之后，华为公司组织项目管理能力不断跃迁，有效支撑了公司业务发展。华为公司组织项目管理发展态势如图 5-4 所示，华为已进入以项目为中心的时代。

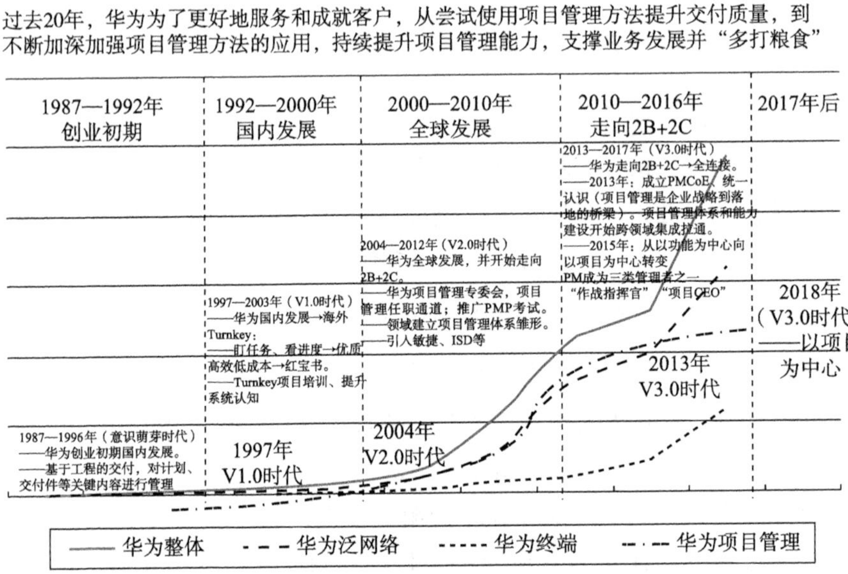

图 5-4　华为公司组织项目管理发展态势

（二）组织项目管理体系的发展演化

1. 组织层面，学习借鉴和推广 IPD 模式

（1）引入 IPD 模式。

在 1998 年之前，华为是技术驱动型的公司，通过对市面上现有技术的了解，不断开发新技术。以技术为驱动的最大问题是缺乏对市场的了解，这导致华为当时产生了大量积压库存而无法出手。为了解决这一问题，1999 年华为通过向 IBM 学习，正式引进了 IPD（Integrated Product Development，集成产品开发）流程与项目管理模式。这种模式在华为实施三年后，就取得了很好的效果，使产品上市时间极大缩短、研发费用占总收入百分比下降一半、研发损失降低了 3/4。IPD 这种新颖的项目管理方式为华为带来了深刻变化：一是建立了跨部门研发团队；二是将工作流程和模板进行标准化；三是建立起基于市场绩效的评价体系；四是重新定义了“以客户为中心”，研

发部门与市场部门充分融合。[24] IPD 主要具有如下特点：

- 以 IPD 为基础的产品开发项目管理

为了消除产品研发和市场需求之间的信息差，更加有针对性地进行产品研发活动，华为重新构建了产品开发流程，以 LPDT（Lead Product Development Team，产品开发项目领导）管理项目工作，并将研发过程细分为六个阶段：概念阶段、计划阶段、开发阶段、验证阶段、发布阶段、生命周期管理阶段。

- 端到端管理

端到端管理是华为在管理层面摆脱技术驱动的重要体现，这种管理方式强调产品开发的完整性。一个产品从设计到生产不再单单是技术部门的责任，而是通过多个部门的协同合作，最终以满足市场需求为导向而展开一系列活动。同样地，由于产品开发项目团队的成员往往是跨部门的，在端到端管理模式里，产品研发的项目经理也不仅仅是管理技术研发人员，而是管理一个组成成分多元化的团队。

- 跨部门的项目管理模式

华为的产品研发项目团队采取重度矩阵式管理，PDT 的成员是由部门经理和 LPDT 共同商讨决定的。在该模式下，在研发产品的过程中，LPDT 拥有更大的领导管理事务的权力，而职能部门经理的职责则更多地向人力管理方向转移，包括部门的人力资源规划和培养、部门技术的规划和开发、向 PDT 输送人才等。在对成员进行绩效考核时，LPDT 同样具有较大的话语权，部门职能经理通过 LPDT 的反馈建议对每个成员的表现进行最终的评估。华为建立了多个跨部门的业务团队，如产品组合管理团队、集成技术管理团队等，这些团队的成员来自公司内部各个部门，并在 LPDT 的领导下共同完成产品研发任务。

- 项目管理和技术管理分离

在华为公司的研发项目管理中，管理和技术这两条线并不是合二为一的，项目经理和系统工程师有着明确的分工。项目经理负责将业务计划向上级部门提交并获得产品开发的审批和预算，在产品研发的过程中，部门之间的交互、人员变动，以及市场需求到产品包需求的转变均由项目经理负责；而系统工程师的职权范围全部集中在对产品的设计、研发和推动计划的实施上。

（2）集成式创新：IPD+CMMI+SCRUM。

通过引入IPD，华为公司在产品研发上对市场有了更好的把控，方向更加明确，将市场、财务、竞争、技术融为一体，但是缺乏一套制度和模板去标准化执行其计划。同时，面对日益变化的市场，管理的灵活性也是华为当时面对的问题。为了使IPD行之有效，并且能根据外部变化迅速调整策略，华为后续又引进了CMMI（Capability Maturity Model Integration，软件能力成熟度模型）和SCRUM（敏捷项目管理）。CMMI是一种用于评价软件承包商能力并帮助其改善质量的方法，强调精细化和规范化管理，将IPD的相关策略落实为具体的计划、制度、流程等。CMMI和IPD的结合显著提升了华为的产品质量。到2000年底，华为引入CMMI一年后，产品质量就提升到了CMM3。SCRUM是一个敏捷开发框架，是一个增量的、迭代的开发过程。与传统的项目管理不同，敏捷项目管理鼓励变化并由客户价值驱动开发，每一次迭代都产生可交付的软件，这大大增强了客户和开发人员之间紧密的、连续的交流。相对于传统项目管理中一个项目作为一个黑盒子的方法，敏捷性管理大幅提升了对客户和供应商的可视性，并且能够更早发现风险并做出应对。SCRUM关注的重点是人，遵循从下到上的顺序，与CMMI的关注重点在流程、遵循从上到下的顺序形成了良好的互补。对SCRUM的应用在很大程度上解决了华为深陷不断增加的开发流程之中的困境，极大地提升了其对市场的反应能力和速度。

2. 区域层面，充分发挥项目管理办公室的重要作用

项目管理办公室（PMO）是在华为公司内部将实践、过程运作进行形式化和标准化的部门，是提高组织管理成熟度的核心部门。一旦项目开工，项目管理办公室就会持续地对每个项目的变化进行监控，提供各种项目经理和项目团队所需的支持与服务。华为项目管理办公室体系架构如图5-5所示。

3. 项目层面，创立铁三角项目作战法

铁三角是华为直接面向客户的最基本项目组织及一线的经营作战单元，是华为基于客户/项目组建的以客户经理、产品经理和交付经理为核心的管理团队。铁三角的精髓是以客户为核心打破功能壁垒，形成以项目为中心的团队运作模式。[25]在华为的铁三角当中，客户经理负责客户关系、

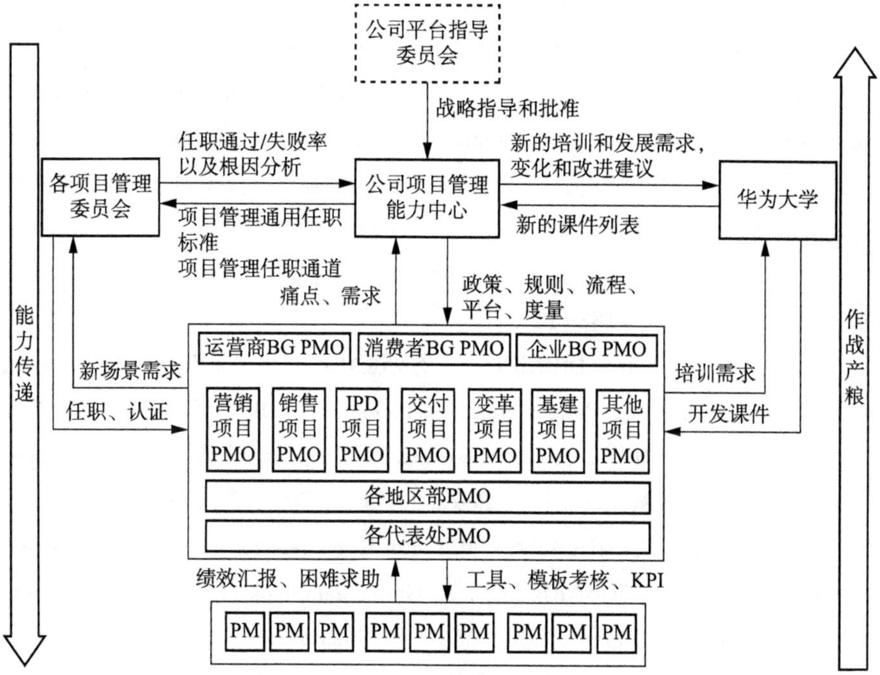

图 5-5　华为公司项目管理办公室体系架构

注：BG 为 Business Group 的英文缩写，中文译为“业务集团”。

商务谈判、销售与回款，产品经理负责与客户方案和技术相关的问题，交付经理负责订单的交付履行和供应链等环节，三个人同时负责一个客户群，并把整个代表处从上到下建成一个三三制组织，极大提升了工作效率和作业战绩。这也是华为向中外军队学习的一个鲜活案例。

参考文献

［1］DROUIN N，BESNER C. Projects and organisations：Adding rungs to the ladder of understanding project management and its relationship with the organisation［J］. International Journal of Managing Projects in Business，2012，5（2）：175-179.

［2］PMI. A guide to the Project Management Body of Knowledge（PMBOK Guide）［M］. Philadelphia：Project Management Institute，2013.

［3］AUBRY M，HOBBS B，THUILLIER D. A new framework for understanding organisational project management through PMO [J]. International Journal of Project Management, 2007, 25 (4): 328-336.

[4] SHANKAR S, MÜLLER R, DROUIN N. Cambridge handbook of organizational project management [M]. Cambridge: Cambridge University Press, 2017.

[5] 桂维民，杨乃定，姜继娇．基于战略视角的企业项目管理模式研究 [J]. 中国软科学，2004 (5): 78-81+73.

[6] 李蒲健．勘察设计企业的组织级项目管理体系建设思考 [J]. 企业管理，2017 (S2): 188-189.

[7] MÜLLER R, DROUIN N, SANKARAN S. Modeling organizational project management [J]. Project Management Journal, 2019, 50 (4): 499-513.

[8] HOBDAY M. The project-basedorganisation: An ideal form for managing complex products and systems? [J]. Research Policy, 2000, 29 (7-8): 871-893.

[9] GAREIS R, HUEMANN M. Maturity models for the project-oriented company [A] //J R TURNER (ED.). Gower handbook of project management (4th ed.) [M]. Aldershot, UK: Gower Publication Ltd, 2007.

[10] TURNER J R, MÜLLER R. On the nature of the project as a temporary organization [J]. International Journal of Project Management, 2003, 21 (1): 1-8.

[11] MIDLER C. "Projectification" of the firm: The Renault case [J]. Scandinavian Journal of Management, 1995, 11 (4): 363-375.

[12] BARTHES R. Mythologies [M]. New York, NY: Hill & Wang, 2013.

[13] DEAN M. Governmentality: Power and rule in modern society (2nd ed.) [M]. London, England: SAGE Publications Ltd, 2010.

[14] 哈罗德．项目管理 2.0：利用工具、分布式协作和度量指标助力项目成功 [M]. 傅永康，周思雯，计浩耘，译．北京：中国工信出版集团、电子工业出版社，2020.

[15] 曾玉成，王俊川．企业战略管理与项目管理耦合研究 [J]. 四川大学学报（哲学社会科学版），2014 (3): 86-96.

[16] 朱方伟，孙秀霞，杨筱恬．企业集权度与项目管理成熟度匹配关系研究 [J]. 科学学与科学技术管理，2013, 34 (8): 148-158.

[17] TURNER J R, MÜLLER R. Communication and cooperation on project between the project owner as principal and the project manager as agent [J].